本书得到河南大学研究生教育发展基金
河南大学文学院学术著作出版基金资助

说不尽的莎士比亚

李伟昉 著

中国社会科学出版社

图书在版编目(CIP)数据

说不尽的莎士比亚 / 李伟昉著．—北京：中国社会科学出版社，2004.12（2015.2 重印）

ISBN 978-7-5004-4950-8

Ⅰ．说… Ⅱ．李… Ⅲ．①莎士比亚，W．(1564～1616)—生平事迹 ②莎士比亚，W．(1564～1616)—文学研究 Ⅳ．①K835.615.6 ②I561.063

中国版本图书馆 CIP 数据核字(2005)第 018504 号

出 版 人　赵剑英
责任编辑　罗　莉
责任校对　林福国
责任印制　戴　宽

出　　版　中国社会科学出版社
社　　址　北京鼓楼西大街甲 158 号（邮编 100720）
网　　址　http://www.csspw.cn
　　　　　中文域名:中国社科网　　010－64070619
发 行 部　010－84083685
门 市 部　010－84029450
经　　销　新华书店及其他书店

印　　刷　北京市大兴区新魏印刷厂
装　　订　廊坊市广阳区广增装订厂
版　　次　2004 年 12 月第 1 版
印　　次　2015 年 2 月第 2 次印刷

开　　本　880×1230　1/32
印　　张　9.125
插　　页　2
字　　数　216 千字
定　　价　36.00 元

凡购买中国社会科学出版社图书,如有质量问题请与本社联系调换
电话:010－84083683

目　录

第一部分

莎士比亚十四行诗选析

十四行诗是莎士比亚重要的诗歌创作。十四行诗是欧洲的一种格律严谨的抒情诗体，音译为“商籁体”，原系中世纪民间流行并用于歌颂的一种短小诗歌，后为文人所采用。文艺复兴时期意大利诗人彼特拉克是最早的十四行诗作者。他的 317 首十四行诗都是用以抒发他对一个名叫劳拉的女孩的爱慕和思念之情。这一主题就决定了后人十四行诗的爱情内容。他的诗由两节四行诗和两节三行诗构成，即按四、四、三、三编排，每行诗句 11 个音节，一般为抑扬格，其押韵格式为 ABAB，ABAB，CDE，CDE，或 ABBA，ABBA，CDC，CDC。这种诗体被称为“彼特拉克体”或“意大利体”。16 世纪初，十四行诗体传到英国，到 16 世纪末，它已成了英国最流行的诗歌体裁。莎士比亚是这一诗体创作成就最为杰出的诗人。他的十四行诗在内容和结构上都有创新和突破，彻底改变了彼特拉克的格式，由三节四行和一副对句构成，即按四、四、四、二编排，每行诗句有十个抑扬格音节，其押韵格式为 ABAB，CDCD，EFEF，CG。他的十四行诗与彼特拉克相比，主题更为鲜明丰富，思路曲折多变，起承转合运用自如，而且末尾一副对句往往如警句归纳全诗，点明题意。这一诗体被称为“莎士比亚体”或“伊丽莎白体”。

莎士比亚的 154 首十四行诗，每首都是独立的存在，而不是一个互相联系的有机整体中的一部分，但它们也并不是互不相干、完全孤立的一些零散诗的集合体，而是围绕着一个或一个以上的核心来共同完成一个主题，并就此进行发挥或抒情。关于莎士比亚十四行诗的内容，从18世纪起就形成了一个传统的解释，那就是按不同人物分为两部分，即1—126首是写给一个年轻贵族的，其中记录了诗人和他的各种关系；127首以后的写诗人和一位黑皮肤、黑眼睛的女人的爱情纠葛。归纳起来看，其中心主题是爱情和友谊。它抒发了诗人对爱情、友谊、青春和美的理解和看法，从中强烈地体现出诗人天真纯洁的利他主义思想和宽容谅解的博大胸怀；也表达了诗人渴望战胜时间、珍爱生命的积极进取的人生观。同时，诗中还流露出了一些更为宽广、深沉的思想感情，如第66首，对当时社会上尔虞我诈、弱肉强食、黑白颠倒等种种丑恶现实，表现出了强烈的愤懑不平与切齿痛恨之情。这种情绪正是诗人日后创作悲剧的基本出发点，因此该诗被视为是诗人全部悲剧的总纲和基调。此外，不少诗中还表达了诗人对文艺创作的审美理想的执著追求，这是理解诗人艺术观的重要文献。例如，他反对浮夸矫饰的文风，崇尚自然纯朴；提出真善美相统一的观点，认为只有真善美的统一才是真正的美好的艺术，也只有真正美好的艺术才能魅力无穷，永世长存，等等。总之，莎士比亚的十四行诗，思想深邃，内蕴丰富，大大超越了当时或后代单纯描写个人爱情感受的十四行诗，难怪别林斯基把他的十四行诗称为“抒情诗最丰富的宝库”。

要美丽的生命不断繁殖

我们要美丽的生命不断繁殖，
能这样，美的玫瑰才永不消亡，
既然成熟的东西都不免要谢世，
优美的子孙就应当来承继芬芳：
但是你跟你明亮的眼睛订了婚，
把自身当柴烧，烧出了眼睛的光彩，
这就在丰收的地方造成了饥馑，
你是跟自己作对，教自己受害。
如今你是世界上鲜艳的珍品，
只有你能够替灿烂的春天开路，
你却在自己的花蕾里埋葬了自身，
温柔的怪物呵，用吝啬浪费了全部。
　　可怜这世界吧，世界应得的东西，
　　别让你和坟墓吞吃到一无所遗！

（屠岸译《十四行诗集·一》）

这是莎士比亚十四行诗中的第一首。在该诗中，诗人以生动流畅的笔触为我们描绘了一位明眸皓齿、丰姿绰约的俏丽女子。可她为了保持自己的美丽而不愿结婚生子，固执己见，因而诗人力劝这位女友赶快结婚生子，不要让青春和美丽消亡。

开头四句，诗人开宗明义：“要美丽的生命不断繁殖”，“美的玫瑰才永不消亡”。是的，愿美丽永存，青春长驻，是每个人的梦想与夙愿。然而，“成熟的东西都不免要谢世”，花开花落是大自然不可抗拒的规律。人和花一样也终会衰老。那么如何才能让美丽的生命之花永不凋谢呢？唯一的选择就是结婚生子，把自己的美留给后代来继承和发扬，尽到自己的职责和作用。接下来的八句，诗人用对比和比喻的手法形象地告诫这位女友孤芳自赏的危害：“鲜艳的珍品”和“灿烂的春天”都是极易受损或极易逝去之物，如果自身的美不能得以延续，到头来只能是逐渐失去美，“这就在丰收的地方造成了饥馑”，“教自己受害”。最后两句，是全诗的点睛之笔，与开头相照应，进一步督促女友结婚生子，把美留给世界。

该诗通过对一位女友的劝诫，明显流露出诗人对一味沉醉于自我、孤芳自赏的利己主义生活观的否定和对放远目光、超越自我的利他主义生活观的张扬，同时也表现了只有付出才能拥有的朴素的辩证法思想。

该诗语言形象生动，情感真挚，寓意深刻，耐人寻味。

瞧，那东方的朝暾

瞧，那东方的朝暾，它刚露出妙颜，
人间的眼睛无不虔敬地仰看，
对他那火焰般初现的宝相，
对他那种神圣的君临，无不瞻望。
他一步步登上了那崇高的九霄，
就像个青春正富的健壮的年少，
人间的眼睛仍崇拜着他的瑰奇，
跟随着他那金光闪闪的巡礼，
但待到他疲乏的车驾行抵了极顶，

像一个人到了暮年，他蹒跚地沉沦，
原先对他忠贞的眼就把视线转移，
再不屑看他下降，而去另择所喜。
所以你，现在虽是日丽中天之时，
也将孤独地逝去，除非你生养个儿子。

（杨熙龄译《莎士比亚十四行诗集·七》）

莎士比亚的154首十四行诗总体上蕴含着对“人”的歌唱和赞美，尤其是对人的青春、友谊和爱情的歌颂。除此之外，不少诗也辩证地反映出了“人”与“时间”竞争这样的思想意识。这首诗即是表现了这样的意识。

在这首诗中，诗人以日出、日到中天、日落的意象隐喻着人的出生、青春和暮年。对于日出和日到中天，诗人极尽赞美之辞，“那东方的朝暾”的出现在诗人眼中就如青春美丽的少女露出她的“妙颜”，犹如“初现”、“火焰般”、“宝相”的青春正富的健壮的年少，“人间的眼睛无不虔敬地仰看”。诗人对日出和日到中天的歌颂正是对人的出生和青春的歌颂，诗人欢迎“朝暾的妙颜”正是欢迎一个降临人世的生命。诗人对日到中天的崇拜也正是对人的青春的崇拜，不过，诗人虽然对青春如此地歌颂，但却也不能阻挡它的易逝。辩证地看，诗人对青春热情洋溢的歌颂也正是对夺去青春的“时间”的强烈诅咒。诗人愈是热烈地赞美青春，便愈显出诗人对“时间”的无比憎恨。诗人虽然诅咒这夺走青春的“时间”，但又很清楚自然规律的客观性，他并不能让时间停滞或“倒走”，时间只以它从容的步伐前进着，而不会去管人的青春、生命被它牵着带走。这正如诗中所描写的：“但待到他疲乏的车驾行抵了极顶，像一个人到了暮年，他蹒跚地沉沦，原先对他忠贞的眼就把视线转移，再不屑看他下降，而去另择所喜。所以你，现在虽是日丽中天之时，也将孤独地逝去。”诗人的这种“时间哲学”和中世纪的宇宙不变的神学观念是完全不同的。中世纪的宇宙不变的神学观念认为，人类生活的宇宙（时空）是亘古不变的，而诗人认为人的生活是永远变化的。对于时间的客观“行动”，诗人和中国古典诗人的伤春惜时不同，而是跳出了感情的圈套，站在更高的哲学高度上，道出了一个人类历史最简单的真理：“人”只要“生养个儿子”，就能够战胜“时间”。人类不断的生养和繁衍难道不正是“人”对“时间”斗争的最大胜利吗？

我要跟时间决斗

我这样考虑着：世间的一切生物
只能够繁茂一个极短的时间，
而这座大舞台上的全部演出，
没有不受到星象的默化潜移。
我看见：人类像植物一样增多，
一样被头上的天空所鼓舞，所叱责；
在青春朝气中雀跃，过极峰而下坡，
坚持他们勇敢的品格到湮没。
于是，无常的世界就发出奇想，
使你青春焕发地站在我眼前，
挥霍的时间却串通腐朽来逞强，
要变你青春的白天为晦暗的夜晚；
　　为了爱你，我要跟时间决斗，
　　把你接上比青春更永久的枝头。

（屠岸译《十四行诗集·一五》）

该诗堪称是一首哲理诗，字里行间闪烁着诗人对生命的深刻感悟、哲学沉思与执著追求，意蕴丰厚，耐人寻味。

诗人一上来，便以充满生命悲剧意识的基调不无感慨地说道："我这样考虑着：世间的一切生物只能够繁茂一个极短的时期，而这座大舞台上的全部演出，没有不受到星象的默化潜移。"这四句着眼于自己，极写生命短促，盛衰有时，世界上的一切生物，都只能繁茂一个极短的时期。这是生命存在的残酷状态，是不可悖逆的自然规律！接下来的八句由物及人，强调青春短暂易逝，进一步写出了生命的悲凉："在青春朝气中雀跃，过极峰而下坡，坚持他们勇敢的品格到湮没。"花开无长日，好景无长时，在最繁华的时刻，最青春美好的时期，却已孕育着从兴盛走向衰落的必然。"在青春朝气中雀跃"，何等生机勃勃，何等美满欢悦！然而愈是美好，便消失得愈快，便愈发令我们不思量，自难忘！这一切的一切，都使我们无力挽留，无可奈何。

诗人不惜笔墨，以十二行的篇幅把我们引入了情绪低落的极点。然而，诗人在"最是人间留不住，朱颜辞镜花辞树"的山穷水尽的生命困境面前，真要空悲切，消极待世了吗？不！他并不曾屈服，更没有绝望，而是以一个强者的姿态，勇敢地要扼住命运的咽喉，向世界、向宇宙豪迈高歌道："为了爱你，我要跟时间决斗，把你接上比青春更永久的枝头。"诗人在末尾告诉我们，尽管我们要面对由盛入衰与最终死亡的现实，但决不能浑浑噩噩，荏苒光阴，悲观绝望，放弃人生，而应该与时间赛跑，同时间斗争，倍加珍视有限的生命，奋发有为。在有限中去创造价值的永恒。由此可见，诗人的真意并不在于向我们渲染死亡的恐怖，而是提醒我们如何去坦诚地直面并认识盛衰荣枯，从而唤起我们积极、乐观、拼搏向上的精神意志，执著生命，执著于价值！

本诗艺术上最大的特点便是“抑—抑—扬—扬”手法的运用。起首四句即抑——展示生命的短暂，给人一种悲凉无奈的感觉；接下来的八句再抑——展示生命中美好宝贵之物的易逝；正当我们备感沉重压抑、莫名失望之际，诗人笔锋陡转，化悲伤为高昂，阴郁为明朗，高奏出热爱生命、拼搏有力的主旋律，真是柳暗花明，别有洞天。

能不能把你比拟作夏日

能不能让我来把你比拟作夏日？
你可是更加温和，更加可爱；
狂风会吹落五月里开的好花儿，
夏季的生命又未免结束得太快；
有时候苍天的巨眼照得太灼热，
他那金彩的脸色也会被遮暗；
每一样美呀，总会离开美而凋落，
被时机或者自然的代谢所摧残；
但是你永久的夏天决不会凋枯，
你永远不会失去你美的仪态；
死神夸不着你在他影子里踯躅，
你将在不朽的诗中与时间同在；
　　只要人类在呼吸，眼睛看得见，
　　我这诗就活着，使你的生命绵延。

（屠岸译《十四行诗集·十八》）

在这首诗中，诗人用形象的语言，热情洋溢地赞美了他爱友如花似月的美貌，千秋流芳的秀雅风姿和永不凋谢的青春美容，字里行间倾注了他对爱友的无限爱慕和眷恋，同时也表达了他所憧憬的美长留、诗永恒的理想境界。

诗人以“夏日”为喻，且用设问句的形式起首，这不仅使诗的开头生动新颖，而且使诗人的感情表现得更为强烈，更为淋漓尽致，使我们一开始就感到诗人对其爱友火一般的激情，同时还为全诗波澜起伏的发展奠定了基础。第二行并不直接作答，而是以一个深藏无限温柔的“更”字的重复作用，说明爱友比夏日更温和，更可爱。在英国，由于其地理位置偏北，其夏季在较大程度上相当于我国的春季，它是英国一年之中最美、最诱人的季节，只有这个季节天空才明媚爽朗，大地才阳光普照，鲜花也才茂盛芬芳。因此，诗人最初想以夏日来比喻爱友的美丽可爱，然而诗人又清醒地意识到，美好的夏天并非完美无缺，于是此后四行一连使用三个美中不足的比喻来阐明这一观点。夏天里盛开的花儿是美的，但狂风会吹落它；夏天的景色是迷人的，但它昙花一现，短暂易逝；而且夏天的太阳有时“照得太灼热”，有时躲入乌云，光辉又顿然消失。他认识到美的不长存性，于是，由富丽的形象描写转入了哲理沉思：“每一样美啊，总会离开美而凋落，被时机或者自然的代谢所摧残。”诗人从发展、变化的眼光看到了生与死、荣与枯、盛与衰的辩证关系。正因为他知道这是“自然代谢”的不可拒绝的法则，因此他深知再美丽的夏天也会消失，爱友的美终究也会有一天失去。在这里诗人采用的是欲扬先抑的手法，一唱三叹，哀天道之不测，叹无常之必然，红褪芳凋，香消玉殒，诗境也愈演愈悲。

然而，诗人用一个“但”字，笔锋一转，将诗境推向了无比开阔的境界。诗人豪迈地宣称他的爱友永远不会失去美，生命的夏天也决不会凋枯，因为他“将在不朽的诗中与时间同在”。读到这里，我们的精神不由为之一振，自然界的夏季纵然美妙，爱友的青春美颜纵然更美妙，然而却都妙不过诗人自己的不朽诗作。因为爱友的青春与美貌只有在诗人的诗行中才能永生。“只要人类在呼吸，眼睛看得见，我这诗就活着，使你的生命绵延。”最后两行如行云流水，一气呵成，不但使诗句增辉添色，而且使全诗登峰造极，达到最后的高潮：唯有作为反映人类生命的力与美的载体的文学艺术可以战胜时间，为后人留下美的典型，从而千秋流芳，永不凋谢。而文学艺术又是人所创造的业绩，因此这里无疑又宣告了人的伟大与不朽。

诗中把太阳比喻成“苍天的巨眼”，把太阳的光辉比喻成“金彩的脸色”，使诗句更为形象生动，绚丽多彩，而又耐人寻味。

这不是叫卖

我跟那位诗人可完全不同，
他一见脂粉美人就要歌吟；
说这美人的装饰品竟是苍穹，
靠着这种美来把种种美铺陈；
并且作着各种夸张的对比，
比之为太阳，月亮，海陆的珍宝，
比之为四月的鲜花，以及被大气
用来镶天球的边儿的一切奇妙。
我呵，忠于爱，也得忠实地写述，
请相信，我的爱人跟无论哪位
母亲的孩子一样美，尽管不如
凝在天上的金烛台那样光辉：

人们尽可以把那类空话说个够；
我这又不是叫卖，何必夸海口。

（屠岸译《十四行诗集·二一》）

涂着厚厚一层脂粉的女人，从人身边走过，留下浓浓的脂粉香气。她不是带着清香的新鲜空气，令人酣醉，更不是带着雨露的潮湿的空气使人耳目一新，心驰神往。前面的人走着，后面的人拽起她拖地的长裙也摇摇摆摆地走着，军乐队声嘶力竭地跟着，好壮观的场面。你吹我捧，一会儿是她像天上的太阳、月亮，一会儿又是她像四月的鲜花，可餐可赏。这女人的真面目呢？她是戴着面具跳舞的人，看不清她的眼睛到底是否明亮、水灵，看不清她的脸庞是否真像树上的红苹果鲜嫩可爱。诗人不喜欢这样，他在这首诗里明确表明了自己对美的认识："我的爱人跟无论哪位母亲的孩子一样美，尽管不如凝在天上的金烛台那样光辉。"

莎士比亚作为心灵创造者，最深刻的人类观察者，眼光最敏锐，他认为美就是母亲怀里的孩子，白里透红的肌肤，天真无邪的眼睛，纯真、朴实，像一幅无字的画纸未经涂抹，未经雕琢而洁白无瑕。这种美虽然朴素，比不过天宇中灿烂的太阳、月亮那样耀眼、绚丽，但却时时、处处散发着泥土的芬芳。

由此看来，莎士比亚反对虚假的"美"、做作的"美"；同时，也反映了莎士比亚对待文学创作的态度。他认为，文学特别是诗歌应当与生活相贴近，应当用一种直觉的创造性真实地反映生活，再现生活，反对对生活进行矫饰谬奖。在他看来，诗作为一种精神的载体，只是为了精神的自由创造，而不能把诗有意识地变成词语的堆砌、技巧的再现。

在这首诗中，莎士比亚以平铺直叙的方式先吟出第一种

“美”，然后在平静中酝酿自己的情绪，在后六句中突然转锋，道出自己的观点：“我这不是叫卖，何必夸海口。”美是自然形成的，不是夸口、粉饰而来的。

我引为光荣的幸福

那些被天上星辰祝福的人们
尽可以凭借荣誉与高衔而自负，
我呢，本来命定没这种命运，
不料得到了我引为光荣的幸福。
帝王的宠臣把美丽的花瓣大张，
但是，正如太阳眼前的向日葵，
人家一皱眉，他们的荣幸全灭亡，
他们的威风同本人全化作尘灰。
辛苦的将士，素以骁勇称著，
打了千百次胜仗，一旦败走，
就立刻被人逐出荣誉的纪录簿，
使他过去的功劳尽付东流：
　　我就幸福了，爱你而为你所爱，
　　这样，我固定了，也没人能改。

（屠岸译《十四行诗集·二五》）

这是一首表露诗人自己的理想与追求的诗作。世人无不致力于追求功名利禄、君王荣宠，而诗人却表明自己与这些所谓的“幸事”无缘，自己所珍重的只是美好的感情，只有爱别人与被别人爱。

这首诗向我们展示了两种人生目标与生活。首先，诗人具体描述了热衷于追求功名利禄的人所招致的悲惨结局，向读者展示了一个“自古繁华有憔悴”的人生规律。宠臣们的地位、荣誉正如“美丽的花瓣”，在阳光的呵护下，或许有它诱人的光彩。但是，世事无常，人生的风云变幻终究会使一切兴盛繁华走到它的尽头。那些“凭借荣誉与高衔而自负”的人们也终究会因成败难料遭到衰落的命运。诗的字里行间流露出了诗人对追求功名利禄之人的嘲讽，也表达了对人生的深刻反思和对世间这种不可抗衡规律的淡淡的无奈。

如果说第一种生活是人生的“变”，那么诗人对真善美的执著追求在第二种生活中找到了永恒：“我就幸福了，爱你而为你所爱。”这里的幸福是双向的，一方面是“爱你”，这里的“你”可以是情人，是朋友，甚至可以是人世间一切真善美的事物，诗人为他们付出自己圣洁的情感，奉献自己火热的生命。另一方面是“为你所爱”，这是一种“我看青山多妩媚，料青山看我应如是”的呼应，诗人在付出真爱的同时也得到了爱的回报。诗人通过对两种生活目标的对比，表现出了自己异于世俗的情趣与理想，由衷地赞美了人与人之间纯真美好的情感。从中我们也看到了诗人卓然超群的美好人格和崇高的精神追求。

这首诗在艺术构思上也颇具匠心。首先，诗人采用了欲扬先抑和欲抑先扬的手法来结构全诗。“那些被天上星辰祝福的人们”等两句似有赞许之意，为一扬；“我呢，本来命定没这种幸运”也似乎是一种遗憾，为一抑；“不料得到了我引为光荣的幸福”是一扬；紧接二三两节又是两抑；末尾二行最后一扬，诗人的褒贬逐渐显现：那些“凭着荣誉与高衔而自负的人们”最终“功劳尽付东流”，而“我就幸福了”。这样的写法为全诗造成了一种情感的起伏，使短短的一首诗一波三折，饶有情趣。其次，全诗对比手法的运用也很突出。例如那些人自负与我没这种幸运，他们的荣光全消与我的幸福没人能改等，这些对比最终可以归为一种变迁与永恒的对比，使读者鲜明地体会到盛衰无常，至爱永远，以及真正幸福的含义。再次，比喻形象生动。例如把帝王与宠臣的关系用太阳和向日葵的关系来作比。向日葵是随阳光转移而变换方向的，这就把那些靠献媚、奉迎而取得荣誉和头衔的人的形象刻画得惟妙惟肖。

我记着你的甜爱

我一旦失去幸福，又遭人白眼，
就独自哭泣，怨人家把我抛弃，
白白地用哭喊来麻烦聋耳的苍天，
又看看自己，只痛恨时运不济，
愿自己像人家那样：或前程远大，
或一表人才，或胜友如云广交谊，
想有这人的权威，那人的才华，
于自己平素最得意的，倒最不满意；
但在这几乎是看轻自己的思想里，
我偶尔想到了你呵，——我的心怀
顿时像破晓的云雀从阴郁的大地
冲上了天门，歌唱起赞美诗来；
　　我记着你的甜爱，就是珍宝，
　　教我不屑把处境跟帝王对调。

（屠岸译《十四行诗集·二九》）

从表面看，这首诗是对自己处境的慨叹，实则是一曲爱情的赞歌。

诗的前八行描写了自己所处环境的险恶：遭空白眼，被人抛弃，命运多舛，仿佛世间所有的不幸和挫折都集于一身。诗人对天质问，但苍天漠然无语。他只能独自哭泣，恨自己时运不济失意潦倒，羡慕别人前程远大，朋友如云；恨自己为什么没有别人的权威，别人的才华，造物主似乎特别青睐别人，而鄙视自己。相比之下，更感伤心绝望，自惭形秽，就连平素引以为自豪的长处，在别人的光辉映衬下，也黯然失色，不值一提。不过，诗人之所以不遗余力地描写这一系列无与伦比的“悲”，其深意并不如此，而是作为一种铺垫和反衬，来烘托后六行的“喜”。一个“但”字，笔锋陡然一转，犹如奇峰突起，描绘出别一番喜极而欢的心态，一扫前八行的压抑、凄哀，呈现出欢畅、明快的轻松和亮丽，如同暗夜中骤然出现的亮光。正在怨天尤人之际，他猛然想到了他所爱的人，黯然的心境豁然开朗，“像破晓的云雀从阴郁的大地，冲上了天门，歌唱起赞美诗来”，诗人以一个绝妙的比喻，尽情渲染出这种欢快的心情。“我记得你的甜爱，就是珍宝，教我不屑把处境跟帝王对调”。在诗人看来，拥有了这份崇高坚贞的爱情，就拥有了世界上最大的温暖和幸福，甚至连帝王的宝座都不屑对换。

该诗前半部分沉郁顿挫，后半部分轻灵欢快，感情起伏跌宕，曲尽抑扬张弛之妙。这种鲜明的对比手法的运用，强烈地突出了爱情力量的伟大与鼓舞作用，把诗人所要表达的那份神圣的感情渲染得淋漓尽致，动人心弦，令人交口称奇，拍手叫绝。

只要想到你

我把对以往种种事情的回忆
召唤到我这温柔的沉思的公堂，
为没有求得的许多事物叹息，

再度因时间摧毁了好宝贝而哀伤。
于是我久干的眼睛又泪如泉涌，
为的是好友们长眠在死的长夜里，
我重新为爱的早已消去的苦痛
和多少逝去的情景而落泪，叹息。
于是我为过去的悲哀再悲哀，
忧郁地数着一件件痛心的往事，
把多少叹过的叹息计算出来，
像没有偿还的债务，再还一次。
　　但是，我只要一想到你呵，好伙伴，
　　损失就挽回了，悲伤也烟消云散了。

（屠岸译《十四行诗集·三〇》）

友谊是世界上最纯洁、最真挚的情愫；爱情则是世界上最崇高、最美好的感情。友谊之花的凋谢会使心灵受到损伤，但爱情之花的绽放又会让损伤的心得到抚慰，使精神上受到的各种损失都得到补偿。莎士比亚的这首诗就是一曲友谊和爱情的双重赞歌。

诗人开篇即引出对往事的回忆："我把对以往种种事情的回忆召唤到我这温柔的沉思的公堂"。用"温柔的沉思的公堂"，表明诗人此刻是以一种严肃的深刻自省的态度来回忆的。"为没有求得的许多事物叹息，再度因时间摧毁了好宝贝而哀伤"，明确地交代了自己的叹息和哀伤的原因——叹息求而不可得，哀伤时间的流逝无情摧毁了许多美好的东西。前四行简要地说明了对往事的回忆所激起的感觉。第五至十二行，诗人详细地描写了自己回忆往事的伤心与悲痛。具体说，第五至八行比较具体地倾诉了自己的伤感和痛苦："于是我久干的眼睛又泪如泉涌。"诗人为自己曾经拥有的最珍贵而今却已失去的与死去的友人们之间的纯真友谊而黯然神伤，为回忆往昔与友人共聚一堂，同饮友谊之琼浆时的那种欢乐无比的情景而泪如泉涌。第九至十二行则是对上面四行的总结：“于是我为过去的悲哀再悲哀，忧郁地数着一件件痛心的往事，把多少叹过的叹息计算出来，像没有偿还的债务，再还一次。”此时此刻，诗人只有悲哀再悲哀，叹息再叹息，心中充满无限凄凉和孤独的感受。在这里，诗人将那种往事不堪回首，却又一次次追忆的矛盾心境与追忆后的无奈写得十分真实，简直触手可及。从这些悲哀和叹息中，不难看出诗人与友人之间的友谊有多么深厚，多么难忘，它在诗人的心中占有多么重要的地位。概而言之，该诗前十二行主要写诗人因友谊的失去而隐入深深的悲伤和回忆之中，以及由此带来的精神上的巨大损失，是对真挚友谊的高度赞美。

我们不禁要问：失去友谊的人难道要注定永远沉浸在悲痛之中吗？就真的再别无所求、无所寄托了吗？显然不是。诗的最后两行，诗人笔锋突转，一扫阴霾，豁然开朗，真可谓山重水复，柳暗花明：“但是，我只要一想到你呵，好伙伴，损失就挽回了，悲伤也烟消云散。”尽管诗人因失去友人而精神上受到极大的打击，但忽然又想起自己心中还有一份纯洁的爱情，自己身边毕竟还有一个自己深爱的和爱自己的人，于是一切的损伤和悲哀都得到了补偿，精神也得到慰藉和安抚。在整首诗中，爱情的内容虽仅两句，却胜过千言万言，特别是与前面的悲凉情绪相对照，从而更加突出了爱情的力量与可贵。

天上的太阳会暗

多少次我看见，在明媚灿烂的早晨，
庄严的太阳用目光抚爱着山岗，

他金光满面，亲吻着片片绿茵，
灰暗的溪水也照得金碧辉煌；
忽然，他让低贱的乌云连同
丑恶的云影驰上他神圣的容颜，
使人世寂寞，看不见他的面孔，
同时他偷偷地西沉，带着污点：
同样，我的太阳在一天清晨
把万丈光芒射到我额角上来；
可是唉！他只属于我片刻光阴，
上空的乌云早把他和我隔开。
　　对于他，我的爱丝毫不因此冷淡；
　　天上的太阳会暗，世上的，怎能免。

（屠岸译《十四行诗集·三三》）

诗人崇敬永恒的太阳，他对爱友的爱正像这太阳永恒的光芒，即使爱友的爱只是瞬间的太阳，他仍保持着爱的浓烈，继续爱他。

诗人胸襟开阔，诗人的爱也带着那种宽容的圣洁。

诗人用太阳来比喻友情，如果只是比喻爱友的灿烂也无新奇可言，但诗人却用太阳会暗来比喻友情也会出现阴霾，就显得新奇大胆，宛如满布污泥的水塘升起一朵婷婷的白莲。全诗浅显易懂，语言清新，朴实无华，极富自然美。这也是诗人追求真、善、美的一种表现。全诗分为三个部分：第一至八行描写自然界的太阳，其中有着诗人的追求和愿望，也暗示了诗人的友谊出现了阴霾；第八至十二行是说诗人的爱友对诗人的爱；最后两行表明诗人对这种情况所采取的态度，乃全诗之警句。

“多少次我看见……灰暗的溪水也照得金碧辉煌”，诗的前四行道出了诗人理想中的爱的境界，也说明诗人正是以这样的爱来爱着对方的，对方也曾这样浓烈地爱过诗人。但不知基于何种原因，“他只属于我片刻光阴，上空的乌云早把他和我隔开”。但诗人并不气恼，也没有放弃，他以“太阳有瑕”、“太阳会暗”来推测友情：“天上的太阳会暗，世上的，怎能免”，以此来原谅爱友。并且希望用自己忠诚、宽容的爱来驱散两人友谊上的阴霾：“对于他，我的爱丝毫不因此冷淡”，诗人渴望两人的友爱重回到开始时的光辉灿烂。

诗人之所以有这种爱，是因为诗人有着豁达、宽容的胸怀，还因为诗人对于真、善、美，对于爱情和友情始终都采取了一种积极的态度。这种爱是一种宽大的、奉献性的爱。无疑，这种爱是积极的、伟大的。

（谢国宏）

银泉也带有泥浆

别再为你所干的事情悲伤：
玫瑰有刺儿，银泉也带有泥浆；
晦食和乌云会玷污太阳和月亮，
可恶的蛀虫也要在娇蕾里生长。
没有人不犯错误，我也犯错误——
我方才用比喻使你的罪过合法，
我为你文过饰非，让自己贪污，
对你的罪恶给予过分的宽大：
我用明智来开脱你的荒唐，
（你的原告做了我的辩护士，）
我对我自己起诉，跟自己打仗：

我和爱和恨就这样内战不止——
　　使得我只好做从犯，从属于那位
　　冷酷地失去了我的可爱的小贼。

（屠岸译《十四行诗集·三五》）

这首诗是诗人为劝说其爱友别再因自己所犯过失而悔恨不已、悲伤流泪而写下的。该诗多用口语，通俗易懂，读起来朗朗上口，但极富哲理，耐人寻味。仿佛诗人就站在面前谆谆告诫："没有人不犯错误"，无须过分悲伤自责。而这也正是诗人创作该诗的目的所在。

仔细分析这首诗，可以发现诗人为了把爱友从悲伤悔恨的漩涡中拉出来，用了两类比喻。第一类用自然界事物所特有的现象来说明自然界的一切美物都有瑕疵；第二类是诗人以自身为例来劝告朋友：人无完人，诗人为了对朋友的爱也犯了错误。这两类比喻表明了诗人对犯过失的爱友所持有的态度。人总是一个复杂多变的矛盾统一体。人性的善恶，心灵的美丑总是并存的。因此，所谓的完人是不存在的，人总会在不经意中犯下一些小错误，而这也正是人性的一种正常表现。所以诗人用"玫瑰有刺儿，银泉也带有泥浆"来说明再美好的事物也会有瑕疵。有的时候，"晦食和乌云"也会玷污太阳的光辉和月亮的皎洁，但诗人要说明的却是，乌云和晦食都只是暂时现象；人们不会因为玫瑰有刺儿而停止对它的观赏与赞美，也不会因为洁净的泉底有污泥而不再去饮用它。相对于可恶的蛀虫来说，这一切的一切都是不足挂齿的。但就是这钻进娇蕾里的可恶蛀虫，也是自然界的必然存在，问题在于总结经验教训，在于积极防止，而不能一味悲伤。

接下来，诗人又用自己为例说明这一道理。出于对朋友的关心和爱护，所以“我为你文过饰非，让自己贪污，对你的罪恶给予过分宽大：我用明智来开脱你的荒唐”。诗人认为自己明知朋友犯了错误却仍然为其开脱，文过饰非，而这本身就是对错误的一种宽大、纵容，所以诗人认为自己本身的行为也和朋友所犯的过错的性质是一样的，正因为诗人认识到自己是明智的，却仍会犯错误，所以他认为再伟大、明智的人也不会完美无缺。这最终“使得我只好做从犯，从属于那位冷酷地抢劫了我的可爱的小贼”。

你原是半个我

呵，你原是半个我，那较大的半个，
我怎能把你的才德歌颂得有礼貌?
我怎能厚颜地自己称赞自己呢?
我称赞你好，不就是把自己抬高?
就为了这一点，也得让我们分离，
让我们的爱不再有合一的名分，
只有这样分开了，我才能把你
应当独得的赞美给你——一个人。
“隔离”呵，你将要给我多大的苦痛，
要不是你许我用爱的甜蜜的思想
来消磨你那令人难挨的闲空，
让我在思念的光阴中把痛苦遗忘，
　　要不是你教了我怎样变一个为一对，
　　方法是在这儿对留在那儿的他赞美!

（屠岸译《十四行诗集·三九》）

这是一首赞美友谊的抒情诗。诗人开篇就说："啊，你原是半个我，那较大的半个。"诗人与他的爱友已经建立了真挚的友情，爱友则成为诗人生命中不可分离的一部分。诗人发现，爱友已占据了大半个"我"，爱友人甚至超过自己。他总想歌颂爱友的才能，可是转念一想，自己与友人已融为一体，歌颂友人等于变相歌颂自己，这样不礼貌。"我怎能把你的才德歌颂得有礼貌？我怎能厚颜地自己称赞自己呢？我称赞你好，不就是把自己抬高？"诗人的内心是矛盾而复杂的。

歌颂友人而又能避免自我歌颂的嫌疑，诗人想到了一个方法，就是"分离"。从"距离说"的角度看，人们只有从心理上与客体拉开一定的距离，即摆脱对客体的实际功利关系，才能对客体持一种审美态度。距离太近，就无法摆脱对客体的功利目的。"就为了这一点，也得让我们分离，让我们的爱不再有合一的名分，只有这样分开了，我才能把你应当独得的赞美给你——一个人。"诗人认为，这样"分离"不是感情上的疏远，而只是保持一种审美心理距离，把爱友看作一个审美客体，以便于毫无私利地赞美爱友。另一方面，"分离"也可以认为是空间上的"隔离"。暂时的分离，不但不会疏远友情，反而会更加强化对爱友的深沉思念之情，而且越是思念得痛苦，就越能体会到友情的甜蜜。在甜美的思念中来感受美，就会获得很好的审美效果。在诗人看来，只有与爱友暂时分离，才能更好解决他的内心矛盾，把赞美全部献给友人。

该诗最大特点，就是采用"分离"作为赞美友情的切入点。因分离而相思，因相思而生情。确是构思新颖，匠心独运。全诗读来真切感人，意味深远。

我失去了你

你占有了她，倒并非我全部的伤心，
但也可以说，我爱她也有点真诚；
而她占有了你，却真教我抢天呼地，
这爱的损失，却远更使我悲戚，
爱的侵犯者啊，我这样来把你们原谅；
你爱上她，是因为你知道我爱这女郎；
说来也正是为了我，她把我凌辱，
逼迫我友为我之故而爱屋及乌；
我丧失了你，我爱的她却有所得，
我失去了她，我友却获得了我之所失。
你们各有所得，只我一个丢失了一双；
你俩都为了我之故，而给我苦头尝；
但快乐的事也有：我友和我本为一体；
甜蜜的废话；那她爱的也仍然是我自己。

（杨熙龄译《莎士比亚十四行诗集·四二》）

当友情与爱情一起失去时，该怎么办？诗人面临的正是这个问题，而这首诗也正是对这个问题的回答。友人把自己的情人占有了，诗人失去了情人，但并没有十分悲伤，因为还有友情寄托。然而不幸的是友谊也失去了，这才使诗人非常失望。但是，尽管如此，诗人也并没有轻易怨恨、谴责他们双方，而是用高雅的情操、豁达端正的品行，用乐观的想象、善良的推理来解释友人和情人的行为，以求精神上的解脱，显示出了克制、理智的美德。

在梳理三者之间的关系时，诗人的心理经历了“平衡—不平衡—平衡”三个阶段。从正面看，“我”失去了朋友和情人，但朋友和情人又各有所得，于是“我”似乎也从中得到了一种平衡，他们所爱的对方，也正是自己所爱的。由此反映出诗人宽广博大的胸怀。从反面看，“我”爱他们，但他们两人反过来“为了我之故，而给我苦头尝”，“我”内心又是不平衡的，“你们各有所得”，而我却“丢失了一双”。友情和爱情对诗人来说同等重要，他不想伤害任何一方，但感情是复杂多变、微妙异常的，谁也不能苛求对方。痛定思痛，诗人顾影自怜，企图在不平衡中寻找一种平衡来慰藉自己：“我友和我本为一体”，“那她爱的也仍然是我自己”。虽然他已意识到这几近自欺欺人，是“甜蜜的废话”，但仍然在破碎的故事中寻求着完满，爱得无怨无悔。从中，我们不难看出，诗人对人与人之间那种宽容谅解、和谐圆满这一境界的向往与渴望。

白天与黑夜

我的眼睛要闭拢了才看得有力，
因为在白天只看到平凡的景象；
但是我睡了，在梦里它们就看见你，
它们亮而黑，天黑了才能看得亮；
你的幻影能够教黑影都亮起来，
能够对闭着的眼睛放射出光芒，
那么你——幻影的本体，比白天更白，
又怎能在白天展示白皙的真相！
你的残缺的美影在死寂的夜里
能透过酣睡，射上如盲的两眼，

那么我眼睛要怎样才有福气
能够在活跃的白天把你观看?
　　白天看起来像黑夜，我不能看到你，
　　黑夜可成了白天，你出现在梦里。

（屠岸译《十四行诗集·四三》）

嚣杂与喧哗在不经意间充斥了我们生活中某个白天的某个过程，而真实的情感只是在一切虚伪的应酬、疲劳的奔波完全被抛弃之后的夜里，才能真正地走进我们的心里。诗人在本诗中所表现的就是这一感受。

白天与黑夜，已成为两种精神的对比。“白天只看到平凡的景象”，那些在白天的各种场合上发出的笑声是多么的虚伪与浅薄，而这些如烟往事在黑夜降临的同时便被“我”梦中思念的“你”用双手击破。在黑夜里，“我”看见那些不切实际的东西四处溃逃，而“你”，便翩翩舞进了“我”黑色的世界里，一个虚无的“你”的出现使得“黑影都亮起来”了。在这种语言背后，昭示了诗人对爱友真挚而热烈的思念之情。

而诗中，白天与黑夜的对比则恰恰成为了爱情的真诚（与白天的虚伪对比）、坚贞的明证。“你”在白天远离“我”，不是因为“我”不想念“你”，只是因为“你比白天更白”，所以你怎能在白天展示你白皙的真相？你是属于在黑夜中的“我”的，因为只有在这个万籁俱寂的夜晚，“我”才能真止看清“你”的容颜，看清“你”的微笑！

可“我”也真切地希望能在白天看到“你”，让真实的“你”去消除其他一切的浅薄与虚伪，可是“我”不知道该“怎样才有福气能够在活跃的白天把你观看?”事实上，这是无法回答的。不仅是因为二者的对比与对立，还因为爱人——“你”的远离。

暗夜，“你”不在我身边，只能作为一种“残缺的美影”引起“我”的相思。“你”啊，已打乱了“我”的生活程序。看，你使我把“白天看起来像黑夜”，又使“黑夜可成了白天”，而这都是因为“你”啊！

该诗借助梦境淋漓尽致地抒写了爱友的夺目光彩及其对爱友的强烈眷恋思念之情。这不仅让我们深切准确地领悟了诗人丰富细腻的内心世界，更让我们感受到了诗人浓郁的浪漫主义创作气息。

（王　刚）

眼睛和心的较量

我的眼睛和心在拼命打仗，
争夺着怎样把你的容貌来分享；
眼睛不让心来观赏你的肖像，
心不让眼睛把它自由地观赏。
心这样辩护说，你早就在心的内部，
那密室，水晶眼可永远窥探不到，
但眼睛这被告不承认心的辩护，
分辩说，眼睛里才有你美丽的容貌。
于是，借住在心中的一群沉思，
都升做法官，来解决这一场吵架；
这些法官的判决判得切实，
亮眼跟柔心，各得权利如下：
　　我的眼睛享有你外表的仪态，
　　我的心呢，占有你内心的爱。

（屠岸译《十四行诗集·四六》）

这是一首别致的爱情诗。从希腊的荷马史诗到中国的《诗经》都某种程度上表现了“窈窕淑女，君子好逑”这一文学的永恒主题。文人骚客更以特有的旋律，奏出一曲曲“只应天上有”的爱情交响乐，以至于孔老夫子也不得不慨叹“食色，性也”。爱情诗也激荡着一颗颗敏感的心。

“情人眼里出西施。”热恋中的人对爱人总是看不够的，诗人也一样。在这里，诗人面对自己的爱人，有一种精神的愉悦，不仅仅是对其容貌，更是对其心灵，以致一切的语言都显得那样苍白无力，生花的妙笔也失去光彩。诗人有一种压抑的冲动，要把自己的爱写出来献给爱人。于是，作天外之想：眼睛和心因争夺爱人的美丽而打仗。眼睛认为心不能观赏爱人的容貌而没有发言权，心因眼睛无法透入“密室”来体味爱人的高尚而不屑一顾。这是多么新奇啊！我们也不能不在眼睛与心的“打仗”中对诗人爱人的美丽产生遐想和倾慕。但诗人情感的抒发没有到此为止。他假设了一场前所未有的审判：沉思为法官，心为原告，眼睛为被告。“原告”、“被告”、“法官”、“判决”、“权利”等法律术语使戏剧性的审判有了严肃的收场：眼睛分得爱人外表的美丽，心分得爱人内心的爱。在寓庄于谐中，有了更深一层情趣。

美，是至高无上的典范。诗人在对爱人的赞叹中，蕴涵着对美的理解。在诗人看来，美的东西至少包括三个方面：一是外在的形式，二是内在的内容，但二者还不能为美，只有在思绪的作用下，把两者统一起来，才能成为永恒的美。

全诗具有“不着一字，尽得风流”之妙。诗人虽无一句赞词，但默读吟咏，字字有情，句句含意，情风意雨充沛字里行间，可谓“此时无声胜有声”。

（史广超）

我用胸膛把你温柔地围住

我临走之前，得多么小心地把每件
不值钱的东西都锁进坚固的库房——
让它们承受绝对可靠的保管，
逃过骗诈的手脚，等将来派用场！
但是你——使我的珠宝不值钱的你呵，
我的大安慰，如今，我的大忧虑，
我的最亲人，我的唯一的牵记呵，
给漏了，可能被普通的盗贼掳去。
我没有把你封锁进任何宝库，
除了我心头，你不在，我感到你在，
我用我胸膛把你温柔地围住，
这地方你可以随便来，随便离开；
　　就是在这里，我怕你还会被偷掉，
　　对这种宝物，连忠实也并不可靠。

（屠岸译《十四行诗集·四八》）

诗开篇就给我们留下悬念：诗人为何要把不值钱的东西保管得那么好？这些不值钱的东西是什么呢？读下去，我们明白了诗人的心声，他所说的“不值钱的东西”是珠宝。珠宝并非真的不值钱，而是与恋人相比变得不值钱了。在他看来，恋人是胜过任何珠宝的最珍贵的财富，因此他一连用了四个词即“我的大安慰”、“我的大忧虑”、“我的最亲人”、“我的唯一的牵记”，来形容恋人，足见恋人在其心中的地位。然而，诗人忧虑重重，他所以忧虑是因为他害怕恋人会离他而去，移情别恋。虽然他可以“小心地把每件不值钱的东西都锁进坚固的库房”，却无法也根本不可能将恋人“封进任何宝库”。因此，他只能将恋人珍藏在心头，“你不在，我感到你在，我用我胸膛把你温柔地围住，这地方你可以随便来，随便离开”，充分表达了诗人渴盼牢牢守住恋人的美好愿望。可见，诗人忧虑重重，并非是出于对恋人的不信任，而是因为他太痴情于自己的恋人了。他愈是忧虑，就愈能显示出他对爱情的珍视。爱情是一个人生活中最可宝贵的财富，一切金银珠宝与之相比都会黯然失色，所以诗人对恋人可能被他人夺去的忧虑的情绪，才能深深地打动我们，从而引起强烈的共鸣。

在这首诗中，诗人层层推进，一步步揭示出他的内心忧虑，特别是运用相互矛盾的词，例如“我的大安慰”与“我的大忧虑”，来突出爱得痴迷与专一，给人留下了极深刻的印象。

在令人困倦的旅途上

在令人困倦的旅途上，我满怀忧郁，
只因每天，我到了路程的终点，
安息时，耳边就涌来一阵细语：
“你离开你朋友，又加了几里路远！”
驮我的牲口，也驮着我的苦恼，
驮着我这份沉重，累了，走得慢，
好象这可怜虫凭着本能，竟知道
他主人爱慢，快了要离你更远：
有时候我火了，用靴距踢他的腹部，
踢到他流血，也没有催他加快，
他只用一声悲哀的叫唤来答复，
这叫唤刺我，比靴距踢他更厉害；

因为他这声叫唤提醒了我的心：
我的前面是忧愁，后面是欢欣。

（屠岸译《十四行诗集·五〇》）

在漫漫旅途上，诗人骑马而行，除了奔波的劳顿，诗人还有一重疲乏。那是因为在每日跋涉后，安静的休息使诗人觉出了独处的悲哀，提醒他离开爱友已越来越远了。马走得很慢，在诗人看来似乎是同情他离别爱友的悲哀，然而这同情非但不能缓解离情别绪，反而使诗人更清楚地意识到这哀愁。于是，诗人不耐烦地用靴距踢马，奢望借以转移注意，而马的嘶鸣却更加深了诗人的忧郁，“因为他这声叫唤提醒了我的心：我的前面是忧愁，后面是欢欣”。

诗人通过拟人手法描写了与爱友别离的内心体验。离别之所以令人忧愁，是因为友谊对人生不可缺少。如果没有友情，生活就不会有悦耳的和声，生命也一片荒芜，如同寒冬的旷野。当你欢乐时，友谊会使欢乐加倍；当你忧愁时，友谊会使忧愁淡去；当你遭受挫折感到抑郁烦闷时，友谊会疏导你从阴霾走入晴空；当你思想迷茫不知所措时，友谊会带给你理智之光，会使真正的朋友如同砺石，他会使你的思想锐利；真正的友谊别无所求，它只会使心灵更加沟通。在朋友那里，没有恐惧、猜疑和烦恼，只有欢笑、充实和澄碧。离开朝夕相处的爱友，独自踏上漫漫旅途，怎不令人忧愁！

第五行的“牲口”和第七行的“可怜虫”指诗人所骑的马。第八行以后的“他”均指马。这里，诗人以拟人手法形象地勾勒出别离人的哀愁图画。以己度物，物我同一，这只是一种心理的虚拟，诗人真正的目的在于借助移情于物表达自己隐曲的心灵感受。

（孙彩霞）

由于爱

那么，背向着你的时候，由于爱，
我饶恕我这匹走得太慢的坐骑：
背向着你呀，为什么要走得飞快?
除非是回来，才须要马不停蹄。
那时啊，飞行也会觉得是爬行，
可怜的牲口，还能够得到饶恕?
他风驰电掣，我也要踢他加劲；
因为我坐着，感不到飞快的速度：
那时候，没马能跟我的渴望并进；
因此我完整的爱所造成的渴望
（不是死肉）将燃烧，奔驰，嘶鸣；
但是马爱我，我爱他，就对他原谅；
　　因为背向你，你曾经有意磨蹭，
　　面向你，我就自己跑，放他去步行。

（屠岸译《十四行诗集·五一》）

这首诗采用较为婉转含蓄的手法，通过马儿的行动的迟缓与迅疾这种设置，表达了诗人对恋人的无限缠绵与眷恋之情。

诗一开头就点明了写的是别离之情景。在诗人同恋人别离之际，马也似乎通晓了主人不愿分离的心情，所以“有意磨蹭”，“走得太慢”。诗人也渴望缓缓徐行，以便再多看一眼深爱着的恋人，因而他不会责怪马的迟缓：“背向着你的时候，由于爱，我饶恕我这匹走得太慢的坐骑：背向着你呀，为什么要走得飞快?”正是这种伤别的爱，使得人与马达到了一种高度的情感统一，也使得诗人对恋人的感情在惜别时表现得十分深沉和执著。然而，更为深沉和执著的表现是于这依依惜别之时，诗人已在假想、渴盼与恋人的团聚之日。这时，诗人的心情与分别时出现了强烈的反差。一想到久别的恋人即将相见，心中的激情难以按捺，他恨不得立刻飞回到恋人身边。因此，即使马儿四蹄如飞，风驰电掣，诗人仍嫌其慢，“他风驰电掣，我也要踢他加劲；因为我坐着，感不到飞快的速度：那时候，没马能跟我的渴望并进”，甚至觉得惟有弃马，自己奔跑，方能“奔跑”出自己所渴望的速度：“面向你，我就自己跑，放他去步行。”

总之，诗人借马儿的行动来表达自己的情绪变化，为全诗披上了一层朦胧的面纱，并将自己的爱含蓄地隐藏起来。不过，诗人的爱又恰似一团熊熊燃烧的火焰，时时冲破含蓄的面纱，致使全诗在感情表达上既有含蓄之美，又不失激情的冲动，二者水乳交融，给人以无限的遐想空间。

有了你

我像个富翁，有一把幸福的钥匙，
能随时为自己打开心爱的金库，
可又怕稀有的快乐会逐渐消失，
就不愿时刻去观看库里的财富。
同样，像一年只有几次的节期，
来得稀少，就显得更难得、更美好，
也像贵重的宝石，排得开、排得稀，
像一串项圈中几颗最大的珠宝。
时间就像是我的金库，藏着你，
或者像一顶衣橱，藏着好衣服，

只要把被囚的宝贝开释，就可以
使人在这一刻感到特别地幸福。
　　你是有福了，你的德行这么广，
　　使我有了你，好夸耀，没你，好盼望。
（屠岸译《十四行诗集·五二》）

这是一首礼赞友情的诗。诗人首先把自己比作“富翁”，接着又把“快乐”比作财富的“金库”，连用两喻，既表明自己为拥有真情而愉悦，又有怕这种感情会因频繁接触而消失的矛盾。接下来的四行，诗人又将这种难得的友谊作了引申，接连把它比作“一年只有几次的节期”，“一串项圈中几颗最大的珠宝”。友谊被视为一切事物中最美好的东西，显示出诗人对真善美的无比热爱与执著追求，正是这种极致的美才使诗人“有了你，好夸耀，没你，好盼望”。

在第三个四行中，诗人把时间比作金库，把友谊比作金库里的财富是别有深意的。时间是试金石，经得起它的考验的友谊才是至高无上的，只有这样的友谊才能用来夸耀，才值得盼望；接着，诗人又把时间比作衣橱，把友谊当作深藏的好衣服。正因为友谊的这些特色，也正是由于诗人很少去观看金库里的财富，所以诗人宣称：“只要把被囚的宝贝开释，就可以使人在这一刻感到特别的幸福。”最后两行，是对上面十二行的总结，也是诗人感情升华的极致。

该诗中对友谊的各种比喻的并列使用，对于渲染感情、阐发思想无疑都起到了十分重要的作用，从而突出强调了友谊的弥足珍贵与美好。

春天是你美的风姿

你这人儿不知究竟是何质料造成，
万千种奇异的姿影萦绕着你周身？
世间每一个人，每一个只有一个容颜，
你也只一个，但你却能借给人万千。
人们描绘阿童尼斯，但那种画像，
只是拙劣地把你的容颜来模仿；
用妙笔把古代海伦渲染得更美丽，
那幅新画就是穿上希腊古装的你。
说到春天，说到每年的丰收佳日，
那么春天真能象征你美的风姿，
而丰收的季节却如同你宽宏的心，
世上优美形态之中，都有你的影。
一切外形之优美，你都可以比拟，
但无人能比你，谁也没有你忠实的心地。

（杨熙龄译《莎士比亚十四行诗集·五三》）

这首诗给我们塑造了一个至美至善的佳丽形象，字里行间透露出诗人对爱人浓郁而真挚的爱。

“你这人儿不知究竟是何质料造成，万千种奇异的姿影萦绕着你周身？”诗人开篇两句运用设问的手法首先唤起我们的注意，同时透露出自己所要描写的是一个集“万千种奇异的姿影”于一身的至美的形象。接下来两行，诗人告诉我们，这一至美的形象在世间只有一个，那便是“你”——自己的爱人。而且诗人用对比手法提醒我们，自己的爱人不仅是至美的，而且还是至善的：

“世间每一个人，每一个只有一个容颜，你也只一个，但你却能借给人万千。”开头四行为全诗定下了基调，让我们对他所歌颂的对象有了一个总体的感受和把握。接下来的八行是诗人对爱人至美至善的精心描写。爱人有多美呢？诗人并未直接交代，而是引出了世人皆知的阿童尼斯和海伦来说明。阿童尼斯和海伦是古希腊神话传说中的美少年和美女，前者为爱与美神维纳斯所钟情，而后者曾因自己的美貌而引发一场著名的旷日持久的特洛亚战争。诗人大胆而骄傲地宣称，他们的美均无法与自己的爱人相媲美。这还不够，接下来诗人又运用一个美好的意象——春天——来象征自己爱人“美的丰姿”，于是，一个生机盎然、充满活力、满含清新芬芳气息的至美形象便向我们迎面走来。有谁会不爱呢？那么，爱人又有多善呢？诗人仍未多加描写，而是极富诗情画意地说：“丰收的季节却如同你宽宏的心。”“丰收的季节”是一个让人索取的宽宏的季节，是可以“借给人万千”的季节，如此说明爱人那颗“宽宏的心”，其善良的性格被衬托得无以复加，同时又表明了诗人对爱人那舍弃自身为他人的高尚情操的热情礼赞。可以说，诗人在这八行中，虽未直接具体描绘其爱人的容颜，但通过一系列的比较、衬托、象征手法的运用，一个至美至善的形象便栩栩如生地呼之欲出了。

最后两行，诗人进一步突出强调，他爱人不仅美在外表，而且美在心灵。虽然前面已形容了爱人的美，但这一切毕竟都是可以在其他人或自然界中找到的，而“忠实的心地”却惟她独有。在诗人看来，只有当美（容貌美）同善（心灵美、人格美）统一在一身的时候，才是美的极致。她的爱人正是这一极致的化身。从诗人对其爱人的礼赞中，我们不难看出他对真善美的追求与渴盼。

玫瑰花与野蔷薇

啊，“美”不知还能更美多少倍，
如果它有“真”的赐予来作点缀；
玫瑰花看来美，但它的美倍增，
因为在它身上有一缕芬芳的香魂。
那野蔷薇的花朵也同样地斑斓，
如同香郁的玫瑰有浓艳的花瓣；
同样悬在那有刺的枝头，那么艳荡，
当夏天的风吹得它们花苞儿怒放。
但它们的好处也只在乎那种形态，
无人向它们求爱，它们孤零地凋衰，
默默地死去。玫瑰花却不如此，
它们芬芳的落英，留存下甘香露汁。
你也如此，美丽而可爱的少年郎君，
当你凋谢时，我的诗卷把你的精神留存。

（杨熙龄译《莎士比亚十四行诗集·五四》）

美是什么？美的本质何在？

该诗运用两种可见可感的自然事物——玫瑰花和野蔷薇来形象地阐述了真和美的关系，富有哲理性地揭示出真和美的统一才是真正的美，从而鲜明地表达了对真美的厚爱和礼赞，以及对虚伪外表的憎恶与鞭挞。

诗人在第一节中开宗明义，引出“真”与“美”的话题，并从哲学高度作了凝练概括：“美”必须有“真”为基础才更美、更有价值。因为只有“真”，人们才能透过它美丽的外表来体味到“它身上有一缕芬芳的香魂”。玫瑰正是这种美与真的结合。接下来的一节以野蔷薇作陪衬，采用欲抑先扬的手法，浓笔艳抹地描述了野蔷薇的花朵与玫瑰的花瓣同样地美，同样俏丽地悬在那有刺的枝头，迎风绽放，给读者的印象是野蔷薇花的确很美，然而表面上的相似却掩盖了两者之间本质的区别。因此，在第二节中诗人笔锋陡转，道出徒有虚表而缺乏芬芳之美的蔷薇花到头来只能“孤零地凋衰”，悄然灭亡，而无法得到世人的赏识与赞美；玫瑰花则不然，“它们芬芳的落英，留存下甘香露汁”。最后两句向我们进一步开启了领悟全诗主旨的大门，它告诉我们：人也应该像玫瑰花那样，不仅要有美的外表，而且更重要的是要有“芬芳的香魂”，即美的人格，美的精神；而且只有美的人格与精神才能永世长存。可见，诗中的玫瑰花决非大自然原始开放的玫瑰花，而是蕴含着无限美丽而又意味深远的意象的一朵红红的玫瑰花，它时刻启迪并唤起人们对美丽圣洁的精神与人格的憧憬与追求！

该诗用“玫瑰花”和“野蔷薇”来比喻两种不同的事物，一种是真与美的合体，一种是徒有虚表的东西，比喻贴切，新颖生动，给人以深刻的印象，引人遐思。

活在我诗中

白石，或者帝王们镀金的纪念碑
都不能比这强有力的诗句更长寿；
你留在诗句里将放出永恒的光辉，
你留在碑石上就不免尘封而腐朽。
毁灭的战争是会把铜像推倒，
也会把巍峨的大厦连根儿烧光，

但是战神的利剑或烈火毁不掉
你刻在人们心头的鲜明印象。
对抗着消灭一切的无常和死，
你将前进；人类将永远歌颂你，
连那坚持到世界末日的人之子
也将用眼睛来称赞你不朽的美丽。
　　到最后审判你复活之前，你——
　　活在我诗中，住在恋人们眼睛里。

（屠岸译《十四行诗集·五五》）

无法确定的死期迟早要来，人的生命只能是渐渐衰微。死亡作为存在的一种可能性，是威胁人类的终点，它使生命之弦绷紧，而生命正是由于有始便有终造成的紧迫感而成其为生命。如果我们像云雨一样无情无知，无忧无烦，那么，死亡也不成其为死亡。如果我们因恐惧死亡而任情作为，那么，生命也不成其为生命。

生命在本体论上的虚无推动人们寻求其在价值论上的永恒。建功、立言是通向生命永恒的两条必经之路。建功使帝王将相叱咤风云，立言使学者文人名垂千古。然而，最为辉煌的丰功伟业也如过眼烟云，为历史的变迁尘封，而才华横溢、飞珠溅玉的名著却会历经千年仍光华四射。艺术使人的生命之树常青，艺术以顽强的生命力超越时空。“白石，或者帝王们镀金的纪念碑都不能比这强有力的诗句更长寿”，时间会使一切物质都将消亡，何况一块铭刻功德的纪念碑。然而，时间无法战胜艺术，哪怕到世界的末日。

诗人强调艺术具有永恒的美，以此向爱友说明，在诗歌中，爱友有限的生命也将超越时间战胜死亡。即使战争也不能毁掉，即使无常和死也不能阻挡，“人类将永远歌颂你，连那坚持到世界末日的人之子也将用眼睛来称赞你不朽的美丽。到最后审判你复活之前，你——活在我诗中，住在恋人们眼睛里”。诗人不仅在诗中表现了对爱友的热爱，也表达了对生命、死亡等问题的哲学思考，并表明了一定的美学思想。生命是短暂的，时光是无情的，而诗歌的美是永恒的，艺术在生命的死亡中将会延伸发展，流芳百世。

（孙彩霞）

甜蜜的爱情啊

甜蜜的爱情啊，须把你的力量更新，
你刀刃儿的锋芒切莫让它磨钝，
就像人要加餐，虽然今天已经饱餍，
到明天会重新燃起新的饥焰。
爱也须如此，虽然今儿你饿眼看饱，
看个不休，直到那眼珠儿看得疲劳，
但明天你又想看，那爱情的精魂，
你切莫用永久的麻木来把它磨损。
让你伤心的离别啊，成为一片海洋，
它把一双爱侣分隔在它两边岸上，
他俩无一日不在海洋两岸眺望，
一见爱的归来，眼中放出喜悦光芒。
或者就比作冬天吧，冬天充满着忧患，
但也使春天更受欢迎，更可盼，更希罕。

（杨熙龄译《莎士比亚十四行诗集·五六》）

这是一首咏叹爱情的诗篇。诗人开篇就说："甜蜜的爱情啊，须把你的力量更新，你刀刃儿的锋芒切莫让它磨钝"，诗人深情地告诫我们，甜蜜的爱情不是长相厮守和整日耳鬓厮磨所能获得的，爱情生活需要调节。接着，诗人用"人类要加餐"来类比爱火复燃，"就像人要加餐，虽然今天已经饱餍，到明天会重新燃起新的饥焰"。但是，爱火并非久燃不熄，你如果不会保持它，它也将熄灭。"那爱情的精魂，你切莫用永久的麻木来把它磨损。"这"永久的麻木"也许就是形影不离长相厮守的结果吧。诗人以动情的笔触描绘了在爱恋中的情人为爱而幸福、为爱而忧伤。诗人时而以劝导者的身份出现，时而又以感受者的身份参与，既像是谆谆的自慰，又像是痴痴的等待，真切地表现了热恋中的情人复杂的内心感受。没有真正地去爱，也就不会真正地体味出爱的甜蜜与苦涩。

因此，爱不一定就非要长相厮守，寸步不离，离别恰是医治"永久的麻木"的一剂良药。离别的日子虽然痛苦，但是别后相逢将会使那份情爱更加甜蜜。诗人将离别比作海洋，不仅形象，而且更具美感。离别像海洋把两人隔开，海洋两岸的相思能够让人互相望眼欲穿，一旦相见，那该是何等的激动万分啊！所以，诗人在末尾两句充满激情地说道："或者就比作冬天吧，冬天充满着忧患，但也使夏天更受欢迎，更可盼，更希罕。"再一次用比喻的艺术手法将离别比作冬天，将重逢比作夏天，把伤心的离别、痛苦的以及重逢的喜悦形象生动、酣畅淋漓地表达了出来。

总之，诗人用诗的语言启发我们：不要害怕离别，离别虽是相思苦，却能使两人间的爱情琴弦拉得更紧，弹奏出更加甜美和谐的乐章。正所谓："两情若是久长时，又岂在朝朝暮暮。"

就像海边的潮水

就像海边的潮水一阵阵涌向沙岸，
我们的光阴也不停地奔向终点，
后浪推前浪，一个接着一个消隐，
劳苦不休地赶着生命的途程。
初生者，随着星空中象征他的星辰，
渐渐升高，一旦到了盛极的天顶，
就有横逆的晦蚀来阻挡他的光辉，
时间赐予，时间也把它的礼物收回。
时间会把少年郎脸上的光彩改变，
会在美丽的额头刻上一道道横线，
时间，他能吃光造化的一切珍馐，
在他的镰刀下，还有什么能够存留？
但是在我希望中的未来，我的诗篇，
赞颂着你，时间的毒手决不能把它摧残。

（杨熙龄译《莎士比亚十四行诗集·六〇》）

这首诗开篇就用比喻把我们引入一个波澜壮阔的想象画面。“海边的潮水一阵阵涌向沙岸”，“后浪推前浪，一个接一个消隐”。这潮水即是“我们的光阴”，我们的生命，那浪头即是无情的时间。为此我们不得不“不停地奔向终点”，不得不被“劳苦不休地赶着生命的途程”。生命的律动和人生新旧的更替在这里显得迅猛异常，势不可挡。开头四行诗人想要表现的不仅是光阴的无情，亦有生命苦短的感慨。接下来的四行，通过对人生存、发展、灭亡这一过程的形象描绘，进一步阐明时间的无情。诗人在这里又用了一个绝妙的比喻，即拿天上的星辰来比喻芸芸众生。初生的人正如那刚出现的星辰“渐渐升高”慢慢成长；待到旺盛的春青时期来临之际，也正如星辰升到了“天顶”，人达到了他一生最辉煌、灿烂的时期，此时的人胸怀大志、精力无穷，处处洋溢着光彩，透着活力，然而好景不长。绝对的永恒是不存在的，时间之于人更无永恒可言。当它慷慨赠予你珍贵的生命和金色的韶华之时，却又在谋划着如何将它悄悄抢回。“时间赐予，时间也把它的礼物收回”，这是何等深刻辩证的思想啊！在第三个四行中，诗人用排比句，进一步勾勒出时间这个“血腥的暴君”形象。时间会把少年郎脸上的光彩改变，会在美丽的额头刻上一道道横线，能吃光造化的一切珍馐，一层深一层地揭示出了时间是如何地破坏、吞噬着人间的美好。“在他的镰刀下，还有什么能够存留?”面对时间的冷酷，诗人真的认为人只有任其摆布，无所作为了吗？不会的！他在最末两行高声疾呼：“但是在我希望中的未来，他的诗篇，赞颂着你，时间的毒手决不能把它摧残!”在这里，不再是时间对生命的摧残，而是人类的智慧创造了奇迹；在这里，诗——人类思想的精华使生命得以无限延长。时间虽能把具体的生命本体消灭，然而，包含着人的思想以及人生美好记忆的诗篇却可以跨越时空，得以永恒。这首诗饱含了珍惜、主宰时间，创造生命奇迹的伟大思想。

该诗艺术上的最突出的特点就是反衬手法的运用。诗人用十二行的篇幅，由小到大、由抽象到具体，层层铺垫，反复渲染时间无情，生命短暂，极其强烈地带给人一种面对如梭日月，人只能枉自兴叹、一筹莫展的感觉，然而就在这时，诗人笔锋陡转，画龙点睛，指点迷津，又让人看到无限生机，平添无限豪气。

我为你守夜

是你故意用面影来使我面对
漫漫的长夜张着沉重的眼皮？
是你希望能打破我的酣睡，
用你的影子来玩弄我的视力？
是你派出了你的魂灵，老远
从家乡赶来审察我干的事情；
来查明我怎样乱花了空闲的时间，
实现你猜疑的目的，嫉妒的用心？
不啊！你的爱虽然多，还没这样大；
使我睁眼的是我自己的爱；
我对你真爱，这使我休息不下，
使我为你扮守夜人，每夜都在：
　　我为你守夜，而在老远的地方，
　　你醒着，有别人紧紧靠在你身旁。

（屠岸译《十四行诗集・六一》）

诗句一展开，便是紧锣密鼓般的“是你”、“是你”、“是你”，诗人用种种想象和假设来表达对对方的爱和思念。也正是因为诗人有着这般深沉的爱和这样绵绵不尽的思念，才能使诗人幻想到周围的一切都是对方所为，所谓“你在时，你是一切；你走后，一切是你”，便是这样的道理。但诗人还有着自己的一份儿冷静、一份儿理智。诗人对对方的爱是了解的，“你的爱虽然多，还没有这样大”，“使我睁眼的是我自己的爱”；真正使诗人夜不能眠的却不是诗人所思念着的“你”的爱，而是诗人自己对对方的真挚而深厚的爱。这样的爱使诗人“为你扮守夜人，每夜都在”，而此时，诗人所思念的“你”又怎么样呢？“我为你守夜，而在老远的地方，你醒着，有别人紧紧靠在你身旁。”落花有意，流水无情。

诗的前八句用排比和设问来加强语势和增加悬念，第九句直接否定，紧接着三句道破真相。

纵观全诗，诗人所追求的爱情只是一个虚无的过去。但诗人还沉浸在对往日之爱的怀念当中，诗人的忠诚没变，对方的坚贞却已不再。诗中虽然没有直接提及诗人的伤感，但可以从全诗体会出来诗人对对方的变心是怎样的伤感和无奈。然而，诗人的胸襟还是宽大的，他明知对方已有别人紧靠在身旁，仍然为其扮演了守夜人的角色。人的感情是复杂的，真挚如一的感情也并非是决然能斩断的，否则就要怀疑其感情的真实与坚韧程度了。

（谢国宏）

美在诗中永恒

我爱人将来要同我现在一样，
会被时间的毒手揉碎，磨损；
岁月会吸干他的血，会在他额上
刻满皱纹；他的青春的早晨，
也会走进老年的险峻的黑夜；
他如今是帝王，是一切美的领土，
这些美也会褪去，最后会消灭，
使他失掉他春天的全部宝物；
我怕这时期要来，就现在造碉堡，

预防老年用无情的刀斧来逞威，
使老年只能把他的生命砍掉，
砍不掉他留在后人心中的美。
　　他的美将在我这些诗句中呈现，
　　诗句有了他，也将永远新鲜。

（屠岸译《十四行诗集·六三》）

该诗可分为三个层次：前八行为一层，九至十二行为第二层，末尾两行为第三层。

在第一层中，诗人开篇就先声夺人，点出时间的残忍与可怕。他想象着他的爱友会被时间的毒手揉碎、磨损，并一连运用四个暗喻具体描绘时间的可怕：它像毒蛇，能吸尽爱友的血；像一把刻刀，能摧残爱友美丽的容颜；像黑夜会掩没爱友青春的早晨；又像强盗，能夺去爱友春天的全部宝物。痛惜之情，在对时间的诅咒中显露出来。面对时间的残酷，诗人并未悲观绝望，而是豪迈地作出自己的抉择，奋起捍卫爱友的美丽。因此诗人笔锋一转，由抑而扬，转入诗的第二个层次。诗人要用诗，用艺术为爱友建造一座坚固的碉堡，从而用一道道铜墙铁壁去抵御时间的攻击，即便是老年残酷地夺去爱友的青春，诗人也要捍卫爱友的美丽，使爱友美丽的光辉永远闪烁在人们心中。

最后两行是全诗的精华所在。“他的美将在我这些诗句中呈现，诗句有了他，也将永远新鲜。”时间可以带走生命，泯灭美丽，却夺不去诗人对爱友的爱，这爱会化为诗句，永久保留下爱友的美，诗也因此而放射出新鲜而持久的光芒。全诗字里行间透露出诗人对爱友的浓浓情谊以及对青春、生命的珍爱，同时也体现了诗人诗使美长久、美使诗永恒的艺术观。

我曾经看见

我曾经看见：时间的残酷的手
捣毁了往古年代的异宝奇珍；
无常刈倒了一度巍峨的高楼，
死的暴力甚至教赤铜化灰尘；
我又见到：贪婪的海洋不断
进占着大陆王国滨海的领地，
坚实的陆地也进占大海的地盘，
盈和亏，得和失相互代谢交替；
我见到这些循环变化的情况，
见到庄严的景象向寂灭沉沦；
断垣残壁就都教我这样思量——
时间总会来夺去我的爱人。
　　这念头真像“死”呀，没办法，只好
　　哭着把唯恐失掉的人儿抓牢。

（屠岸译《十四行诗集·六四》）

这是一首饱含焦虑诉说生命辉煌与奋然抗争的诗，其内蕴深广，闪烁着智慧的光芒，迸发着哲学的火花。

诗人在前三节开头处反复强调“我曾经看见”、“我又见到”、“我见到”——看到的是什么呢？是往古年代的异宝奇珍被捣毁；是一度巍峨的高楼被刈倒；是赤铜化为灰尘；是海水侵占了陆地；是陆地侵占了海洋。所有这一切，是什么造成的？是时间，是具有无穷魔力的神秘的时间在作祟。诗人仿佛看到了“时间的残酷的手”在破坏着世上一切美好的东西。在这里，诗人用拟人手法使读者生动形象地认识到时间的巨大威力。他清醒地意识到“这些循环变化的情况”皆是“盈和亏，得和失”的“相互代谢交替”，是亘古不变的客观规律，无法阻挡，无力改变。就连自己的爱人以及自己都有归于寂灭的那一天。面对“断垣残壁”，诗人以一种惋惜而无奈的口吻似乎在告诉我们：繁华终将走向衰败，生命终将归于死亡。那么诗人真的就要陷入绝望、坐以待毙吗？其实，悲观并不意味着绝望，叹息也并不等同于不思进取。正因为诗人有着不同于常人的深刻而敏锐的思想和心灵，所以才更容易捕捉到宇宙与生命的本质对立，更容易发现人生的美好和生命的短暂，而这种比常人深刻得多的思考，必将把他引向生命最高的层次。于是他被一种迫切的焦灼感与坚定的执著感推动着，“要把唯恐失掉的人儿抓牢”（此处的“人儿”不妨宽泛地理解为人的生命）。最后诗人以其特有的形象思维给了我们一个永恒的启示：一切事物的存在都不是永恒的，“盈”与“亏”、“得”与“失”都是相辅相成、互相转化的，这样我们就可以坦然直面许多变故与不幸；拥有了生命短暂的悲剧意识，方能激励我们加倍珍爱生命，在有限的生命里创造无限的价值和意义。

我爱人能在墨迹里永放光明

就连金石，土地，无涯的海洋，
最后都得消灭在无常的威力下，
那么美，又怎能向死的暴力对抗——
看她的活力还不过是一朵娇花？
呵，夏天的芳香怎么能抵挡
多少个日子前来猛烈地围攻？
要知道，算巉岩巩固，顽石坚强，

钢门结实，都得被时间磨空！
可怕的想法呵，唉！时间的好宝贝，
哪儿能避免进入时间的万宝箱？
哪只巨手能拖住时间这飞毛腿？
谁能禁止他掠夺美物的坏行当？
　　没人能够呵，除非有神通显威灵，
　　我爱人能在墨迹里永远放光明。

（屠岸译《十四行诗集·六五》）

时间既是世上万事万物的创造者，又是一切存在的摧毁者。这首诗就大肆泼洒笔墨描绘了时间所具有的这种毁灭性的可怕威力：金石何其坚固，土地何其辽阔，海洋又何其深邃，但最后都被消灭在它无常的威力下；岩石何其巩固，钢门又何其结实，可最终都被时间的尖利的牙齿磨空。诗人因此不无担心，“那么美，又怎能向死的暴力对抗——看她的活力还不过是一朵娇花？”时间简直是一个贪婪的国王，要把一切都装进它的宝箱。诗人不禁发出了绝望的呼喊！“哪只巨手能拖住时间这飞毛腿？谁能禁止他掠夺美物的坏行当？”就在山穷水尽、无可奈何之际，诗人以一个一百八十度大转弯道出了一个颇富哲理的规律，让读者绝处逢生，与诗的前十二行恰构成鲜明而强烈的对照：“没人能够啊，除非有神通显威灵，我爱人能在墨迹里永远放光明。”诗人能战胜时间的惟有用笔创造奇迹，美只有借助诗人的艺术才会“永放光明”，而创造艺术的诗人也因此而不朽，由此赞颂了艺术及其创造者的不朽与伟大。其实，诗人本身不正是这一宣言的明证吗？

诗情发展跌宕起伏，富于音乐感。全诗把形象、情感、说理融为一体，特别是对比手法的运用，使艺术的伟力显得更加突出耀目，更具说服力。

对这些都倦了

对这些都倦了，我召唤安息的死亡，
譬如，见到天才注定了做乞丐，
空虚的草包穿戴得富丽堂皇，
纯洁的盟誓受到了恶意的破坏，
高贵的荣誉被可耻地放错了地位，
强横的暴徒糟蹋了贞洁的姑娘，
邪恶，不法地侮辱了正义的完美，
拐腿的权势损伤了民间的健壮，
文化，被当局统制得哑口无言，
愚蠢（俨如博士）控制着聪明，
单纯的真理被唤作头脑简单，
被俘的良善伺候着罪恶将军；
　　对这些都倦了，我要离开这人间，
　　只是，我死了，要使我爱人孤单。

（屠岸译《十四行诗集·六六》）

这首诗是诗人154首十四行诗中最特别、最富现实性的一首。说它特别，是因为诗人的十四行诗都是咏叹友谊或爱情的，而独有这首诗直截了当地揭露和批判了当时社会的丑恶与黑暗，因此后来受到众多西方评论家的高度评价。

“对这些都倦了，我召唤安息的死亡”，诗人开门见山，书写自己此时舍生求死的痛苦之情。痛苦因何而起呢？因为社会现实。这起首一句总领下面二至十二行的十一句，这十一句列举了种种的社会罪恶和丑陋现象。一进入社会现象，诗人痛苦的心情顿时被满腔愤怒所取代。这是一个被颠倒了的世界：黑白混淆，是非不分，好人受害，坏人当道，到处都是不公平、不合理的现象，正义受到摧残，人的尊严遭到蹂躏，真善美被践踏……诗人采用对比手法，把“善”与“恶”的两极综合在一起，使之泾渭分明，从而极为鲜明地表现了诗人的褒贬和爱憎，及其与丑恶、黑暗现实的格格不入。这首诗和《哈姆莱特》中主人公那段“生存还是毁灭”的著名独白具有异曲同工之妙，体现出诗人思想的进步与深刻。第十三行与首句遥相呼应：“对这些都倦了，我要离开这人间。”只是这次的“倦了”，不仅进一步突出强调了诗人的悲愤之情，而且又使全诗的结构显得非常紧凑，浑然一体。然而，诗人真要离开这人间吗？末尾一句语意陡转，出人意料地表明了要活下去的决心，而这一切都源于人间还有爱。爱是心灵的寄托和安慰，有爱就有了生的眷恋与渴望，也就有了与黑暗抗争的信心和力量。

由于该诗涵盖了人世的黑暗以及爱恨生死等种种无法回避的情感体验，因而能在不同时代的读者心中产生强烈的共鸣。正如西方有评论家所评论的那样，“这首诗中没有一个字在今天不具有丰富的含义；整首诗是如此的具有普遍意义，如此地不受时间的局限”，实乃“一首不可超越的诗”。

因为你生长在世俗中

世人的眼睛见到的你的各部分，
并不缺少要心灵补救的东西：
一切舌头（灵魂的声音）都公正，
说你美，这是仇人也首肯的真理。

你的外表就赢得了表面的赞叹；
但那些舌头虽然赞美你容貌好，
却似乎能见得比眼睛见到的更远，
于是就推翻了赞美，改变了语调。
他们对你的内心美详审细察，
并且用猜度来衡量你的行为；
他们的目光温和，思想可偏狭，
说你这鲜花正发着烂草的臭味：
　　但是，为什么你的香和色配不拢？
　　解释是这样的：因为你生长在世俗中。

（屠岸译《十四行诗集·六九》）

生活在一个世俗的社会中，最大的悲哀就是被别人一直用他们世俗的眼光去看待自己，误解自己，因为他们往往以理所当然的观点去解释他们所嫉妒或不理解的事物或人之言行。而在本诗中，诗人就向我们描述了他的爱友的这种遭遇。

毋庸置疑，诗人的爱友是美丽的，因为她的美是“连仇人也首肯的真理”，诗人一再渲染这种美的存在，本身就是对那些思想偏狭者的一个反讽。就是因为她太美了，于是人们在赞叹之余（这种赞叹显然并非出于内心，而仅是“表面”之词），不免要有嫉妒、怀疑等感觉。根据惯例，他们会认为一个人外表虽美而其内心则往往不美，于是他们便会对爱友“详审细察”，并且很快“推翻了赞美”，“改变了语调”，俨然很成熟、很老成地去指责或者下推论，而这种故作姿态的审判无疑受他们世俗的想法、观念之影响，于是便不负责任地定下结论：“说你这鲜花正发着烂草的臭味。”

当然，这种推断是错误的，诗人已在诗中屡屡有暗示之语。“他们的目光温和”，他们的“思想可偏狭”，正是由于这种偏狭的思想的存在，才成为他们的诋毁人的内心美的缘由。于是只有用“猜度”来“衡量你的行为”，而不是在实践中去证明或得出结论。这种猜度的直接后果便是他们询问诗人的爱友：“为什么你的香和色配不拢?”然而，事实是这样吗？不是，因为诗人马上回答了这一问题：“因为你生长在世俗中”，这就注定“你”要承受各种世俗的眼光与看法！

很显然，世俗的人们得到的是一种自相矛盾的推论与定义，他们只不过是在为自己寻找一种拒绝身边的美的理由而已。

（王 刚）

我的主题永远不变

为什么我诗中缺乏新的华丽?
没有转调，也没有迅速的变化?
为什么我不学时髦，三心两意，
去追求新奇的修辞，复合的语法?
为什么我老写同样的主题，写不累，
又用出名的旧体裁来创作诗篇——
差不多每个字都能说出我是谁，
说出它们的出身和出发的地点?
甜爱啊，你得知道我永远在写你，
我的主题是你和爱，永远不变；
我要竭尽全力从旧词出新意，
把已经说过的事情再说几遍：
　　既然太阳每天有新旧的交替，
　　我的爱也就永远把旧话重提。

（屠岸译《十四行诗集・七六》）

这是一首表明诗人诗歌理论的十四行诗。通过作品表明理论主张，在文学作品中是很常见的，基本上可以通过三种形式：一是作品的序言；二是作品的人物，作品中人物对某作品或文学现象的评价，间接表现作者的主张；三是作品本身即是作者的主张。一般说，前两种形式比较零乱，是一鳞半爪的见识，第三种形式比较全面。本诗即属于第三种形式。

一部好的作品，至少应包括深刻的内容和适当的优美形式两个方面。诗人开篇即以三个“为什么”起句，表明了自己对内容和形式的理解。在诗人看来，自己的诗作“老是写同样的主题”——友谊与爱情，是因为自己的追求永远不变。诗人的追求是惟一的，他只能重复这一人类社会永恒的歌调。而且十四行诗在诗人这里得以定型，他肯定有一种自豪感和喜悦感。同时形式需要不断重复才能得到巩固，追求也需要不断重复才能得到新的阐释。形式的变化也不是突变的，不是只“追求新奇的修辞，复合的语法”就能做到的，而只能是渐变的，在条件不成熟时，只能是在旧形式的母体中酝酿、尝试，待十月怀胎之后才可分娩。不然只能是一个不成熟的早产儿，一定不会健康，甚至可能夭亡。

但从文学发展史来看，形式和内容是要发展的。诗人也看到了这一点：“我要竭尽全力从旧词中出新意”，这里的新意，不但是指诗人对主题的追求的新认识、新理解，同时也包括对诗歌形式的新探索。诗人最后生动地说明了这个道理：“既然太阳每天有新旧的交替，我的爱也就永远把旧话重提。”

莎士比亚就是要在旧话重提中出新意。

（史广超）

珍爱生命

镜子会告诉你，你的美貌在凋零，
日规会告诉你，你的光阴在偷移；
空白的册页会负载你心灵的迹印，
你将从这本小册子受到教益。
镜子会忠实地显出你的皱纹，
会一再提醒你记住开口的坟墓；
凭着日规上潜移的阴影，你也能
知道时间在偷偷地走向亘古。
你瞧，记忆中包含不了的事物，
你可以交给空页，你将看到
你的脑子所产生、养育的子女，
跟你的心灵会重新相识、结交。
　　你多看这些职员，他们就多服务，
　　使你得益，使这本册子丰富。

（屠岸译《十四行诗集·七七》）

诗人在这首诗里劝诫他的爱友，也是在规劝世人：珍惜生命，在生命的短暂历程中留下精彩的记录。

诗开篇就点明了意图："镜子会告诉你，你的美貌在凋零"，"日规会告诉你，你的光阴在偷移"。这不是在规诫他的爱友要珍惜生命和时光吗？这颇似中国古诗"黄河之水天上来，奔流到海不复回；高堂明镜悲白发，朝为青丝暮成雪"一样，给人以警醒。人生短暂，为什么不珍重自己、珍重生命呢？在这好似消极的感叹表层下，不正深藏着它的反面——对生命的强烈欲求吗？为此诗中写道，“空白的册页会负载你心灵的迹印，你将从这本小册子受到教益”，正点出了觉察到生命无常、人生易老后的一种努力，是一种企图将有限的生命在文字中得到延续永恒的努力。这实际已标志着一种人的觉醒，是人对自己生命、意义的发现、思索、把握和追求。正是在这好似消极的人生悲叹（五至八行）中，深藏着一种向上的、激励人心的意绪情感。

珍惜时间，珍惜生命，这是一个古老而又现实的话题，古今中外有大量的惜时之作，且大多是对生死存亡的哀伤，对人生短促的喟叹，其中不乏消极思想。而这首诗却给我们以清新的感觉，我们从中得到的不是消极、颓废，而是积极、奋进，是一种在觉察到人生有限后对人生的执著追求。

你的名字从此将得到永生

不是我活着来写下你的墓志铭，
就是你活着，而我已在地里腐烂；
虽然人们会把我忘记干净，
死神可拿不走别人对你的怀念。
你的名字从此将得到永生，
而我呢，一旦死了，就永别人间；
大地只能够给我个普通的坟茔，
你躺的坟墓却是人类的肉眼。
你的纪念碑将是我温雅的诗辞，
未来的眼睛将熟读这些诗句，
未来的舌头将传诵你的身世，
哪怕现在的活人都已经死去；

我的千钧笔能使你万寿无疆，
活在口头——活人透气的地方。

（屠岸译《十四行诗集·八一》）

在这首抒情诗中，诗人用精练的笔墨直抒胸臆，写出了自己和友人之间生死不渝的伟大友谊。诗人对友人爱得是那么深沉，正是这种博大而雄浑的情感，才使诗人做出常人难以接受的残酷决定。

我们不妨发挥想象，诗人和他的友人是千载难逢的知己，长时间的相处和磨砺使他们心有灵犀一点通。一个不易察觉的眼神，一个蜻蜓点水的微笑，都会在对方心海里荡起层层涟漪。诗人知道生老病死是任何人都无法抗拒的规律，而自己又要先于友人而去，这将是怎样的一种生死离别啊！但诗人并没有为此而消沉，一蹶不振，而是进行了积极的思考，虽然这种思考是一种痛苦的煎熬。

诗人苦思冥想了好久，终于在某个梦醒的早晨找到答案：给自己活着的友人写一篇墓志铭。这是一个违反常理又近乎残酷的决定。而诗人对此却表现得很自信从容，因为诗人相信有了“我温雅的诗辞”，风雨的吹打无法泯灭友人光明磊落的一生，死神也无法从人们手中拿走他对友人的怀念，所以诗人在诗中写道：“你的名字从此将得到永生。”光阴荏苒，生死轮回，诗人的友人也将会入土，而在友人的墓碑上镌刻的却是诗人临别的“赠言”。未来的人们会凭藉这块墓碑来读懂友人，读懂一个刻骨铭心的故事，诗人的友人也会因此而流芳百世。

这首诗浓墨重彩先去者对还活着的友人的深沉的爱，并且爱的方式极为独特。这不仅需要一种默契，同时更需要一种勇气。诗人是煞费苦心的，诗人对友人的爱是真挚的，也是严肃的，所以这首诗读起来并不沉重。随着时光的流逝，万物都会消亡，惟一永恒的是那块刻有诗人诗句的墓碑，还有诗词蕴涵的荡气回肠的故事。

（于兆军）

让你自己来证明

我从来没看出你需要涂脂抹粉，
所以我从不在你的美貌上化妆。
我发觉，或者自以为发觉，你远胜
诗人为感恩而奉献给你的坏文章；
所以我就把对你的好评休止，
有你自己在，就让你自己来证明
寻常的羽管笔说不好你的价值，
听它说得愈高妙而其实愈不行。
其实我哑着正是我最大的荣誉；
因为我没响，就没破坏美，可是
别人要给你生命，给了你坟墓。
　　比起你两位诗人曲意的赞美来，
　　你一只明眸里有着更多的生命在。

（屠岸译《十四行诗集·八三》）

如果遍览古今中外那些歌咏爱情的诗篇，我们发现莎士比亚这首诗是颇为独特的。其独特之处在于，诗人说他不想说许多热烈缠绵的语言来赞颂情人，而宁愿表示沉默。

不过，这种沉默可不是冷漠，不是感情贫乏，更不是拙言，而是深切热烈的爱早已升华至崇高静穆的境界了。在诗人心目中，他的爱人是世界上最美丽的，她根本用不着涂脂抹粉，更无须诗人用笔为她添彩加绘。她本身就是最生动的美的证明："我从来没看出你需要涂脂抹粉，所以我从不在你的美貌上化妆"，"比起你两位诗人曲意的赞美来，你一只明眸里有着更多的生命在。"诗人的沉默正是真爱极致的表现。因为任何语言都难以言尽爱人的美，无论如何也表达不出诗人之爱的至真至纯至烈。于是就有了无言的境界。

"有你自己在，就让你自己来证明。"在诗人看来，粗俗的粉饰并不能锦上添花，任何人工的斧凿对于自然本色都是一种破坏，自然美远胜过人工美，"所以我就把对你的好评休止"，"因为我没响，就没破坏美"。别人对你曲意赞美，其实是"给了你坟墓"。诗人相信，爱人的价值不是靠别人的颂扬才体现出来的，她的自身存在才是无比美的明证。

你才是你自己

谁赞得最好？什么赞辞能够比
"你才是你自己"这赞辞更丰美，更强？
在谁的身上保存着你的匹敌，
如果这匹敌不在你自己身上？
一支笔假如不能够给他的人物
一点儿光彩，就显得十分寒伧；
但是，假如他描写起你来能说出
"你是你自己"，这作品就贵重无双；
让他照抄你身上原有的文句，
不任意糟蹋造化的清新的手稿，
实录的肖像会使他艺名特具，

使他作品的风格到处受称道。

　　你把诅咒加上了你美丽的幸福，

　　爱受人称赞，那赞辞就因此粗俗。

（屠岸译《十四行诗集·八四》）

这是一首抒情化哲理诗，表明了诗人对人自身价值的认可。诗人在开篇，满腔热情面对芸芸众生，面对浩浩苍天发出疑问："谁赞得最好？什么赞辞能够比'你才是你自己'这赞辞更丰美，更强？"在设问中，诗人的价值取向已蕴含其中。然而诗人在似可停止之处，更用一个反问句，使倾向性突兀而出，如白鹤立于黑沙之上。表面看来，诗人似乎是对实言者与阿谀者谁的赞辞更丰美的思考，实际上，在"你才是你自己"的赞辞中有更为耐人寻味的意蕴。

人，是伟大的，能劳动，能思想，能创造，睥睨万事万物。人又是渺小的，在自然规律和时间面前软弱无力，生老病死，无可避免。单个人就更可想而知了。于是，人追求永恒，试图解决这一根本无法解决的矛盾。但在这里，诗人没有丝毫的困惑、丝毫的自卑，也没有丝毫的孤独感，他于天地之间爆发出一声呐喊："你才是你自己。"诗人的自豪感在此一览无余。他确实是值得自豪的，因为他不但在万物中发现了"人"，更在人中发现了"自己"。于是，诗人只有"前无古人，后无来者"的豪迈气概，而无"念天地之悠悠，独怆然而涕下"的凄情。

人不能抓住永恒，但至少可以把握住自己，造就自己；"你才是你自己"。

（史广超）

只要有了你

人们各有夸耀：夸出身，夸技巧，
夸身强力壮，或者夸福寿康宁；
也有人夸新装，虽然式样并不好；
夸自己有骏马，或者有猎狗、猎鹰；
各别的生性有着各别的悦乐，
各在其中找到了独有的欢喜；
个别的享受却不是我的准则，
我可进步了：把一切纳入总体。
对于我，你的爱远胜过高门显爵，
远胜过家财万贯，锦衣千柜，
比猎鹰和骏马给人更多的喜悦；
我只要有了你呵，就笑傲全人类。
　　只要失去了你，我就会一切都落空，
　　你带走一切，会教我比任谁都穷。

（屠岸译《十四行诗集·九一》）

生活中，什么最轻，什么最重？在这首诗中，诗人以从容的口气告诉世人，人间最珍贵的东西是爱，爱使我们的灵魂高高飞扬。

诗人用铺排的方法不厌其烦地列举出众多人们自以为值得夸耀的东西：出身、身强力壮、新装、骏马、技巧……总之，不同的人以不同的拥有炫耀于世。那么，诗人有何见解呢？“各别的生性有着各别的悦乐，各在其中找到了独有的欢喜。”在诗人看来，欢乐和喜悦因人而异。他对上述的一切是不屑一顾，嗤之以鼻的："个别的享受却不是我的准则。"他认为，爱远胜过高门显爵、家财万贯、锦衣千柜。爱才是世间无与伦比、至高无上的财富，没有任何东西比爱更高贵，更能给人以快乐。爱是诗人心中永恒的精神家园。有了爱，世界才亮丽而多姿；有了爱，生命才丰盈而充实，正如诗人所说："我只要有了你呵，就笑傲全人类。"没有了爱，生命便是一张写着死亡的白纸，也正如诗人所言："只要失去了你，我就会一切都落空，你带走一切，会教我比任谁都穷。"这无疑是诗人向那种金钱、地位、权势的世俗观念提出的大胆挑战，表明了自己高洁的精神人格与可贵的价值取向。

该诗在艺术上的显著特点就是对比鲜明。诗人先是以爱与出身、技巧、健康、新装、骏马等形成鲜明的对比，把爱那种特有的珍贵的价值淋漓尽致地表现出来，继而又用"只要有了你"与"只要失去了你"对比，饱含哲理，字字珠玑，更突出强调了爱的高贵圣洁与无与伦比，给人留下了深刻持久的印象。

有种人

有种人，有权力害人，而不去害人，
看来是易如反掌，他们却不做，
使别人动情，而自己是石头的心，
冷若冰霜，不受人家的诱惑；
他们，无愧地承受了天生丽质，
栽培着自然的财富，不浪费点滴；
他们才是自己的美貌的主子，
别人，不过是经手美色的仆役。
夏天的花儿对夏天总芬芳可亲，

尽管它只是独自茂盛又枯萎；
不过要是它染上了卑贱的瘟病，
最贱的野草也要比它更高贵；
　　甜东西作了贱事就酸苦难尝；
　　发霉的百合远不如野草芳香。

（屠岸译《十四行诗集·九四》）

在这首诗里，诗人阐述了他心目中真正具有高尚人格的人应有的品质，寄寓了诗人对人的理想。诗人认为，高尚的人应该具备坚定的意志和信念，不受外界环境的左右和诱惑。他们不滥用上天赋予的权力，不骄横，不虚伪，不奸诈，不会被坏人的甜言蜜语所迷惑，有明确的是非道德标准。这种人坚定地走自己的路，做真正的自我，就像夏天的花儿，“尽管它只是独自茂盛又枯萎”，但它带给夏天的却是“芬芳可亲”。具备了这种性格的人，才是真正的美。“他们，无愧地承受了天生丽质，栽培着自然的财富，不浪费点滴”。他们通过对自己内在品质的培养，再加上上天赋予他们外在的美，两者完美地结合起来，构成了人类最理想、最高尚的美，“他们才是自己的美貌的主子”。也只有这种人才能做生活的主宰，才能让整个世界变得更美。

当然，诗人也清醒地认识到，这世间还存在着很多丑恶的东西，这些丑恶无时无刻不在引诱着那些高尚的人，总把他们拉向堕落的深渊。如果他们抵抗不住丑恶的诱惑，就会变得连一般人也不如，就像夏天的花如果“染上了卑贱的瘟病，最贱的野花也要比它更高贵”。尤其是诗中以格言作结的两行，更觉精辟警人，余音绕梁：“甜东西作了贱事就酸苦难尝，发霉的百合远不如野草芳香。”在这里，诗人一再强调，美必须保持住自己的真性，人必须经受得住各种磨难和诱惑，这样的美才永恒，这样的人才无愧于美的化身。

不在你身边

不在你身边，我就生活在冬天，
你呵，迅疾的年月里唯一的欢乐！
啊！我感到冰冷，见到阴冻天！
到处是衰老的十二月，荒凉寂寞！
可是，分离的时期，正夏日炎炎；
多产的秋天呢，因受益丰富而充实，
象死了丈夫的寡妇，大腹便便，
孕育着春天留下的丰沛的种子：
可是我看这繁茂的产物一齐
要做孤儿——生来就没有父亲；
夏天和夏天的欢娱都在伺候你，
你不在这里，连鸟儿都不爱歌吟；
　　鸟即使歌唱，也带着一肚子阴霾，
　　使树叶苍黄，怕冬天就要到来。

（屠岸译《十四行诗集·九七》）

这首诗表达的是一个比较古老的主题——倾诉对爱友的别后相思。应该说，这样一个内容，无论在中国还是在西方，都已被许多文人雅士以各种各样的形式反复歌颂吟诵过了。可是这一主题，到了莎士比亚手里，却并不显得枯燥艰涩，当我们捧读之时，仍感到那样新巧工丽，赏心悦目，不能不对诗人高妙的艺术手段和真挚浓烈的感情而发出由衷的赞叹。

纵观此诗，最突出鲜明的特点是，诗人没有把浓烈的思念之情的抒发放在一个时间的点上，而是将其贯穿于春夏秋冬一条时间流中反复渲染。诗歌开篇第一行“不在你身边，我就生活在冬天”，首先点明了该诗是要抒发分离后对恋人的思念之情。接下来的二至四行就是对这种相思之痛的具体形象的描述。正因为别后诗人就陷入了漫漫寒冬，诗人就抓住冬的景物特征，把抽象的情绪体验具体形象化为“冰冷”、“阴冻”、“衰老”及“荒凉寂寞”，使我们也从寒风呼啸、四野萧条的冬景中得到明晰的阅读感受。第五行诗人告诉我们，分别是在炎炎的夏日，转眼间秋天到来了。秋天，本应是气爽风清、果实累累的季节。要写别离之苦，一般也都是渲染深秋的寂寥萧条。然而诗人却并未落入旧的窠臼，他故意写秋天是多产的，“因受益丰富而充实”，似乎背离了全诗的主题氛围。然而第七行紧接着一个比喻，“像死了丈夫的寡妇，大腹便便”，一下把我们的感受重又拉回到别离主题上来，而且更加深了一层悲苦的感觉。寡妇因其孤独无依，生计艰难，而消失了昔日绰约的丰姿，变得“大腹便便”。丰收的秋季给诗人一个这样的印象，不正反映出诗人的心境吗？

下面诗人沿着这一思路生发开去，由秋天而想到孕育了秋天美景的春季。然而既然是它孕育了庄稼和果实，那么它该是秋天的丈夫，这些繁茂产物的父亲了。可是在第七行诗人已认定秋天是死了丈夫的寡妇，那春天自然就是死了，让繁茂的产物成了孤儿。春天为什么是死的呢？其实第五行已告诉了我们：因为他和爱友的分离。那就是说，春天是他和爱友欢聚一处、共赏美景的快乐日子。现在爱友去了，这一段美好日子也就死了，只给我留下无边的惆怅和追忆。通过这个比喻：秋天——寡妇，春天——已死的丈夫，我们可以发现，诗人在比喻上表现出来的高超精湛的艺术技巧，既给人新奇感受，打破了前人所未敢涉足的禁区，又表达出了自己的感受，同时还强调了从前的美好与快乐之弥足珍贵。最后三行通过不再歌吟的鸟和苍黄的树叶的意象组合，进一步突出强调爱友不在时的凄凉与愁苦的氛围。

诗人在描写四季景观时，紧扣“思友”这一主题，时时处处不忘渲染自己的愁苦心情，正所谓“一切景语皆情语也”。冬天的阴冷荒凉，秋天的愁苦无依，夏天的苦苦等待，春天的流逝不返，无不使人备感凄凉，深刻地领会到诗人深挚缠绵的思念之情。你看，鸟儿的悲吟中“带着一肚子阴霾”，秋天的累累硕果全成了孤儿，最后，诗人像树叶一样变得苍黄，怕生命中的寒冬就要到来，意即爱友再不归来，自己从此要陷入彻底的绝望痛苦之中无法自拔。这一切都照应着第三行“你啊，迅疾的年月里唯一的欢乐!”由此把诗人的心情层层深入地表现得淋漓尽致。

你是一切的准则

在春天，我一直没有跟你在一起，
但见缤纷的四月，全副盛装，
在每样东西的心头点燃起春意，
教那悲哀的土星也同他跳，笑嚷。
可是，无论是鸟儿的歌谣，或是
那异彩夺目、奇香扑鼻的繁花
都不能使我讲任何夏天的故事，
或者把花从轩昂的茎上采下：
我也不惊叹百合花晶莹洁白，
也不赞美玫瑰花深湛的红色；
它们不过是仿造你喜悦的体态

跟娇美罢了，你是一切的准则。
现在依然像冬天，你不在旁边，
我跟它们玩，像是跟你的影子玩。

（屠岸译《十四行诗集·九八》）

春天，万物苏醒，百花争艳，五彩缤纷，绚丽多姿。对于生活在世间的人类来说，则更加喜欢和热爱春天，因为她带给人类美妙的风景，更带给人类活泼畅达的心境。然而，诗人却一反常态地唱着悲凉凄楚的缠绵之歌："在春天，我一直没有跟你在一起。"原来，诗人在这个生机盎然、鸟语花香的季节里，想起了离别的爱友。在这个多情的季节里，不能与爱友在一起欢唱起舞，不能不是一个很大的遗憾。因此，无论是鸟儿的歌唱，还是"异彩夺目、奇香扑鼻的繁花"，都无法让诗人排遣他的思友之情。

我们不禁要问，这是怎样的一位爱友会使诗人如此眷恋呢？下面这几行诗让我们豁然开朗："我也不惊叹百合花晶莹洁白，也不赞美玫瑰花深湛的红色，它们不过是仿造你的喜悦体态跟娇美罢了，你是一切的准则。"百合花圣洁柔美，玫瑰花芳香鲜艳，但是"我"不会惊叹也不会去赞美，因为它们都是爱友的模仿。从"不惊叹百合花晶莹洁白"中，可以透露出爱友品德的高尚，心灵的纯洁；从"不赞美玫瑰花深湛的红色"中，可以感到爱友的娇艳美丽。可见，爱友集外表美与心灵美于一身，是"一切的准则"。难怪在诗人眼中，春天显得那么暗淡无光、缺乏魅力，于是就有了"现在依然像冬天，你不在旁边"的惆怅与慨叹。我们仿佛看到诗人心中深藏着一块无法溶化的冰，这块冰只有他的爱友才能消融掉，爱友是阳光，是诗人生命中真正的春天！诗人那份绵绵不绝刻骨铭心的思念之情从这字里行间淋漓尽致地表现出来。诗人内心世界的孤寂与外界的热闹缤纷形成鲜明的对比，使读者感到一种心灵上的强烈震撼。

这首诗前四行描绘出了一派明媚的春光，是扬，接下来描写诗人坚贞执著而又无所附依的一腔苦涩的挚情，为抑，先扬后抑手法的运用使诗旨更加突出；对比手法把外界的喧哗美好与诗人内心的孤寂创痛放在同一平面上，更增加了感伤和无奈的成分。此外，此诗还运用了拟人手法，如“缤纷的四月，全副武装”,让“悲哀的土星”欢跳笑嚷等，使语言显得清丽、生动。

回来吧，缪斯

你在哪儿呵，缪斯，竟长久忘记了
把你全部力量的源泉来描述？
你可曾在俗歌滥调里把热情浪费了，
让文采失色，借光给渺小的题目？
回来吧，健忘的缪斯，立刻回来用
高贵的韵律去赎回空度的时日；
向那只耳朵歌唱吧——那耳朵敬重
你的曲调，给了你技巧和题旨。
起来，懒缪斯，看看我爱人的甜脸吧，
看时光有没有在那儿刻上皱纹；
假如有，你就写嘲笑衰老的诗篇吧，
教时光的抢劫行为到处被看轻。
　　快给我爱人扬名，比时光消耗
　　生命更快，你就能挡住那镰刀。

（屠岸译《十四行诗集·一〇〇》）

这是一首赞美诗，与其说是对缪斯的赞美，不如说是对爱人的歌颂。因为爱人是青春美的化身。

爱美之心人皆有之，真善美一直是人类永恒的追求，而缪斯更是我们崇拜的偶像。我们倾一生的精力去苦苦寻觅，就是为了有朝一日能揭开缪斯的面纱，一睹其芳容；她那不经意的一瞥，也许就成了我们今生骄傲的收藏。

然而有一种东西，我们拥有时不知道她的珍贵，只有失去的时候才懂得她的价值，她就是青春，在美所编织的光环中，青春无疑是最昂贵的。她充满了朝气和灵光，洋溢着热情和色彩，就是与黄金相比她也毫不逊色。古往今来，不知有多少文人骚客为她激扬文字，也不知有多少青楼歌女为她把眼泪流干。然而时光如逝水，岁月不待人，青春永驻只能是一种美好的梦想。可尽管这样，人们还是从未停止过对她的歌唱。在本诗中，青春美的化身就是诗人的爱人，他要让缪斯竭尽全力纵情礼赞“我爱人”。

在诗的开头，诗人先用了一个设问句：“你在哪里呵，缪斯，竟长久忘记了把你全部力量的源泉来描述?”诗人开门见山呼唤缪斯，轻微的责备中饱含着诗人强烈的渴望，颇有点先声夺人的味道。是什么原因让缪斯姗姗来迟呢？接着诗人插上了想象的翅膀：“在俗歌滥调里把热情浪费了，让文采失色，借光给渺小的题目。”该句虽然是一个选择问句，但语气相当铿锵。你缪斯不该如此浪费热情与文采啊。

“回来吧，健忘的缪斯”则是诗人的感情不能自已，面对苍穹再次发出的深情呼唤。诗人知道失去的已无法挽回，只有正视现实，“用高贵的韵律去赎回空度的时日”才是最好的选择。接下来诗人突发奇想，想让缪斯抚平爱人脸上的皱纹，想让缪斯

“写嘲笑衰老的诗篇”，让缪斯挡住岁月的镰刀。诗人此番虔诚的祈祷，都是为了一个目的——“给我爱人扬名”。诗人想让自己的妻子永远光彩照人，然而这只能是一个善良的愿望。

诗人的想法从表面上看是天真的，而诗人的态度却是严肃的，情感也是真挚的。在这首诗中，诗人没有正面写他对青春已逝的悔恨，而是通过对缪斯的一次次呼唤和借“给爱人扬名”，含蓄地表达了他对已逝青春的惋惜和眷恋。

（于兆军）

我不愿老是唱得你发腻

我的爱加强了，虽然看来弱了些；
我没减少爱，虽然少了些表达；
除非把爱当商品，那卖主才力竭
声嘶地把爱的价值告遍人家。
我只在春季，我们初恋的时候，
才惯于用歌儿来迎接我们的爱情；
像夜莺只是讴歌在夏天的开头，
到了成熟的日子就不再歌吟：
并不是如今的夏天比不上她用
哀诗来催眠长夜的时候愉快，
是狂歌教每根树枝负担过重，
优美变成了凡俗就不再可爱。
　　所以，我有时就学她把嗓子收起，
　　因为我不愿老是唱得你发腻。

（屠岸译《十四行诗集·一〇二》）

这首小诗没有什么华丽的词藻，也没有什么难以捉摸的朦胧意象。诗人用朴实无华、明白如话的语言告诉我们一个经常被忽视的生活哲理。

爱是无法用天平来衡量的，有时她只是一种内心的感悟；仅从表面现象无法体会爱的深度和广度，只有两个心有灵犀一点通的人，才能给爱一个恰当的定位和诠释。真爱应该是真诚的，无私的，是不求任何回报的，那些“把爱当成商品”，在大庭广众之下高声叫卖的人，无疑是对爱的亵渎。以上是诗的前四行所表达的主要意思。在这里诗人没有明确表明他自己的思想倾向，然而从字里行间我们很容易体会出。

接着，诗人用“夜莺只是讴歌在夏天的开头”，来比喻自己初恋时对待爱情的态度。为什么要这样比喻呢？紧接着诗人作了解释，“是狂歌教每根树枝负担过重，优美变成了凡俗就不再可爱”。诗人认为爱要把握时机，爱要把握火候。爱一个人，如果让被爱之人感到是一种负担，不管你爱得是如何深沉，都将是一种庸俗和累赘。这将是世上最大的悲哀。

最后两行是诗的主题的升华。我如果爱你，绝不学痴情的鸟儿，为绿荫重复单调的歌曲。

爱是温暖的阳光，爱是潺潺的溪水，爱是恋人的眼神，爱是母亲叮咛的话语。当爱向我们走来时，当别人需要我们去关爱时，我们决不能敷衍了事，我们要学会爱，因为爱也是一种艺术。这就是该诗所要告诉我们的哲理。

（于兆军）

美也会偷偷溜开

我看，美友呵，你永远不会衰败，

你现在还是那样美，跟最初我看见
你眼睛那一刻一样。从见你以来，
我见过四季的周行：三个冷冬天
把三个炎夏从林子里吹落、摇光了；
三度阳春，都成了萎黄的秋季；
六月的骄阳，也已经三次烧光了
四月的花香：而你却始终鲜丽。
啊！不过，美也会偷偷地溜开，
像指针在钟面瞒着人离开字码，
你的美，虽然我相信它永远存在，
也会瞒着我的眼睛，慢慢地变化。
　　生怕这样，后代呵，请听这首诗：
　　你还没出世，美的夏天早谢世。

（屠岸译《十四行诗集·一〇四》）

诗人开始说他爱友的美貌一如从前，“始终鲜丽”，并不曾随岁月的流逝而衰老。其实，这并不是诗人的真心话，因为紧接着诗人便不无惋惜感伤地说：“啊！不过，美也会偷偷地溜开，像指针在钟面瞒着人离开字码。”这说明诗人的真正意图是先扬后抑，并藉以论证时间无情，岁月流逝，人不可能永远青春常在，美丽永驻，终究也会像花一样枯萎。所以“你的美，虽然我相信它永远存在，也会瞒着我的眼睛，慢慢地变化”。这是大自然的规律，不可抗拒。好花不常开，好景不常在，是自古以来人们都认识到的真理。诗人也不例外，他在不少诗中都表现了这一思想，反映了他对青春的焦灼感和生命的悲剧意识。正因为有了这种焦灼感和悲剧意识，才会警醒爱友，当然也是警醒所有人加倍珍惜当前的拥有，否则悔之晚矣。

在艺术上，该诗也很有特点。比如，诗人在谈及与爱友三年的交往时，并没有平铺直叙，而是运用大自然四季更替的现象来说明三年时光的流逝，形象生动，简洁流畅。“……从见你以来，我见过四季的周行：三个冷冬天把三个炎夏从林子里吹落、摇光了；三度阳春，都成了萎黄的秋季；六月的骄阳，也已经三次烧光了四月的花香……”而且，这里还有深一层的象征意义，即以“炎夏”、“阳春”、“花香”象征爱友的风貌，以“冷冬天”、“萎黄的秋季”、“骄阳”象征岁月的无情。可见诗人在极力渲染时间的飞速流逝时，也没有忘记烘托爱友的美。另外，先扬后抑手法的运用，使全诗显得跌宕起伏，一波三折；前八行欣喜、明朗，后六行忧郁、感伤，对比鲜明，主旨突出。

真善美的统一

别把我的爱唤作偶像崇拜，
也别把我爱人看成是一座偶像，
尽管我所有的歌和赞美都用来
献给一个人，讲一件事情，不改样。
我爱人今天有情，明天也忠实，
在一种奇妙的优美中永不变心；
所以，我的只歌颂忠贞的诗辞，
就排除驳杂，单表达一件事情。
真、善、美，就是我全部的主题，
真、善、美，变化成不同的辞章；
我的创造力就用在这种变化里，
三题合一，产生瑰丽的景象。
　　真、善、美，过去是各不相关，

现在呢，三位同座，真是空前。

（屠岸译《十四行诗集·一〇五》）

这是一曲真、善、美的颂歌。诗人借对自己爱人的赞美，阐明了他自己的创作观和审美追求。

诗人开门见山，一语直出，用两个否定句提醒人们，虽然“我所有的歌和赞美都用来献给一个人，讲一件事情，不改样”，但是，“别把我的爱唤作偶像崇拜，也别把我的爱人看成是一座偶像”。诗人首先澄清自己的“爱”是清醒而理智的，在他看来，他之所以爱、赞美自己的爱人，是因为在她身上体现出真、善、美的高度统一，她是形象美、人格美、心灵美的完美和谐的象征。诗人宣称，在过去，真、善、美常常分道扬镳，直到如今才在爱人身上协调统一起来，因此，他将坚贞不渝地歌颂真、善、美，“真、美、善，就是我的全部主题”，“我的创造力就用在这种变化里”，尽管表现出的方式有所不同，但只有“三位同座”才能达到瑰丽的最佳境界。他深知，真正有生命的艺术作品，必须是真、善、美的统一，必须是深刻的思想内容与完善的艺术形式的统一。他自己的艺术实践就完美地体现了这一思想。

因此，这首诗既是诗人自己艺术心态的表白，也是其审美理想的张扬。

初恋的情意还是原样

凡是能形诸笔端的，在我脑里，
还有什么真意我没有吐露给你？
还有什么新话可说，什么新事可记，
来表达我的爱，或者描写你的优异？

没了，亲爱的孩子，但就像做祷告，
我每天每天都得说着那一套。
你是我的，我是你的；不把旧话当旧，
就像我第一次提到你美名的时候。
爱情的新匣子珍藏着那永久的爱，
不会蒙上年岁的尘土，而遭到破坏，
那必然要来的皱纹儿也无处可放，
相反永远让年岁守护住初恋的宝箱。
从时间和外形看，仿佛这爱情已凋亡，
但打开箱子：那初恋的情意还是原样。

（杨熙龄译《莎士比亚十四行诗集·一〇八》）

的确，现实生活中由于人们的种种差异，因而就形成了诸多不同的爱情观。比如有的人在爱情上只是逢场作戏，有的人是当成商品，然而这些都是不足取的。真正的爱情是严肃的，虔诚的。在两颗真诚热恋的心碰撞交织在一起时，所有的欺骗、伪善、面具都不能在这方净土中生长，只有光明、积极、真诚充当幸福的使者，把爱情的每一个角落都装扮起来。正如作者在这首诗中写的那样："还有什么真意我没有吐露给你?"是的，正因为拥有一颗虔诚的心，才把两个人的感情拉得亲密无间，到了知无不言、言无不尽的境界。也正是因为有了这种两情相依的情愫，才能够经得起时间、生活的种种考验。"爱情的新匣子"永远珍藏着那段永久的爱，如淙淙流淌的小溪一样潺潺不断，绵绵不绝。它不会因为年岁的尘土，而遭到破坏；岁月的皱纹也没有能够在"爱情的新匣子"中找到存放的角落。虽然有时在别人看来，这种爱情似乎已经褪色了、枯萎了，"但打开箱子，那初恋的情意还是原样"。

诗人通过这首诗告诉我们，真正的爱情是永恒的，是历久而长新的。这首诗不仅昭示了诗人的爱情观，也让我们悟到了真正爱情的执著和魅力。

你是我的一切

啊！请无论如何别说我负心，
虽然我好像被离别减少了热力。
我不能离开你胸中的我的灵魂，
正如我也离不了自己的肉体：
你的胸膛是我的爱的家：我已经
旅人般流浪过，现在是重回家园；
准时而到，也没有随时而移情，
我自己带水来洗涤自己的污点。
虽然我的性情中含有一切人
都有的弱点，可千万别相信我会
如此荒谬地玷污自己的性情，
竟为了空虚而抛弃你全部优美；
　　我说，广大的世界是空空如也，
　　其中只有你，玫瑰啊！是我的一切。

（屠岸译《十四行诗集·一〇九》）

一开始，诗人就向爱友表白，自己的爱没有丝毫减弱，如同别离前一样炽热。诗人形象地说明了这种爱何以忠贞不渝：“我不能离开你胸中的我的灵魂，正如我也离不了自己的肉体”；“我的灵魂”整个投入在“你”的胸中，“我”不能与“你”分离，正如“我的肉体”不能与“我的灵魂”分离。诗人以此表明了最浓烈柔美的爱。

离别爱友，诗人尝尽孤独、思念与空虚，如今流浪归来，爱就是悲伤的慰藉，是灵魂的栖宿。爱友的胸膛就是旅人日思夜想的家，暂时的离别只会使爱更加热烈。

诗人一再向爱友表白自己并未在离别时移情于他人，尽管自己也有一切人都有的弱点，但从未“荒谬地玷污自己的性情”。因为对友人的爱就是自己的整个精神世界，除此之外只有空虚，“广大的世界是空空如也”。崇高的爱来自心灵深处，爱之处别无他物，精神被爱充满，除欢迎外别无感受。与爱友重聚，如同回家，我们轻松地解除了心头的焦虑与旅途的纷扰，爱使整个世界充实丰满起来。

你是我的全世界

你的爱和怜，能够把蜚语流言
刻在我额上的烙痕抹平而有余；
既然你隐了我的恶，扬了我的善；
我何必再关心别人对我的毁誉？
你是我的全世界，我必须努力
从你的语言来了解对我的褒贬；
除了你，我觉得全世界都不再成立，
只有你才能更动我固定的观念。
我把对人言可畏的吊胆提心
全抛入万丈深渊，我像聋子般
对一切诽谤和奉承都充耳不闻。
请看我怎样解释我这种傲慢：
　　你这样根深蒂固地生在我心上，
　　我想，全世界除了你都已经死亡。

（屠岸译《十四行诗集·一一二》）

在这首诗中，诗人用发自内心的、毫不做作的语言高度赞美了爱，其中既有对方对诗人的纯真的、包容一切的爱，又有诗人对爱友专一的、超越一切的爱。诗人沉醉于这样的爱中，以拥有这样的爱而骄傲，并从对方的爱中获得安慰、消除疑虑、得到鼓舞，进而以这样的爱为依据，调整自己在逆境中的精神状态，积极进取。

在诗人心中，爱是一剂良药，又是一种动力，更是一种信仰。诗人所歌颂的爱就包含着这三种意义。诗的前两行，写诗人的爱友对诗人的爱医好了诗人的创伤——爱是良药；第三至十一行，具体写爱友的爱对诗人的精神塑造。对方的爱之所以能对诗人产生这么大的影响，固然是因为其爱伟大，但又与诗人对爱友的无比信任与挚爱密不可分。“你是我的全世界，我必须努力”——爱是诗人摆脱逆境、奋发进取的动力。末尾两行，诗人对上述情况做了解释：“你这样根深蒂固地生在我心上”，“全世界除了你都已经死亡”。正因为诗人把爱友的爱看得超乎一切，也正因为这种近乎信仰般的爱，才使一切“蜚语流言”和“诽谤”显得那么“充耳不闻”，不值一提。

“你是我的全世界”。这是爱的至真、至纯、至为神圣的境界。

爱是永远固定的标志

让我承认，两颗真心的结合
是阻止不了的。爱算不得爱，
要是人家变心了，它也变得，
或者人家改道了，它也快改：
不呵！爱是永远固定的标志，
它正视风暴，永远也不会动摇；

爱是一颗星，一切迷途的船只
都靠它引路，把它当无价之宝。
爱不是时间的玩偶，虽然红颜
到头来总不被时间的镰刀遗漏；
爱决不跟随短促的韶光改变，
就到灭亡的边缘，也不低头。
　　假如我这话真错了，真不可信赖，
　　算我没写过，算爱从来不存在！

（屠岸译《十四行诗集·一一六》）

这是一首赞颂爱情的诗歌，感情深厚炽烈，动人心弦，又饱含人生哲理，耐人寻味，充分体现了诗人的爱情观。

起首四行诗人就以热情、真挚而又坚定的语调发出誓言：爱是任何外在事物都阻止不了的，真正的爱是不变的，并断然否定了那种见异思迁、朝三暮四的所谓“爱情”。恋人之间不会没有矛盾，爱的进程也不会一帆风顺。在诗人看来，如果因为对方一有变化就移情别恋，经不起任何波澜、曲折和考验，那就根本算不上真正的爱情。接下来四行，诗人运用比喻的手法，形象而有力地阐明了自己对爱的理解。“爱是永远固定的标志”（标志指灯塔），“爱是一颗星”（星指北极星）。这两种事物都有指引方向，历尽狂风暴雨、惊涛骇浪都岿然不动、永不熄灭的特征。诗人认为，真正的爱情犹如茫茫海面的永不泯灭的灯塔，永远能给人以希望、信心和力量；又如冥冥夜空的一颗恒星，使前行的人目标更明确。这就是爱情的真正动人所在及其真义所在。

在第三个四行里，诗人进一步阐述了爱的本质——忠贞不渝，历久不衰。诗人宣称：“爱不是时间的玩偶”，也“决不跟随短促的韶光改变”。虽然人的美丽容貌会随着时光流逝而衰老，但坚定不移、忠贞不渝的爱却能够经受住时光的考验，“就到灭亡的边缘，也不低头”。语意深刻，道出了爱情的真谛，是千古不变的至理名言。这是诗人深情地为爱情唱出的由衷的赞歌。末尾两行点旨，以一个假设句更加强调和突出了诗人对真正爱情的牢固信念。

这首诗以宏伟坚实的形象，强劲有力的词语，生动贴切的比喻，往复回环的气韵抒写了真正爱的坚定与永恒，蕴含丰富，意境壮美，给人留下难以磨灭的深刻印象。

这，大家全明白

生气丧失在带来耻辱的消耗里，
是情欲在行动；情欲还没成行动
已成过失，阴谋，罪恶，和杀机，
变得野蛮，狂暴，残忍，没信用；
刚尝到欢乐，立刻就觉得没意思；
冲破理智而厌恶，像吞下诱饵，
放诱饵，是为了使上钩的人疯狂：
疯狂于追求，进而疯狂于占有；
占有了，占有着，还要，绝不放松；
尝着甜头，尝过了，原来是苦头；
事前，图个欢喜；过后，一场梦：
　　这，大家全明白；可没人懂怎样
　　去躲开这个引人入地狱的天堂。

（屠岸译《十四行诗集·一二九》）

爱情是文学的永恒主题，性爱是爱情中最可感的部分，性爱说到底是一种欲。人类始终忍受着欲火的煎熬，徘徊于禁欲和纵欲之间。西方文化中，纵欲和禁欲各得其时。中古时期，偏重禁欲，它束缚了人类天性的张扬；文艺复兴时期，偏重纵欲，它必然导致道德体系的崩溃。从理论上说，以德为中的中国文化努力将禁欲与纵欲折衷，一方面明确肯定“食色，性也”，一方面又告诫“万恶淫为首”。可见，平衡禁欲与纵欲是人类面对的普遍性问题。

诗人展示了人类辗转于欲海无以自拔的痛苦心态。人们狂热地追求情欲的满足，往往不择手段，“情欲还没成行动已成过失，阴谋，罪恶，和杀机，变得野蛮，狂暴，残忍，没信用”。但人很容易厌倦，所厌非性，而是厌旧，喜新厌旧是人类的本性：“刚尝到欢乐，立刻就觉得没意思”，不断地追求，不断地舍弃，风流浪子明知纵欲苦楚，却依旧乐此不疲，如鱼吞饵钩，欲进不得，欲退不能。冲破理智去追求；到了手又马上抛开理智而厌恶，像吞下诱饵，那诱饵，是为了使上钩的人疯狂。“疯狂于追求，进而疯狂于占有”。人类总是不断追求，又不断失望，“求欢同枕前，梦破云雨后”，然而人类的天性是永远不知满足，“占有了，占有着，还要，绝不放松”，“尝着甜头，尝过了，原来是苦头”。情欲满足后巨大的空虚感是人类痛苦的根源。

虽然不断失望，但人类的情欲永远无休无止，人们明知情欲满足后必是痛苦与绝望，但仍为情欲控制，无以自拔。“这，大家全明白；可没人懂怎样去躲开这个引人入地狱的天堂。”莎士比亚以石破天惊之语鞭挞了欲海中人，流露出人类无法控制自己天性的绝望情绪，描绘之情，惟妙惟肖。

全诗以深刻的思想内容与完善的艺术形式相结合，将浓郁的诗情和辩证的说理相统一，表现了诗人对人性问题的思考。

（孙彩霞）

我爱人胜过任何美女

我的爱人的眼睛绝不像太阳；
红珊瑚远远胜过她嘴唇的红色：
如果发是丝，铁丝就生在她头上；
如果雪算白，她胸膛就一味暗褐。
我见过玫瑰如缎，红里透白，
但她的双颊，赛不过这种玫瑰；
有时候，我的爱人吐出气息来，
也不如几种熏香更教人沉醉。
我挺爱听她说话，但我很清楚
乐器会奏出更加悦耳的和音；
我注视我的爱人在地上举步，——
同时我承认没见到女神在行进；
　　可是天哪，我认为我爱人比那些
　　被瞎比一通的美人儿更加超绝。

（屠岸译《十四行诗集·一三〇》）

古今中外，描写情人的诗歌不计其数，诗人们几乎总是把自己的爱人写得十全十美，绝世无双。可是，莎士比亚在这首诗中却反其道而行之，以不同凡响的方式描绘了自己心中的爱人。

你看，诗人心中的爱人没有太阳般明亮的眼睛，没有珊瑚般殷红诱人的嘴唇，没有雪白如玉的肌肤，也没有玫瑰般红润的面颊；她的头发不是迷人的金黄色，而是像乌黑的铁丝一样僵硬无光；她呼出的气息毫无扑鼻的芳香，说起话来声音也远不如美妙的音乐那样悦耳动听，走起路来也从未有过女神行进时的轻盈、飘逸之态。总之，诗人一反读者的期待，大写特写爱人这位黑肤女郎那令人有些丧气的仪容，把读者一直抛到迷惑不解的深谷之底。然而，诗至末尾两行，笔锋突转，如开闸泄洪，一任情感奔涌而出，浩浩荡荡，淋漓酣畅。诗人像是发誓似的对我们宣布："可是天哪，我认为我爱人比那些被瞎比一通的美人儿更加超绝。"诗人先抑后扬，欲擒故纵，使读者在这突转中领悟到全诗的主旨，感受到荡漾在诗人内心深处的那份激情与爱欲。正所谓"情之独钟，便是最胜"。

从中我们也窥见到了诗人独特的审美观。在莎士比亚时代，只有金发、碧眼、白肤的女子才被认为是美的，可是莎士比亚一反世俗偏见，"黑在我看来是绝色"（见屠岸译莎士比亚《十四行诗集》第131首），"美的本身就是黑"（第132首）。"黑"是一种本色，本色即未经雕琢与粉饰的色，这就是"真"。"美如果有真来添加光辉，它就会显得更美，更美多少倍！"这就是说，"美"只有与"真"结合在一起时，才能更加显示出它的光辉。显然，诗人痛恨堆砌词藻、言过其实的"瞎比"和浮夸文风，认为那是对自然美的扭曲，那种生造出来的所谓美，是虚假的，不真实的。因此，他对爱人外貌的刻画不加雕饰，不作渲染，只是真实自然地把她的肖像展现在世人面前。这是一份源于自然的美，一份脱于世俗的超绝。

在这首诗中，诗人的创作意图主要是通过对比手法来体现的。诗人把光芒四射的太阳和"爱人"的黑眼珠对比，把红珊瑚和黑嘴唇对比，把洁白纯净的雪和暗褐无光的胸对比，把金丝和铁丝对比，把玫瑰花和黑脸颊对比，把令人沉醉的熏香和爱人吐出的气息对比，把悦耳的音乐和平凡的噪音对比，把女神的飘悠和爱人的步履对比，这种色彩与色彩、气味与气味、声音与声音、体态与体态的对比，即从视觉、嗅觉、听觉、感觉上的对比，给人以更强烈的认知性，并且，这一系列的对比所构成的排比句式，为诗人感情的最后抒发积蓄了力度和气势，也使得“爱人”黝黑的特征更加突出，从而在表达上收到了奇峰突起的艺术效果。

泉水凉不了爱

小小的爱之神有一次睡得很香，
而把他引人爱焰的火炬放在旁；
恰有好多位守贞的水仙女走过，
她们脚步儿轻悄，而这一把火，
竟被其中最美的一位所拿掉；
这火曾把成千上万有情人的心儿烧。
现在这火一般爱情的指挥官睡得熟，
一位贞女的素手把他的武装解除。
这火炬被她熄灭在一道寒泉里，
寒泉从爱火得到的热力永无尽期，
变成了温泉，它有良好的效果，
对于病者；但是我爱人的奴隶，我，
也赶去求治，我这才算弄个明白：
爱火能烧热泉水，泉水却凉不了爱。

（杨熙龄译《莎士比亚十四行诗集·一五四》）

诗人在该诗中以其生花妙笔热烈讴歌了爱情的伟大与魔力。诗中营造出一种神奇、浪漫的氛围，在这种氛围中，我们强烈地感受到了那种扑面而来的能“烧热泉水”的热力。

开头两句，诗人用了极为朴实简易的语言把我们带进了神话般的奇妙境界，仿佛熟睡的爱神就在我们身边，而“守贞的小仙女”却悄悄地将爱神能烧热成千上万有情人的心的火炬熄灭在一道寒泉里。读至此，我们的心不禁一沉，生怕爱之火炬从此不再点燃，人世间再没有了那种刻骨铭心的爱。然而，“寒泉从爱火得到的热力永无尽期”，“爱火能烧热泉水，泉水却冷却不了爱”几句，又使我们所有的“担心”都一扫而光，给我们一种“山重水复疑无路，柳暗花明又一村”的快感。诗人告诉我们，爱之火是永远不会熄灭的，它具有征服一切的热力，它可以点燃枯寂的心灯，激活冰冻的心湖，使寒冷无依的心田深处的寒泉沸腾，源源不断涌出暖流。

在该诗中，诗人以丰富的想象，大胆的夸张，“冷泉”与“火炬”的鲜明对比，巧妙运用的神话故事，在一种飘逸轻曼的气氛中表达了对纯真而又永恒的爱的深沉咏叹。整个画面中，爱神的执著，仙女的贞洁，泉水的明澈，都呈现出一种清丽圣洁的诗意美。

第二部分

莎士比亚戏剧经典独白选析

莎士比亚戏剧中有许多令历代读者耳熟能详、传诵不衰的精彩独白。这些独白往往是剧中人物在特定的情景下，对自己源于生命的真诚情愫的诗意倾诉或对社会人生真谛的顿悟的哲理表达。它们不仅有助于我们深入了解人物的思想与性格，而且有助于我们理性认知整个作品的意义和价值。

贵 贱

死了算了，若是神的旨意，
除了悲愁，人间还有什么？
神啊！我不如做个乡下人，
依我看这种生活挺快活：
坐在山上，像我现在这样，
精心雕刻出一个日晷，
以观看时光一分分流逝——几分钟过完是一小时，
几小时以后是一整天，
几天过完才会满一年，
凡夫俗子可以活多少岁；
懂得这些，再来分配时间——
得花几小时看管羊群，
得花几小时用于休息，
得花几小时凝视默想，
得花几小时娱乐嬉耍；
母羊们怀胎已有几天了，
几月后它们才会下羊羔，
几个月后我才能剪羊毛，
这些分、时、日、周、月和年过完了
就到了生命的尽头，把白发带进安静的坟墓。
呵，这才是生活！多甜蜜、美好！
牧羊人在山楂树绿阴下照看驯良的绵羊，

岂不比帝王在锦乡华盖下惧怕
臣民造反更加爽心舒坦？

（黄兆杰编译《莎士比亚戏剧精选一百段》）

这段独白出自《亨利六世·下篇》第五幕第五场。《亨利六世》是莎士比亚早期创作的历史剧，分上、中、下三篇。下篇主要表现了英国“玫瑰战争”时期的一段重要史实，真实地反映了红、白玫瑰两大政治集团的纷争与仇杀所造成的社会灾难。在剧中，既仁慈善良又软弱怯懦的亨利六世，身为一国之君，担负不起治理天下的重任，无力制止封建贵族之间的内讧、仇杀和长时期的战乱，沉重的王冠压得他喘不过气来。本来，他的王位是红白玫瑰两大集团所争夺的目标，他理应是冲突中的关键人物，但因他与国王身份极不相符的性格，反而使他游离于冲突的中心。白玫瑰党人指责他非嫡系血统，发誓要推翻他；而自己阵营红玫瑰集团中的一些成员又嫌他无统帅才能，经常将他撇在一边。在这种尴尬境地中，亨利六世痛苦不堪，根本没有掌握至高无上权力的幸福欢乐。结果，既想保全王位又畏惧惨杀流血的悲剧性格，使他两度被擒，最终王冠落地，死于对手的屠刀下。

上面所选就是亨利六世独坐山冈沉思时的一段抒情性独白。这段独白一定程度上调和了因野心、战争、凶杀而笼罩在剧中的沉闷阴郁的气氛，使人们在血淋淋的严峻场面中感受到细腻的人性在萌动。

亨利六世经历了兰开斯特家族与约克家族之间你死我活的互相争夺王位的纷争恶斗，目睹了频仍的战争带来的无穷的杀戮和种种惨相，他那善良柔弱的心肠再也忍受不了了。因此，当他独坐山冈沉思时，恨不得立即从高贵奢华然而又整日提心吊胆、担惊受怕的帝王生活中解脱出来，意识到只有平民生活才是逃遁宫廷纷争险恶风浪的安全自由、舒心惬意的港湾。在这段独白里，对以前生活的极度不满，他只用了一句话："死了算了，若是神的旨意，除了悲愁，人间还有什么?"就表现得淋漓尽致。试想，一个人宁愿以生命的代价来换取解脱，其心境该是何等的"悲愁"！接着他说："神啊！我不如做个乡下人，依我看这种生活挺快活。"表明他想去过寻常百姓所过的村野生活。这无疑是他思想上的一次跃动，是他生命成熟之后所领悟出的哲理。而且，在这里也体现出亨利六世对"贵"与"贱"的顿悟。古往今来，对于"高贵"与"低贱"的常规看法是，贵莫贵于帝王，贱莫贱于平民。可是由于宫闱中充满阴谋、诡诈、纷争与恶斗，又有多少帝王后妃能够感受到生活的真正快乐呢?他们内心的虚空、孤寂、愁苦和不安全感，又有谁能够体察呢?因此他强烈渴望"做个乡下人"，而且给自己安排好了生活的内容。从独白的第五至二十行，就是对自己生活的具体展望，从而真实道出了"做个乡下人"的根本原因，即无忧无虑，怡然自得，自己主宰自己。正因为如此，他才情不自禁地由衷赞美道："呵，这才是生活！多甜蜜、美好！牧羊人在山楂树绿阴下照看驯良的绵羊，岂不比帝王在锦乡华盖下惧怕臣民造反更加爽心舒坦?"因此，这段独白既揭示了亨利六世极度痛苦破碎的内心世界，又表现了他在血腥面前的无可奈何，同时还让我们了解了他性格中朴实仁厚的一面。

这段独白语言朴实无华，凝练生动，在浅近平易中蕴藏着深邃的人生哲理。

无瑕的名誉

无瑕的名誉是世界上最纯粹的珍宝；

失去了名誉，人类不过是一些镀金的
　粪土、染色的泥块。
忠贞的胸膛里藏着一颗勇敢的心灵，
就像藏在十重键锁的箱中的珠玉。
我的荣誉就是我的生命，二者互相
　结为一体。
取去我的名誉，我的生命也就不再存在。
所以……让我为我的荣誉而战吧；
我借着荣誉而生，也愿意为荣誉而死。

（朱生豪译《理查二世》第一幕第一场）

这里所选出自《理查二世》第一幕第一场。《理查二世》是莎士比亚著名的历史剧。主人公理查登位时仅 17 岁，他缺乏坚强的意志和精明才干，还排斥三位叔父：约翰·刚特、约克和葛罗斯特。上台第 8 年，他派人劫持了葛罗斯特，送往卡莱斯城堡。当地总督托马斯·毛勃雷公爵将葛罗斯特关入大牢，以后他不明不白地死了。葛罗斯特的死激怒了其侄、刚特之子波林勃洛克。波林勃洛克不敢诘责理查，便向理查的亲信毛勃雷发难，公开指控他贪污军饷、图谋反叛、谋杀葛罗斯特。毛勃雷矢口否认，两人掷下手套，相约决斗。理查在决斗之前突然阻止他们，因为他知道格斗者谁胜谁负对他都极为不利。于是判决毛勃雷终身流放，波林勃洛克流放 6 年。之后，爱尔兰发生叛乱，理查二世率军前往平叛。波林勃洛克趁机以夺回财产为借口起兵反叛，深得民心。理查回国后，只得将王冠让与波林勃洛克。波林勃洛克登基为亨利四世，将理查二世囚入塔狱，后默许手下人将其杀死。

这段独白是葛罗斯特被杀后，波林勃洛克指责毛勃雷贪污军饷，图谋反叛，杀死葛罗斯特时，毛勃雷为自己辩护的话。毛勃雷向理查二世申诉，否定波林勃洛克横加在他头上的一系列罪名，认为波林勃洛克诬蔑了他，损毁了他赖以生存的荣誉。首先，毛勃雷将无瑕的名誉比喻为“世间最纯粹的珍宝”，将失去名誉的人比喻为“镀金的粪土，染色的泥块”。而一个人拥有忠实和勇敢的美德则如“十重键锁的箱中的珠玉”非常宝贵。荣誉是西方骑士精神的核心，骑士对荣誉的珍视胜过一切。因而，面对波林勃洛克的指责，毛勃雷严正地宣布：“我的荣誉就是我的生命，二者互相结为一体。”荣誉受到损害在毛勃雷看来就是极大的污辱，他忍无可忍，愤怒地要求：“让我为我的荣誉而战吧；我借着荣誉而生，也愿意为荣誉而死。”

这独白词采富丽，充满激情，有力地表现了毛勃雷强烈的自尊心和荣誉感，并最终促成了全剧矛盾的展开。

（孙彩霞）

再会吧，国王

谁也不准讲那些安慰的话，
让我们谈谈坟墓、蛆虫和墓碑吧；
让我们以泥土为纸，
用我们淋泪的眼睛在大地的胸膛上
写下我们的悲哀；
让我们找几个遗产管理人，
商议我们的遗嘱；
可是这也不必，
因为我们除了把一具尸骸还给大地以外，
还有什么可以遗留给后人的呢？

我们的土地，我们的生命，
一切都是波林勃洛克的，
只有死亡和掩埋我们的骨骸的一抔黄土，
才可以算是属于我们自己的。
为了上帝的缘故，让我们坐在地上，
讲些关于国王们的死亡的悲惨的故事！
有些是被人废黜的，
有些是在战场上阵亡的，
有些是被他们所废黜的鬼魂们缠绕着的，
有些是被他们的妻子所毒死的，
有些是在睡梦中被杀的，
全都不得善终；
因为在那围绕着一个凡世的国王头上的
这顶空洞的王冠之内，
正是死神驻节的宫廷，
这妖魔高坐里边，
揶揄他的尊严，讪笑他的荣华，
给他一段短短的呼吸时间，
让他在舞台上露一露脸，
使他君临万民，受尽众人的敬畏，
一眨眼就可以致人于死命；
把妄自尊大的思想灌注在他的心头，
仿佛这包藏着他的生命的血肉的皮囊，
是一堵不可摧毁的铜墙铁壁一样；
当他这样志得意满的时候，
却不知道他的末日已经临近眼前，
一枚小小的针就可能刺破他的壁垒，

于是再会吧，国王！
戴上你们的帽子，
不要把严肃的敬礼施在一个凡人的身上；
丢开传统的礼貌，仪式的虚文，
因为你们一向都把我认错了，
像你们一样，我也靠着面包生活，
我也有欲望，我也懂得悲哀，
我也需要朋友；既然如此，
你们怎么能对我说我是一个国王呢？

（朱生豪译《理查二世》第三幕第二场）

这独白是理查从爱尔兰回国听说波林勃洛克反叛后所说的一段话。理查带着胜利的喜悦重回英国，望着统治下的土地激动得热泪盈眶，他深情地抚摸他的英格兰；但是，这一切突然被打乱，消息不断传来，一再地印证他统治地位的覆亡；他由震惊、悲伤、愤怒，最终走向了绝望。沉重的打击使他的感情急骤变化，心情异常复杂。他首先想到了死，想到“找几个遗产管理人，商议我们的遗嘱”。由“遗嘱”又想到他无须立遗嘱，因为“我们的土地，我们的生命，一切都是波林勃洛克的”。只有死亡和埋葬骨骸的黄土属于自己。理查的思维又回到死亡，但已具体到国王之死。接着，理查遍览君王之死，发现他们“全都不得善终”，而这一切归根结底是因为王冠中有死神驻足。古今多少宫廷急变皆由王权引起，人们争夺权力的斗争演绎了无数血腥故事。但无论君王如何尊荣威风，终不免一死。死亡作为人人不可避免的自然属性，标识了人的可悲，国王也不例外。认识到这一点，在理查看来，一切荣华富贵皆如过眼烟云。他自嘲地说：“再会吧，国王！”这时，悲哀与绝望已彻底击垮了他。他宣称自己同别人一样，“既然如此，你们怎么能对我说我是一个国王呢?”这最后的一句饱含了理查的无奈。

整个独白起伏跌宕，低沉流转，充分表现了理查悲愤、矛盾而绝望的心情，同时显示了他软弱冲动、优柔寡断的性格特点。

（孙彩霞）

把镜子给我

把镜子给我，
我要借着它阅读我自己。
还不曾有深一些的皱纹吗?
悲哀把这许多打击加在我的脸上，
却没有留下深刻的伤痕吗?
啊，谄媚的镜子!
正像在我荣盛的时候
跟随我的那些人一样，
你欺骗了我。
这就是每天有一万人托庇于
他的广厦之下的那张脸吗?
这就是像太阳一般使人
不敢仰视的那张脸吗?
这就是曾经“赏脸”给许多荒唐的愚行
最后却……黯然失色的那张脸吗?
一道脆弱的光辉闪耀在这脸上，
这脸儿也正像不可恃的荣光一般脆弱，
瞧它经不起用力一掷，就碎成片片了。

（朱生豪译《理查二世》第四幕第一场）

这段独白是理查交出王冠后说的一段话。他亲手将王冠交给波林勃洛克后，让人拿来一面镜子，他要看看自己在失去君王后的脸，他不相信曾经使千百万人欢呼万岁的君王，如今就会黯然失色。这是理查在经受了强大的精神冲击后心灵自省的表现。生活的激流使他脱离了原来的航道，地位的急剧变迁使他重新思考自己的过去。他以为在这样屈辱的情形下，他一定苍老了许多。所以，他说："我要借着它阅读我自己。"这种阅读对象不仅包括容颜，也包括心灵。接着，他接连自问："还不曾有深一些的皱纹吗？……却没有留下深刻的伤痕吗？"这样的对镜自语使他由镜子想到了臣属，往昔那般阿谀逢迎，以虚假的忠诚骗取他信任的仆臣，如今都已弃他而去，他的面容早已失去了君王的尊严。由镜中自己的脸，理查想到了往昔众人尊崇的岁月，他以排比句连问自己："这就是……的那张脸吗？……"很快他从沉思的迷梦中醒来，清醒地认识到自己如今失去了一切荣光。于是，他猛然将镜子掷于地上，让悲哀彻底击碎自己的心。

这是一段心灵的自我鞭挞，它将理查无力面对生活急变的悲哀、愤怒、痛悔通过一面镜子折射出来。语言沉郁厚重，凄凉感伤，使理查这一性格软弱、专横跋扈的封建君王蒙上了一层悲剧的感人色彩。

（孙彩霞）

近似的猜测

各人的生命中都有一段历史，
观察他以往的行为的性质，
便可以用近似的猜测，

预断他此后的变化，
那变化的萌芽虽然尚未显露，
却已经潜伏在他的胚胎之中。

（朱生豪译《亨利四世·下篇》第三幕第二场）

《亨利四世》是莎士比亚历史剧的代表作，包括上、下两部分。上篇写亨利四世在诺森伯兰等人帮助下篡夺王位，但诺森伯兰及其子霍茨波等发动叛乱，亨利王率军平定了叛乱。下篇讲述诺森伯兰和约克大主教等又起叛乱，兰开斯特王子率军出征，智败叛军。亨利王驾崩，哈尔王子承继帝统。继位后的哈尔疏远了往日的帮闲，放逐了福斯塔夫，从一个放浪形骸的叛子转变为英明贤达的君王。

这里所选是诺森伯兰和约克大主教反叛的消息传入宫廷后，亨利王急召华列克伯爵入宫议事，华列克伯爵评判诺森伯兰的一段话。亨利王感慨命运无常，昔时辅助他夺取帝位的盟友今日成了仇敌。华列克伯爵指出诺森伯兰反叛是有其性格根源的，每个人都有其在人性方面的基本特征，这些人性要素通过不同的人表现为不同的性格、气质及行为方式。然而，不论时间嬗变或是环境更改，这些人性的基本特征却有其一定的稳定性，通过观察一个人过去的行为，分析其中蕴含的人性特征可以预测其将来的行为方式。因此华列克伯爵说："观察他以往的行为的性质，便可以用近似的猜测，预断他此后的变化。"具体到诺森伯兰，则因其当初反叛过理查王，可知他缺乏忠义之心，那么如今反叛亨利王，也就是预料之中的事。华列克以此劝慰亨利王勇敢地面对现实。

此独白短小精悍，饱含哲理，有普遍的人性论意义，闪射着哲学的光辉。

（孙彩霞）

要是可以展读命运的秘籍

上帝啊！要是一个人可以展读
命运的秘籍，
预知时序的变迁将会使高山夷为平地，
使大陆变为沧海！
要是他知道时间同样会使环绕大洋的沙滩
成为一条宽大的带子，
束不紧海神消瘦的腰身！
要是他知道机会将要怎样把人玩弄，
生命之杯里满注着多少不同的酒液！
啊！要是这一切能够预先见到，
当他遍阅他自己的一生经历，
知道他过去有什么艰险，
将来又要遭遇什么挫折，
一个最幸福的青年人也会阖上这一本书卷，
坐下来安心等死的。

（朱生豪译《亨利四世·下篇》第三幕第一场）

这里所选是大主教反叛的消息传入宫廷后，亨利王对前来议事的华列克伯爵所说的一番话。国内烽烟再起，帝统岌岌可危，亨利王为国事忧心忡忡，彻夜难眠。他抚今追昔，不禁感慨命运的变化无常，昔日盟友今成仇敌，因此发出了对命运的追问。世界上的一切都瞬息万变，不可能寻到一种永恒，环顾四周，万变皆生，我们自己也处于变化之中，所以才有无常的命运。正如亨利王所言，“时序的变迁将会使高山夷为平地，使大陆变为沧海!”“时间同样会使环绕大洋的沙滩成为一条宽大的带子，束不紧海神消瘦的腰身!”“机会将要怎样把人玩弄！生命之杯里满注着多少不同的酒液!”然而，无论命运给予我们什么，我们总是对它寄托以美好的向往，这就是希望。希望是我们赖以生存的精神基石，希望之产生来自我们对命运的不可知。无论给我们的鼓励多么微小，我们总是抱着无穷的希望，即使我们常被希望欺骗，我们仍怀着希望，希望本身就是幸福，因为任何挫折都不比希望破灭更可怕。我们之所以每天都被希望鼓动风帆，是因为我们不知道一路有多少风浪坎坷。如果我们知道命运为我们布置了怎样的遭遇，我们还会充满希望，信心百倍吗？亨利四世说：“要是这一切能够预先见到，当他遍阅他自己的一生经历，知道他过去有什么艰险，将来又要遭遇什么挫折，一个最幸福的青年人也会阖上这一本书卷，坐下来安心等死的。”当命运的神秘性被人破译，人们也就失去了战胜命运的勇气，我们之所以对未来充满希冀，是因为我们不知道未来什么样。反之，“要是一个人可以展读命运的秘籍”，我们便会看到生命的虚空，也便会失去一切生存的愿望。

（孙彩霞）

荣　誉

……算了吧；荣誉鼓励着我前进。
对了，可是在我上阵时，
荣誉要阻止我又如何？应怎么办？
荣誉能给我嫁接条腿吗？不能。
或添条臂吗？也不能。
能拿走创伤的疼痛吗？也不能。

那么荣誉是不懂外科手术的了？当然不懂。
荣誉到底是什么？是一个词儿。
荣誉这个词儿是什么？是空气。
好一个动人的理论！
谁人享有荣誉呢？
星期三死去的那人享有。
他感觉到它吗？不。
他听到它吗？也不。
那么它是感官觉察不到的了？
在死去的人来说，这是对的。
可是难道要它跟活着的人活着也不愿意吗？
也不。
为什么？毁谤不容许它这样做。
既然如此，我也不要它了。
荣誉真是死人的铭旌。
我这教义问答仪式也就此完成。

（黄兆杰编译《莎士比亚戏剧精选一百段》）

福斯塔夫是莎士比亚戏剧中最著名、最成功的喜剧典型人物之一，曾出现于历史剧《亨利四世》上下篇和喜剧《温莎的风流娘儿们》中。他是一个封建社会解体时期的没落骑士，混迹于下层社会。17世纪初的英国，旧的封建制度日益衰微，新的市民力量勃然兴起。那些身披铠甲、手持长矛盾牌，为忠君、护教、效忠美人而驰骋疆场的骑士已失去往日的丰采，纷纷离开被大炮轰倒的城堡，有不少沦为游民、盗匪。福斯塔夫就是这样。他既没有领地，也没有农奴；他穷困潦倒，无以为业，整天在酒馆里与流氓、盗匪在一起鬼混。他已抛弃了封建骑士的理想，但这个阶层的寄生性却被他保留了下来，而且他与新兴资产阶级的唯利是图、贪图物质享受一拍即合，形成了他的鲜明个性：贪杯好色，吹牛拍马，谎话连篇，厚颜无耻，却又机智幽默，率直愉快，精力旺盛，巧于辞令。“今朝有酒今朝醉”、“及时行乐”成了他的人生哲学。他在“野猪头饭店”里结识了放荡不羁的哈尔王子，成了哈尔王子的酒肉朋友，这使他更加有恃无恐，偷盗抢劫，吃喝玩乐，恣意妄为。

本来，封建骑士最根深蒂固的观念和最珍视的品质是“荣誉”，可是到了福斯塔夫那里，荣誉却变成了一钱不值的东西，像一块破抹布被他随手丢掉了。在《亨利四世》上篇第五幕第一场，福斯塔夫奉哈尔王子的派遣，当了王军的步兵队长，参加镇压叛乱贵族的战争。但他并不想报效王师，争取荣誉。他对荣誉的否定赤裸裸地体现在上面所选的他对哈尔王子说的那段话中。从中我们不难看到，他将保命看得高于一切，远远高于骑士视为生命的荣誉。在他否定荣誉的同时，又表明他实际上是一个胆小如鼠的懦夫。虽然，他首先表明了自己愿为荣誉而战：“荣誉鼓励着我前进”，但一想到战场上人的生命毫无保障，随时可能战死或受伤时，他便以荣誉不能为人重生腿臂为由否定了荣誉。在他看来，荣誉根本不是对人的一种精神肯定，不是对人的行为的一种高度嘉奖，只不过是“一个词儿”即“空气”而已。如果人不曾失去生命也能享有荣誉，岂不是两全其美的事吗？可是“毁谤不容许它这样做”。因此，福斯塔夫得结论说：“荣誉真是死人的铭旌。”可见他已堕落到了什么地步。

不过，尽管他口口声声不要什么荣誉，但只要有机会，他仍会窃取他人的荣誉。例如，王子杀死敌将后，他却将尸体背回来冒功请赏，结果闹了大笑话。但他还是洋洋得意地辩解说：“聪明人善于利用一切”，“智慧是勇敢的最大要素”。

总之，通过这段话，我们看到福斯塔夫的机智诡诈、诙谐幽默和他“懦夫的英雄主义”，进而发现他玩世不恭的处世哲学。整段话风趣滑稽，富于喜剧色彩，充分显示了福斯塔夫这一形象的喜剧性格内涵。

有一颗美好的灵魂

造物给你美貌，
也给你美好的德性；
没有德性的美貌，
是转瞬即逝的；
可是在你的美貌之中，
有一颗美好的灵魂，
所以你的美貌是永存的。

（朱生豪译《一报还一报》第三幕第一场）

《一报还一报》是莎士比亚1604年创作的一部悲喜剧。剧中，被维也纳公爵任命为执政代理的安哲鲁，下令逮捕一名叫克劳狄奥的年轻绅士，并要判他死刑，因为他让未婚妻怀上了身孕。许多人都请求安哲鲁对克劳狄奥酌情量刑，但安哲鲁却坚持己见，一意孤行。克劳狄奥的姐姐伊莎贝拉听说自己的弟弟遇到危难，随即赶到宫里，跪在安哲鲁面前，请求他的赦免。不料，安哲鲁竟提出要伊莎贝拉献出自己处女的贞洁作为赦免克劳狄奥的条件。对这一无耻要挟，伊莎贝拉坚决拒绝。后来，安哲鲁的虚伪面目被揭穿，他的恶行受到惩处。

这里所选是公爵在得知伊莎贝拉的故事后盛赞她的一段话。伊莎贝拉心地纯洁，道德高尚，为了营救弟弟四处奔走，以真诚打动执法者。在安哲鲁这样的大人物的威逼利诱下，她毫不动摇，坚守自己的道德原则，宁死也不肯出卖自己的灵魂与贞洁。她不仅外貌美，而且有玉洁冰清的美好灵魂，因此公爵称赞她："在你的美貌之中，有一颗美好的灵魂，所以你的美貌是永存的。"岁月流逝，任何美貌都会消失，惟有美德可以永葆青春。而"美貌"只有和"德性"、"灵魂"结合起来，才能闪烁出真正的最完整的"美"的光辉。这是莎士比亚的一贯思想。他笔下的伊莎贝拉正是具有这种理想美的女性。

总之，公爵的这段话庄重严肃，颇有哲理内涵，既是对伊莎贝拉性格的集中概括，又是对完美理想人格的揭示和颂扬。

有了才华智慧

在你的生命中有一种与众不同的地方，
使人家一眼便知道你的全部的为人。
你自己和你所有的一切，
倘拿不出贡献于人世，
仅仅一个独善其身，那实在
是一种浪费。
上天生下我们，是要把我们当作火炬，
不是照亮自己，而是普照世界；
因为我们的德行倘不能推及他人，
那就等于没有一样。
一个人有了才华智慧，
必须使它产生有益的效果；
造物主是一个工于算计的女神，
她所给予世人的每一份才智，

都要使受赐的人知恩感激，加倍报答。
可是我虽然对你这样说，
也许我倒是更应该受你教益的；
所以请你收下这道诏书吧，安哲鲁；
当我不在的时候，
你就是我的全权代表，
你的片言一念，
可以决定维也纳人民的生死，
年高的埃斯卡斯虽然先受到我的嘱托，
他却是你的辅佐。

（朱生豪译《一报还一报》第一幕第一场）

公爵的这段独白，是在公爵授权安哲鲁摄理政务时说的一段话，它从人的社会性阐述了人的价值的实现，意在说服安哲鲁接受摄理政务的诏书，并勤恳地工作。

仅就这段独白而言，它告诉我们人活着不能只为自己，还要为他人，不仅要体现自己的个人价值，还要体现社会价值。每个人都不能脱离社会单独地存在，他必定要同这个世界进行交流，在交流中虽有索取，更应该具有一种奉献精神，应该使自己的才华有益于社会。正如公爵本人所说："上天生下我们，是要把我们当作火炬，不是照亮自己，而是普照世界"。在公爵看来，人的自身价值实现的最佳途径和最高境界莫过于同社会的进步紧密相连，对社会、对他人产生有益的影响。在他眼中，人是为社会而生、而死的，人如果不将自己所有的一切贡献于世，"仅仅一个人独善其身，那实在是一种浪费"。一个有才华、有智慧、有能力的人，如果不将自己的才智和能力转化为现实的对社会的推动力量，他的价值便没有得到最终的实现。康德说过，能让我感动的东西有二：一是头顶灿烂的星空，二是我们内心崇高的法则。法则缘于自身修养，在某种程度上折射出一个人的灵魂。公爵的这段独白就体现了他心目中的美好人格。当然，这也是莎士比亚所追求的一种精神境界，是他美妙的人文主义理想的绝好展示。

这段独白，最让人叫好的是公爵说服安哲鲁的技巧。这段话，层层推进，环环相扣，语意彼此相连，颇有不达目的誓不罢休之状。一开始，他便称赞安哲鲁，“在你的生命中有一种与众不同的地方”，“让人家一眼便知道你的全部的为人”。首先，这是一种称赞和夸奖，同时也似乎是一种压力，因为“你的全部的为人”便是“普照世界”，那么，你接受诏书后，只能勤恳做事，而不能污辱这个名声。然后，他指出一个人的才华智慧和他所有的一切，都应拿出来贡献于世，否则将是一种浪费。这在暗示安哲鲁，你自己是一个被我称许和看中的一个有才华有智慧的人，所以，你就应该将你的能力发挥出来，好好工作，不负于世，不负于我。这表面上在讲道理，而其实是在委婉地发布一道命令，提出了很高的要求。接着，他说：“造物主是一个工于算计的女神，她所给予世人的每一份才智，都要使受赐的人知恩感激，加倍报答。”在公爵看来，人的一些智慧甚至全部智慧都是造物主先天给予的，而作为封建统治阶级的一员的公爵，多多少少便是造物主的代表或者说是后代，社会伦理要求世人加倍报答造物主给予之恩，你安哲鲁也要对我尽忠尽智，何况，我赐予你摄理政务，你更要很好地完成。这较前便有所递进。然后，他语气一转，变得很是谦恭，这让安哲鲁颇有一些受宠若惊之感。安哲鲁的地位似乎被提高了，连年高的埃斯卡斯都成为自己的辅佐，赋予了权力，只有好好地完成，没有懈怠的余地。这段话巧妙地将自己对工作的要求与人的价值的实现结合起来，委婉地说明道理，意深而不乏生动性，为说服安哲鲁、达到自己的目的打下了良好的基础。

当然，联系剧情，这段独白还有一个独特而巧妙的作用，即它是整部戏剧的妙笔，为以后整个剧情的发展作了铺垫，也为以后揭露安哲鲁的罪行，衡量安哲鲁的行为立了一个准则。看似随便说出的一段话，实则是警钟，是一番劝诫。

犹太人的申诉

难道犹太人就没有眼睛？
难道犹太人就没有手爪、脏腑、
　形骸、感觉、感情、激情？——
难道他和基督徒不吃同样的饭菜，
　怕同样的武器伤害，
　被同样的疾病折磨，
　用同样的方法治疗，
　因同一冬夏而冷暖？
你们要搔触我们，我们可以不笑吗？
要用毒药害我们，我们可以不死吗？
假如你们要迫害我们，
我们可以不求报复吗？
在别的地方我们跟你们相似，
在这一点我们也决要与你们相像。

（黄兆杰编译《莎士比亚戏剧精选一百段》）

《威尼斯商人》是莎士比亚最杰出的喜剧之一。剧中的夏洛克也是莎士比亚笔下塑造的最著名的人物形象之一。这个形象具有一定的复杂性。一方面，作为一个贪婪、自私、狠毒的高利贷者，作者揭露他，谴责他，他已成为贪婪、吝啬、狠毒的代名词。另一方面，作为一个备受歧视和欺凌的犹太人，作者又同情他，怜悯他。在剧中，夏洛克借给另一商人安东尼奥三千块钱，三个月为期，不要利息，并约定到期不还，就从安东尼奥身上割下一磅肉。但是，安东尼奥因船只遇难，未能在期内偿还债务。于是，夏洛克坚持据约索肉，顽固不化，并把官司打到了法庭上。当然，夏洛克在法庭上以惨败告终。

这里所选是第三幕第一场夏洛克在法庭上陈述中的一段独白。这段独白表现了夏洛克作为备受歧视与凌辱的犹太人的复仇心理。签约前，夏洛克就曾申诉："他憎恶我们神圣的民族，甚至在商人会集的地方当众辱骂我……要是我饶过他，让我们民族永远没有翻身的日子。"夏洛克体现了犹太民族的集体意识，他们没有自己坚实的土地，没有国家和牢固的家园，但他们有不渝的宗教信仰，并因其顽强的生存能力而拥有大笔的财富。他们始终与聚居地的其他民族保持一定的距离，以保持信仰的纯洁，但又时刻认识到民族的弱小，提防着外来精神的一切侵袭。因而，夏洛克的申诉一定程度上反映了犹太人与基督徒之间固有的矛盾以及犹太人受歧视、遭凌辱而图报复的心理。他以排比句的形式诉说了犹太人的不幸遭遇，还代表犹太民族向歧视他们的人发出了有力的质问："难道犹太人就没有眼睛？难道犹太人就没有手爪、脏腑、形骸、感觉、感情、激情？——"夏洛克从两方形体特征的相似说到内心感受的相似，层层深入，进而说明犹太人遭受痛苦也一样有敏锐的感觉，受到欺凌也一样会愤怒。屈辱、报复的情感步步升级，最后，夏洛克下决心一定要复仇："在别的地方我们跟你们相似，在这一点我们也决要与你们相像。"这是夏洛克对民族平等的强烈呼声，又是他的凶狠和残忍性格的绝好写照。

总之，莎士比亚通过夏洛克一系列的反问表达了对犹太人的同情，同时揭示了夏洛克丰富复杂的性格内涵。反问与排比手法的运用增强了语气，将夏洛克的愤怒与复仇心理层层剖露，宣泄无遗。

（孙彩霞）

假如音乐是爱情的粮食

假如音乐是爱情的粮食，
那么奏下去吧；
尽量地奏下去，
好让爱情因过饱噎塞而死。
又奏起这个调子来了，
它有一种渐渐消沉下去的节奏。
啊！它经过我的耳畔，
就像微风吹拂一层紫罗兰，
发出轻柔的声音，
一面把花香偷走，
一面又把花香分送。
够了！别再奏下去了！
它现在已经不像原来那样甜蜜了。
爱情的精灵呀！
你是多么敏感而活泼；
虽然你有海一样的容量，
可是无论怎样高贵超越的事物，
一进了你的范围，
便会在顷刻间推动了它的价值。

爱情是这样充满了意象，
在一切事物中是最富于幻想的。

（朱生豪译《第十二夜》第一幕第一场）

这里所选是《第十二夜》开始时公爵的一段话。公爵向奥丽维娅求爱遭到拒绝，心情烦闷苦恼。恰在这时，乐工随侍在旁，奏起了音乐。美妙动听的音乐让人想起醉心的爱情，但爱而不得的困境又使公爵厌恨起乐声，“尽量地奏下去，好让爱情因过饱噎塞而死”。然而，音乐不断传来，节奏渐渐消沉下去，如同挥之不去的爱恋。公爵重又陷入爱情的迷梦，“它经过我的耳畔，就像微风吹拂一层紫罗兰，发出轻柔的声音”，爱情如此美妙，却又如花香，让人陶醉却不能尽享。于是，公爵再次恼怒地命令：“够了！别再奏下去了！”他想彻底忘记爱情，但他无法忘记，尽管它已不像原来那般甜蜜了。然而，它却如一只可爱的精灵，有强大的诱人的力量，可以俘获任何高贵的心灵。于是，公爵再度屈服于爱情，赞美爱情“充满了意象”、“最富于幻想”。

该独白语言婉转优美，比喻新颖，细致地刻画了公爵沉醉爱河，欲爱不得，欲罢无力的烦闷与渴望心情。

（孙彩霞）

充实的思想

充实的思想不在于言语的华丽，
只有乞儿才能够计较他的家私。
真诚的爱情充溢在我的心里，
我无法估计自己享有的财富。

（朱生豪译《罗密欧与朱丽叶》第二幕第六场）

《罗密欧与朱丽叶》是莎士比亚在其创作的第一个时期所写的一部悲剧。罗密欧与朱丽叶分属于两个世代为仇的贵族家庭，但是，他们相互爱慕，至死不渝。面对势不两立的家族壁垒，甚至神圣不可侵犯的家长权威，他们敢于为自己的幸福去追求，去斗争。虽然他们遭受了不幸的厄运，但他们的死却换来了两家敌对抗衡的消除。这是一曲青春与爱情的颂歌。

这里所选是朱丽叶在劳伦斯神父主持的秘密婚礼上对罗密欧立下的誓言。它将含义深刻的哲理语言与热烈温柔的爱情表白有机地交织在一起，充分显示了朱丽叶丰富而深沉的感情世界。誓言一开始就引人深思："充实的思想不在于言语的华丽，只有乞儿才能够计较他的家私。"言语华丽浮于表面，世界的喧闹意味着空虚，而最深刻的思想往往简单明了，无以查检。朱丽叶胸中充满了热烈的爱情，却难以言表。乞儿能够计较家私是因为他本贫穷，"我无法估计自己享有的财富"，则是因为"我"心中充溢真诚的爱情。这爱情带着馥郁的青春气息，带着玫瑰般的艳丽，带着无限甜蜜的渴望在朱丽叶心中弥漫。深沉的爱使朱丽叶积极主动地吐露心曲，勇敢果断，忠贞不渝。

这段独白含义深远，鲜明地表现了朱丽叶强烈、真挚、执著的爱情及其追求爱情的坚贞与不屈。

我给你的越多……

为了表示我的慷慨，
我要把它重新给你。
可是我只愿意要我已有的东西，
我的慷慨像海一样浩渺，

我的爱情也像海一样深沉；
我给你的越多，
我自己也越是富有，
因为这两者都是没有穷尽的。

（朱生豪译《罗密欧与朱丽叶》第二幕第二场）

这是一段经典的爱情表白。朱丽叶深夜独语剖露心迹，不意被罗密欧偷听过去，因此两心相通。朱丽叶抛弃大家小姐的矜持作态，抛却了虚文俗礼，用她热诚奔放的真心弹奏出爱的音符。“为了表示我的慷慨，我要把它重新给你。”爱的表白，在爱人的眼里永远是最动听的歌，不管它已唱过多少遍都还是时唱时新、激情澎湃的。即使“我只愿意要我已有的东西”，然而“我的慷慨像海一样浩渺，我的爱情也像海一样的深沉”。已经获得了爱情，但不妨再获得一次，让幸福的甘露再重新降临娇嫩的花蕾，只有使她更润泽，她才更能慷慨给予青春最美的色彩。更何况“我给你的越多，我自己也越是富有”。心灵既已沟通，爱便将两颗心贴在一起。给予了爱的信息，必然也要获得爱的回报。给得越多获得也越多，在给予和获得之间，又有更深更浓的情化为深沉的爱的海洋，层层叠叠，爱便是没有穷尽的了。

爱的崇高，在于它无私的给予；爱的神秘，在于它给得越多越丰富；爱的丰富性在于它像大海一样的深沉而没有穷尽。这段独白深刻、洗练、透彻、丰裕。字字精髓，句句珠玑，既道出了爱情最本质的东西，又深切刻画出朱丽叶热情洋溢的诗意的内心世界。

这一段独白用了比喻、排比和对比的艺术手法。“我的慷慨像海一样浩渺，我的爱情也像海一样深沉。”浩渺的大海，一眼望不到头，迷迷蒙蒙连绵不绝，浩浩荡荡，无穷无尽。这一夸张排比，豁然拓开对爱情的慷慨的内涵，这种慷慨是取之不尽的，它是发自肺腑的真情流露，哪怕是给予了又给予，奉献了又奉献，也不会有丝毫吝啬。爱情像海一样深沉，永远不枯，永远不老。接下来一个形象对比，极富哲理思辨色彩，道出了爱情的慷慨的源源不断的所在。“我给你的越多，我自己也越是富有”，给予和获得是相生相存、相得益彰的。“给予”和“富有”形成对比，它也与常式思维形成对比。我们一般以为什么东西给了别人，自己就没有了。然而爱情却不。给予之后，自己反而更富有，这是个魔方，它是没有穷尽的。恰是这一对比，点出了爱情魔方的魔眼。

（孙彩霞）

狂暴的快乐

这种狂暴的快乐，
将会产生狂暴的结局，
正像火和火药的亲吻，
就在最得意的一刹那
　烟消云散。
最甜的蜜糖，
可以使味觉麻木；
不太热烈的爱情，
才会维持久远。
太快和太慢，
结果都不会圆满。

（朱生豪译《罗密欧与朱丽叶》第二幕第六场）

莎士比亚是一本一生一世也读不完的书。他笔下的形象无不具有鲜明的个性。就是作为配角的次要人物，他们说出的某些话，也往往闪烁着智慧的光辉。《罗密欧与朱丽叶》中的劳伦斯神父即是这样一个形象。可以说他是罗密欧与朱丽叶爱情悲剧的一位见证人与导演者，他亲眼看到了两位有情人的结合与毁灭。因此，他在剧本中也占有举足轻重的地位。

这段独白就是罗密欧携朱丽叶前往教堂，并请求劳伦斯神父为他们主持婚礼时，劳伦斯神父说的一段话。这段独白是对爱情的冷静剖析，表现了劳伦斯神父对爱情颇为独到的见解。同时也起到了预示结局的作用。

劳伦斯神父很清楚罗密欧与朱丽叶所属家庭之间的世仇，因此他想到了罗密欧和朱丽叶的相爱以至结合必会遭到两个家族的共同反对。在他看来，在两家族的世仇没有解除以前，他们的行为显然是不合时宜的，不现实的，甚至会因此带来两家族之间的厮杀与灾难。他并不反对年轻人之间的相互爱恋，他并不保守，他甚至理解罗密欧在与罗瑟琳分手以后即与朱丽叶发生恋爱。他了解年轻人的心理，他支持他们获得自由和幸福，但他毕竟是一位上了年纪的人，多年的阅历使他对于爱情抱着慎重的态度。多年的生活使他的思想成熟了，使他在思考问题时考虑得较全面，深远，圆熟而又明智。他不反对罗密欧与朱丽叶的结合，但他通过这段独白对这对狂热的年轻的恋人进行劝告。他主张他们应该在对爱情，对对方抱着饱满的热情的同时，又要清醒地认识到他们的结合会带来多么严重的后果，希望他们能全面地考虑现实，不可盲目狂热，让爱情冲昏头脑。他称他们的行为是“狂暴的行为”，一方面，点明了这种行为的狂热性，缺乏考虑，缺乏周详，另一方面也暗示了这种行为所将要带来的“狂暴的结局”。

劳伦斯神父对这对年轻人的劝告，也揭示了关于爱情的真谛，即对待爱情不可操之过急，要爱得中和些，否则“狂暴的快乐”必将带来“狂暴的结局”。罗密欧与朱丽叶的爱情恰恰证明了这一点。他们的爱情来得那么突然，那么单纯，两人一见钟情，丝毫没有考虑两大家族水火不容的敌对关系及其结合将带来的后果，执意要求神父秘密主持婚礼，私订终身。如劳伦斯预言的那样，“正像火和火药的亲吻，就在最后的一刹那烟消云散”。罗密欧与朱丽叶的草率结合，为后来悲剧的发生埋下了祸根。尽管爱情对他们来说也可说是“最甜的蜜糖”，但最终也让他们为爱情而付出生命的惨痛代价。

美丽的太阳

那边窗子里亮起来的是什么光?
那就是东方，
朱丽叶就是太阳!
起来吧，美丽的太阳!
赶走那妒忌的月亮，
她因为她的女弟子比她美得多，
已经气得面色惨白了。
既然她这样妒忌着你，
你不要忠于她吧;
脱下她给你的这一身
惨绿色的贞女的道服，
它是只配给愚人穿的。
那是我的意中人;
啊！那是我的爱;
唉，但愿她知道我在爱着她！她欲言又止，

可是她的眼睛
已经道出了她的心事。
待我去回答她吧；
不，我不要太卤莽，
她不是对我说话。
天上两颗最灿烂的星，
因为有事他去，
请求她的眼睛替代它们在空中闪耀。
要是她的眼睛变成了天上的星，
天上的星变成了她的眼睛，
那便怎样呢？
她脸上的光辉会掩盖了星星的明亮，
正像灯光在朝阳下黯然失色一样。
在天上的她的眼睛，
会在太空中大放光明，
使鸟儿误认为黑夜已经过去
而展开它们的歌声。
瞧！她用纤手托住了脸，
那姿态多么美妙！
啊，但愿我是那一只手上的手套，
好让我亲一亲她脸上的香泽！

（朱生豪译《罗密欧与朱丽叶》第二幕第二场）

意大利维洛那城的凯普莱特和蒙太古两大家族是世仇，他们之间常常发生流血事件。罗密欧是蒙太古的儿子，他厌倦这无穷无尽的争斗，憧憬在一种新的生活的幻想之中，他迷恋于美女罗瑟琳，为爱情而困惑烦恼。朱丽叶是凯普莱特的女儿，她的父母为了让前来求婚的伯爵帕里斯同朱丽叶接触，决定依旧例举行一次晚宴，邀请众多亲友参加，罗瑟琳小姐也在邀请之列。此事被罗密欧获悉，为见罗瑟琳，他冒险化装混了进去。但是他没见到罗瑟琳，倒是被另一位绝世美貌的姑娘所倾倒。他大胆上前邀姑娘跳舞，但没容他俩有更多交谈，姑娘就被人叫走。这时，罗密欧才知道这美丽的姑娘就是凯普莱特的女儿朱丽叶。朱丽叶也从她奶妈那里知道了罗密欧的身份。为了能再见到朱丽叶，罗密欧乘夜幕的掩护跳入凯普莱特家的花园，躲在朱丽叶的窗下。此时朱丽叶也痴情地爱上了罗密欧。她辗转反侧，夜不能寐，于是站在窗前，陷入绵绵情思之中。

罗密欧欣喜地望着窗内灯光映照下的朱丽叶的身影，情不自禁地道出了上面这段独白。莎士比亚的抒情、浪漫、诗意般的语言，表现了罗密欧对朱丽叶的由衷赞美和无限爱慕之情。

看见朱丽叶，罗密欧心中诗情澎湃，口中也不由涌出美丽的诗句："那边窗子里亮起来的是什么光？那就是东方，朱丽叶就是太阳！"他把亮光的地方称为"东方"，而他倾心的朱丽叶，就是他的世界里照耀一切的太阳，是生命中最不可缺少的部分。接着，罗密欧以月亮、星星等自然美景来衬托朱丽叶的美，把她的美描绘得无与伦比，以至于月亮都因妒忌而"气得面色惨白"。"要是她的眼睛变成了天上的星，天上的星变成了她的眼睛，那便怎样呢？"他设想了朱丽叶的眼睛和天上的星调换后的情景，那么"她脸上的光辉会掩盖了星星的明亮，正像灯光在朝阳下黯然失色一样"，而"在天上的她的眼睛，会在太空中大放光明，使鸟儿误认为黑夜已经过去而展开它们的歌声"。真是天才的想象！绝妙的对比！尤其生动有趣的是，当罗密欧看到了朱丽叶"用纤手托住了脸"时，便道出一个心愿，甘愿"是那一只手上的手套"，以便好让他"亲一亲她脸上的香泽"。他因爱情而迸发出的想象力在赞美恋人中得以淋漓尽致地表现，这样情真意切的发自肺腑的独白，把罗密欧对朱丽叶的向往和眷恋之情以及如醉如痴的神态，刻画得形象生动，入木三分。

在这段抒情独白中，莎士比亚运用了比喻、拟人、象征、对比、夸张等多种修辞手法。如朱丽叶被比喻为美丽的太阳，表现出罗密欧对她的热爱、赞美之情；又将月亮拟人化，比作有感觉、有妒忌心的人，因不如朱丽叶美丽，“已经气得面色惨白”。同时，“太阳”又象征着纯真的爱情，而“妒忌的月亮”则象征着家族怨仇与世俗礼教，因此，“美丽的太阳”“赶走那妒忌的月亮”，也就深层次地象征了坚贞纯洁的爱情，必将战胜家族怨仇和世俗礼教的美好愿望。“既然她这样妒忌着你，你不要忠于她吧；脱下她给你的这一身惨绿色的贞女的道服，它是只配给愚人穿的。”这里的“惨绿色”的“道服”，象征了封建包办婚姻，说“它是只配给愚人穿的”，表达了主人公对它的憎恶和反叛，也反映了对自由婚姻的憧憬。另外，独白中将朱丽叶的眼睛同天上的星对比，以突出朱丽叶的光彩照人，同时，在这一对比中有明显的夸张成分，如“在天上的她的眼睛，会在太空中大放光明，使鸟儿误认为黑夜已经过去而展开它们的歌声”。

总之，这些修辞手法的运用，极大地增强了独白的艺术表现力和感染力，起到了丰富人物形象内涵、突出剧作抒情色彩的作用，不愧是世界文学史上传诵不衰的抒情精品。

成全恋爱的黑夜

快快跑过去吧，
踏着火云的骏马，
把太阳拖回到它的安息的所在；

但愿驾车的法厄同鞭策你们
　飞驰到西方，
让阴沉的暮夜赶快降临。
展开你密密的帷幕吧，
成全恋爱的黑夜！
遮住夜行人的眼睛，
让罗密欧悄悄地投入我的怀抱里，
不被人家看见也不被人家谈论。
恋人们可以在他们自身美貌的光辉里
　互相缱绻，
即使恋爱是盲目的，
那也正好和黑夜相称。
来吧，你漫长的夜，
你朴素的黑衣妇人。
教会我怎样在一场全胜的赌博中失败，
把各人纯洁的童贞互为赌注。
用你黑色的罩巾遮住我脸上羞怯的红潮，
等我深藏内心的爱情慢慢胆大起来，
不要因为在行动上流露真情而惭愧。
来吧，黑夜！
来吧，罗密欧！
来吧，你黑夜中的白昼！
因为你将要睡在黑夜的翼上，
比乌鸦背上的新雪还要皎白。
来吧，柔和的黑夜！
来吧，可爱的黑颜的夜，
把我的罗密欧给我！

等他死了以后，
你再把他带去，
分散成无数的星星，
把天空装饰得如此美丽，
使全世界都恋爱着黑夜，
不再崇拜眩目的太阳。
啊！我已经买下了一所恋爱的华厦，
可是它还不曾属我所有；
虽然我已经把自己出卖，
可是还没有被领主领去。
这日子长得真令人厌烦，
正像一个做好了新衣服的小孩，
在节日的前夜焦躁地等着天明一样。

（朱生豪译《罗密欧与朱丽叶》第三幕第一场）

这段内心独白诗情画意般地传达出朱丽叶对罗密欧的真挚情怀。

恋爱中的男女总是希望黑夜早点到来，黑夜成了他们渴望的光明，而白昼却成为他们的障碍了，因为黑夜是他们幽会的好时候。夜幕遮住大地，天地间一片朦胧，眼前只有自己的恋人，只有他们彼此间的絮语。在他们眼里，这世界只是他们两个人的世界，他们便是 切幸福的中心。“快快跑过去吧，踏着火云的骏马，把太阳拖回到它的安息的所在；但愿驾车的法厄同鞭策你们飞驰到西方，让阴沉的暮夜赶快降临。”在这里，我们感受到了一个少女热烈的爱。我们眼前仿佛出现这样一个场景，一个少女倚窗远望，看着太阳缓慢西移，这时她感到那“踏着火云的骏马”奔跑得那么慢，她甚至祈求神灵能将时光流逝得快一些，好让黑夜早点到来。在这里，莎士比亚没有直接描写朱丽叶内心对罗密欧的渴望，而是通过表现她对黑夜早点降临的渴望，曲折迂回地表达了她内心火热的爱。

此时的她早已完全忘却家族世仇这一沉重的阴影，心中只期盼黑夜降临。因为只有在黑夜里，万籁俱寂，她的罗密欧才可能翻入院墙，投入爱人的怀抱，“不被人家看见也不被人家谈论”，“可以在他们自身美貌的光辉里互相缱绻”。作品中罗密欧和朱丽叶的爱情开始在“黑夜”，发展在“黑夜”，也终结于“黑夜”。黑夜这一意蕴，不断在反复重现。

“黑夜”反衬出主人公爱情的光辉，同时也为他们爱情的悲剧埋下伏笔。他们的爱情从一开始就笼罩在家族世仇的阴影里，像无尽的黑夜，但两位年轻人却拿出了勇气与信心，决心用他们圣洁的爱情打破“黑夜”，迎接光明。无论是罗密欧还是朱丽叶，他们都没有预见到这场爱情的悲剧性，他们只是执著地相爱着，彼此沉浸在对方的感情世界里，尽情享受着爱情。特别是朱丽叶，她深情地呼唤着黑夜，黑夜成了她心中美好的象征。在她眼中，黑夜竟比“乌鸦背上的新雪还要皎白”，甚至假想罗密欧死后，也要化成黑夜的星星，照亮黑夜，照亮自己。在他们的爱情面前，太阳也不再眩目，不再辉煌，只有那“恋爱的黑夜”才是最伟大。

这段独白以其对朱丽叶的诗意描绘和瑰丽雄奇的想象力，使我们从中获得了巨大的美感享受，给我们留下了终生难忘的印象。

夜莺与云雀

（女） 你现在就要走了吗？
天亮还有一会儿呢。
那刺进你惊恐的耳膜中的
不是云雀，是夜莺的声音，
它每天晚上在那边
石榴树上歌唱。
相信我，爱人，
那是夜莺的声音。

（男） 那是报晓的云雀，
不是夜莺。
瞧，爱人，
不作美的晨曦已经在
东方的云边上镶起了金线，
夜晚的星光已经烧烬，
愉快的白昼蹑足
踏上了迷雾的山巅。
我必须到别处去寻找生路，
或者留在这儿束手送死。

（女） 那光明不是晨曦，我知道；
那是从太阳中吐射出来的流星，
替你拿着火炬，
照亮你到曼多亚去。

所以你不必急着要去，
再耽搁一会儿吧。

（男）让我被他们捉住，
让我被他们处死，
只要是你的意见，
我就毫无怨恨。
我愿意说那边灰白色的云彩，
不是黎明睁开它的眼睛，
那不过是从月亮的眉宇间，
反映出来的微光；
那响彻云霄的歌声，
也不是出于云雀的口中！
我巴不得留在这儿，
永远不要离开。
来吧，死，我欢迎你。
因为这是
朱丽叶的意思。
怎么，我的灵魂？
让我们谈谈，
天还没有亮哩。

（女）天已经亮了，
天已经亮了，
快走吧，快走吧！
那唱得这样刺耳，
嘶着粗涩的噪声和

讨厌的锐音的，
正是天际的云雀。
有人说云雀会发出
千变万化的甜蜜的歌声，
这句话一点也不对，
因为它使我们彼此分离；
有人说云雀曾经
和丑恶的蟾蜍交换眼睛，
啊！我但愿它们也交换了声音，
因为那声音使你离开了我的怀抱，
用催醒的晨歌催促你登程。
啊！现在快走吧；
天越来越亮了。

（合） 天越来越亮，
我们悲哀的心
却越来越黑暗。

（朱生豪译《罗密欧与朱丽叶》第三幕第五场）

这里所选是罗密欧与朱丽叶在朱丽叶卧室幽会后分别时所说的一段话。这时，东方欲晓，云雀从草丛榛莽中腾空飞起，穿过曙色微露的云层，鸣声响彻云霄，它向人们宣布，夜晚已经结束，黎明已现曙光。对于别的人来说，这是个美好的清晨，然而对于罗密欧和朱丽叶来说，清晨的云雀却意味着他们必须结束甜蜜的约会，分离之后去面对无常命运的安排，因而云雀的叫声令人惊惧。朱丽叶想要挽留罗密欧；于是说："天亮还有一会儿呢。那刺进你惊恐的耳膜中的不是云雀，是夜莺的声音。"夜莺在月光下歌唱，声音柔美，它不仅是静夜的象征，也是爱情的鸟儿。朱丽叶不想让清晨来到，故而将云雀的鸣声误当作夜莺的歌唱。但罗密欧的话证实了清晨的来到："那是报晓的云雀，不是夜莺。瞧，爱人，/不作美的晨曦已经在东方的云边上镶起了金线，夜晚的星光已经烧烬，愉快的白昼蹑足踏上了迷雾的山巅。"接着，罗密欧表明了自己的两难处境，要么离开朱丽叶"寻找生路"，要么留下来"束手送死"。两人陷入了矛盾冲突的处境，既想长相厮守，又要保全性命，炽烈的爱情使两人不忍分离。朱丽叶宽慰着罗密欧，又一次挽留："再耽搁一会儿吧。"罗密欧对朱丽叶的热爱使他情愿以死相报，于是他佯装不知天已破晓，"我愿意说那边灰白色的云彩，不是黎明睁开它的眼睛，那不过是从月亮的眉宇间，反映出来的微光；那响彻云霄的歌声，也不是出于云雀的口中！"两人互相依恋，不忍分离。但理智终于战胜了感情。与其厮守待死，不如短暂分离，静候转机。朱丽叶意识到这一点后毅然说："天已经亮了，天已经亮了，快走吧，快走吧！"然而，她又无法排遣心中的怨恨与烦恼，于是说："那唱得这样刺耳，嘶着粗涩的噪声和讨厌的锐音的，正是天际的云雀。"这样的抱怨同样出现在接下来的诗行中，充分表现出朱丽叶的单纯可爱与几分稚气。"有人说云雀曾经和丑恶的蟾蜍交换眼睛，啊！我但愿它们也交换了声音。"但是，清晨确已来到，两人无论怎样不舍，终将面对分离。于是，他们一齐发出了一声叹息："天越来越亮，我们悲哀的心却越来越黑暗。"

这段对白语言优美，感情热烈，矛盾突出，起伏跌宕，表现了主人公内心深刻的冲突，成为全剧感情的又一次高潮。

（孙彩霞）

人生七阶段

大千世界是个舞台
所有男男女女不外是戏子；
各有登场和退场，
一生扮演着那么些角色，
七样年龄分七幕。首先是婴儿，
在奶妈怀抱中啼哭着、呕吐着。
接着是狼嚎着的小学生，背着书包，
挂着洁亮晨光的面孔，像蜗牛般
勉强爬行上学。跟着是情人，
叹息得像熔炉，专为情妇的
娥眉作悲歌。随后是士兵，
胡子像豹的，满是新奇的骂人话，
吵架时鲁莽冲动，却热衷荣誉，
为追求那泡影的名声
连火炮口也不怕。然后是法官，
那好圆的肚子用上等的阉鸡填满；
眼色严峻，胡须正经，
多的是智慧的格言，日常的事例——
扮演着自己。第六样年龄
化作瘦削的、穿便鞋的傻老头，
鼻子上架眼镜、腰边悬钱包；
当年的裤，好好的贮存了，已太宽松，
不合收缩了的小腿；雄壮的嗓子

再转向小孩的高音，听来
像打唿哨。最后的一场戏——
终结这变化莫测的戏剧的一场——
是再来的幼稚，全然的健忘，
没牙齿、没眼力、没口味、没一切。

（黄兆杰编译《莎士比亚戏剧精选一百段》）

《皆大欢喜》是莎士比亚 1599 年创作的极富浪漫性的一部喜剧。该剧由三条情节线索构成：一是法兰西老公爵被他的弟弟篡夺了爵位并被放逐到亚登森林；二是老公爵的女儿罗瑟琳被她的叔叔驱逐，叔叔的女儿西莉娅陪同罗瑟琳一起投奔亚登森林；三是贵族青年奥兰多被他的哥哥夺去产业，还要谋害他的生命，因而被迫逃进亚登森林。从第二幕开始，这三条情节线索里的所有正面人物，都在亚登森林中会合。他们的生活和爱情就在这里展开。最后，以恶人悔过自新、公爵恢复爵位、情人们喜结良缘结束全剧。

这里所选是《皆大欢喜》第二幕第七场中老公爵的侍臣杰奎斯在亚登森林中说的一席话。杰奎斯心地善良，但多愁善感，消极悲观。其时，奥兰多和亚当长途跋涉来到亚登森林，亚当年迈体弱，加之疲饿交加，终于奄奄一息。奥兰多四处寻找食物，巧遇老公爵和侍臣在林中野宴，奥兰多出言不逊，但蒙老公爵原宥，因而羞愧不已，公爵同情其遭遇，说："这个广大的宇宙的舞台上，还有比我们所演出的更悲惨的场景呢。"杰奎斯听后不禁引起对人生的哲理思索。他首先将生命的嬗变比作舞台上戏子的轮番表演。人的一生从始至终像树木初萌绿叶而至落叶纷披，本是极其自然的，而杰奎斯却以悲观的态度来看待人生，他将人生分为七个阶段，而每一阶段无不为伤悲、愁苦、虚名、弱小所充满。婴儿出生是生命的起始，是希望的初成，然而杰奎斯却说他们“在奶妈怀抱中啼哭着、呕吐着”。学生背起书包，尽享童年的欢愉，杰奎斯看到的偏是“像蜗牛般勉强爬行上学”。接着，爱情的甜蜜成了“悲歌”，士兵的荣誉成了无益的“鲁莽冲动”，连法官的严峻也是虚伪，安静的暮年只能让人嗟叹青春消逝，形单影只。而最后的死亡更使人意识到自身的虚无与渺小，一切终被召回。生命如此短暂、空虚，在灾难充斥的世界上，人类的幸福常有缺陷：每一快乐的源泉都已被污染，每个人的生活都混杂着纷纭的不幸，每一时刻虽有人降临尘世，却又有人走入湮没无闻的境地，悄然辞世，像活着的时候一样无声无息。

杰奎斯的这段独白，从表面上看，讲得很真实，而且很形象化，然而，从情绪上看，显然是把人世和人生看得太悲观、太虚无了。不过，杰奎斯的忧愁还有另一层意义，它提醒人们现实社会里有值得忧虑的问题。在这一层面上，让我们想起了哈姆莱特的忧郁。

（孙彩霞）

一个万恶的圣徒

啊，花一样的面庞里藏着蛇一样的心！
那一条恶龙曾经栖息在这样清雅的洞府里？
美丽的暴君！
天使般的魔鬼！
披着白鸽羽毛的乌鸦！
豺狼一样残忍的羔羊！
圣洁的外表包覆着丑恶的实质！
你的内心刚巧和你的形状相反，

一个万恶的圣人，
一个庄严的奸徒！
造物主啊！你为什么要从地狱里
提出这一个恶魔的灵魂，
把它安放在这样可爱的
一座肉体的天堂里？
哪一本邪恶的书籍
曾经装订得这样美观？
啊！谁想得到这样一座富丽的宫殿里，
会容纳着欺人的虚伪！

（朱生豪译《罗密欧与朱丽叶》第三幕第二场）

这是朱丽叶惊闻罗密欧杀死她的表哥提伯尔特消息的瞬间所说的一段独白。一向温柔而善良的情人在一瞬间成了可怕的杀人犯，这种强烈的刺激使得她十分痛苦和矛盾。这段话中包含着失去亲人的悲痛，包含着对罗密欧的愤恨，但同时仍透露出朱丽叶强烈的爱情。莎士比亚用这种种看似矛盾的语句，正反意象的重叠，把朱丽叶在亲情与爱情的抉择上那种微妙的心理、爱恨交织的矛盾情绪渲染得淋漓尽致。

这是多么美丽而又矛盾的形容啊！罗密欧曾是她心中的太阳，是一切美好的代表，她不能容忍他有一丝的阴影和瑕污。然而，这种残忍的杀人行为偏偏发生在他身上。朱丽叶心中的偶像顷刻间坍塌了。这使得朱丽叶用种种凶恶和丑陋的东西来诅咒他。这与其说是朱丽叶对罗密欧的愤怒控诉，毋宁说是对她所承受的偶像崩溃、理想幻灭的痛苦的宣泄和倾诉。上帝在一瞬间夺走了她的向往，抽走了她的灵魂，这种痛苦超过其他一切创伤。但即使如此，朱丽叶又如何能够彻底否定情人的一切美好呢？因此，即使他成了魔鬼，变为暴君，他的花一般的面庞、羔羊般的温柔依然历历在目，挥之不去，过去的一切光辉已深深刻在她的心里。于是，现在的丑恶只能叠加在美好的印象上，于是罗密欧成为美好的与丑恶的统一体，成为“美丽的暴君”、“天使般的魔鬼”。这矛盾的形象无疑是朱丽叶心中激烈的矛盾和极度的痛苦的写照。

这段独白运用了排比、比喻等多种艺术手法，使诸多存在明显差别的事物，如天使与魔鬼、白鸽与乌鸦、豺狼与羔羊等统一在一起，构成了强烈而鲜明的对比，从而细腻深刻地表现了朱丽叶瞬间爱恨交织的心理感受。

生存还是毁灭

生存还是毁灭，
这是一个值得思考的问题；
默默忍受命运的暴虐的毒箭，
或者挺身反抗人世的无涯的痛苦，
通过斗争把它们扫清，
这两种行为，哪一种更高贵？
死了；睡着了；什么都完了；
要是在这一种睡眠之中，
我们心头的创伤以及其他无数血肉之躯，
所不能避免的打击，都可以从此消失，
那正是我们求之不得的结局。
死了；睡着了；也许还会做梦；
嗯，阻碍就在这儿：
因为当我们摆脱了这一具朽腐的

皮囊之后，
在那死的眼睛里，究竟还要做些什么梦，
那不能不使我们踌躇顾虑。
人们甘心久困于患难之中，
也就是为了这个缘故。
谁愿意忍受人世的鞭挞和讥嘲，
压迫者的凌辱、傲慢者的冷眼、
官吏的横暴
和所费尽辛勤所换来的小人的鄙视，
要是他只要用一柄小小的刀子，
就可以清算他自己的一生，
谁愿意负着这样的重担
在烦劳的生命的压迫上呻吟流汗？
倘不是惧怕不可知的死谷，
惧怕那从来不曾有一个旅人回来过的神秘之国，
是它迷惑了我们的意志，
使我们宁愿忍受目前的折磨，
不敢向我们所知道的痛苦飞去！
这样，重重的顾虑，使我们变成了懦夫，
决心赤热的光彩，被审慎的思维盖上了一层灰色，
伟大的事业在这一种考虑之下，
也会逆流而退，失去了行动的意义！

（朱生豪译《哈姆莱特》第三幕第一场）

莎士比亚笔下的哈姆莱特一向被人们称为“忧郁王子”，这种忧郁并非常人的儿女私情式的情感煎熬，更不是杞人忧天式的胡思乱想，它是一种面对生命本体与社会的至深至大的忧患意

识。这种意识足以代表当时一代文人的精神苦闷，甚至可以说是对人生的生存状态的思索。由“生存还是毁灭”这段画龙点睛而又充满诗情哲理的人物独白，我们可以更清晰地看到这位心地至善的王子经历了怎样的一段思想历程，他又是如何思考和探索着人生的道路，来使自己的理想建立在活生生的现实之上。同时，由这番深沉的对命运的思索，我们也不难找出他行动的原因。

“生存还是死亡”，这是哈姆莱特在这种矛盾的驱使下思考问题的发端，同时，也是他最终需要仔细思索而要回答自己的最关键的一问。这时的毁灭不仅仅意味着“摆脱这一具朽腐的皮囊”，同时意味着“默默忍受命运的暴虐的毒箭”，即甘愿忍受现实的一切苦难。对于个人来说，这“死了；睡着了；什么都完了”，似乎倒是一种更安静的闲适的活法，再也没有百事劳其形，万忧扰其心，人世间的一切嘈杂、吵闹、肮脏、卑鄙都将离他而去；但这并不能使他满足，毕竟这不是一个真正的“人”的生活，因为人不同于动物之处在于它有精神追求——“睡着了；也许还会做梦”，“在那死的眼睛里，究竟还要做些什么梦，那不能不使我们踌躇顾虑”。对于理想世界的追求，他不会为了肉体的苟且偷生而使它熄灭。个人精神固然不可压抑，可他更为关心的还不止于此，看吧——“要是在这一种睡眠之中，我们心头的创伤以及其他无数血肉之躯所不能避免的打击，都可以从此消失，那正是我们求之不得的结局。”他更为担心的是“无数的血肉之躯”会不会有所改善，这是一种对于全人类生命的忧患意识，无论他怎样做，这思考本身就具有无限的价值。

哈姆莱特作为一名王子，正如他自己所想的，完全有决心、有能力、有办法为父王报仇；或者还可以只有一具皮囊，苟且偷生，等待着继承王位。可以说，王位终究是他的，但这并不能使他沉醉、安于现状。父王的被害固然令他愤怒不已，但由此引发的一系列事件，都使他更加失望。他开始认识到，这个世界原来充满了欺骗、虚伪、狡诈、卑鄙甚至血腥味，再不是一如他所想象的和谐、美丽、真诚与温和。理想与现实的巨大反差使他开始重新思索自己的道路，要么生存，要么毁灭。但是，他不愿在黑暗力量的压迫下屈服呻吟，苟且偷生，他要担负起历史的艰苦使命，为了无数生灵不再遭受暴虐的打击与创伤，他必须“挺身反抗人世的无涯的苦难”，通过斗争，扫除黑暗，扭转乾坤。也许，这种思想并不能立即付诸具体的行动，甚至需要很长时间的摸索，但是他“愿意负着这样的重担”。久困于患难之中，尽管要忍受人世的鞭挞和讥讽、压迫者的凌辱、傲慢者的冷眼、官吏的横暴以及费尽辛勤所换来的小人的鄙视。但惟有如此，他才会寻找到生命的价值所在；也惟有如此，才会通向更伟大的事业。至此，我们不难看出，哈姆莱特已将为父王报仇这件事做了更为深广和久远的思索，他已由个人之愤怒转向了一种更为深沉的对于广大人世的忧郁。他的理想并没有破灭，他当然也不会因现世的丑恶而放弃对理想的追求，只是这种理想将建立在现实的基础上，更具有它的真实性。这种思索本身就是对生命意义与价值的把握，同时它又具有深厚的现实根基。

总之，哈姆莱特这段内心独自，是我们理解他性格特征之谜的一把钥匙。它既真切表现了他极度困惑、痛苦挣扎的思想搏斗，也显现了生命成熟后所感悟出来的道理。这段独白是人物性格发展中的一个重要环节与转折，历来被视为全剧的精彩华章和经典独白。同时，这段独白自问世以来，之所以能引起历代读者的强烈共鸣和经久传颂，还因为它概括了自人类历史以来，一切先进人物在现实矛盾面前的某些共同的遭遇、心理、精神状态和性格特征，具有永恒的意义。

该独白在艺术上也颇有特点。其中之一是排比的运用。如

“谁愿意忍受人世的鞭挞和讥嘲、压迫者的凌辱、傲慢者的冷眼、官吏的横暴和费尽辛勤所换来的小人的鄙视……”这几句罗列一系列不愿意承受的苦难，读起来酣畅淋漓，如江河日下，极有气势，这就增强了作品的感染力，也表达了哈姆莱特在残酷的现实面前心理的巨大失衡和愤怒的控诉。

另一点是对比。作者开头就提出了“生存还是毁灭”的问题，然后用“苟且而活”与“斗争而死”加以对比，极其高明地刻画了哈姆莱特想进行斗争，却又害怕升入天国面对不可知的痛苦的矛盾心情。

再看比喻，“默默忍受命运的暴虐的毒箭”，是比喻；“惧怕那从来不曾有一个旅人回来过的神秘之国”，还是比喻；两个比喻无不生动形象，而且使语言简练蕴藉，留给人耐人寻味的余地。

另外，该独白语气贯通，气势磅礴，长、短、整、散句交错运用，极为准确地表达了主人公丰富而复杂的感情世界。就全篇来看，它起到了承上启下的重要作用，对于塑造人物形象、表达中心思想以及推动故事情节的进展，都起着举足轻重的作用。

真正的伟大

一个人要把生活的幸福和目的，
只看作吃吃睡睡，
他还是个什么东西？
简直不过是头畜牲！
上帝造下我们来，
使我们能够这样高谈阔论、瞻前顾后，
当然我们要利用他所赋予我们的这一种

　　能力和灵明的理智，
不让它们白白废掉。
现在我们有理由、有决心、有力量、有办法，
可以动手干我所要干的事，
可是我还是在大言不惭地说：
“这件事需要做。”
可是始终不曾在行动上表现出来；
我不知道这是因为像鹿豕一般的健忘呢，
还是因为三分懦怯一分智慧的过于
　　审慎的顾虑。
像大地一样显明的榜样，都在鼓励我；
瞧这一支勇猛的大军，
领队的是一个娇美的少年王子，
勃勃的雄心振起了他的精神，
为着区区弹丸大小的一块不毛之地，
拼着血肉之躯，
去向命运、死亡、危险挑战。
真正的伟大不是轻举妄动，
而是在荣誉遭受危险的时候，
即使为了一根稻草之微也要慷慨力争。

（朱生豪译《哈姆莱特》第四幕第四场）

主人公哈姆莱物是位丹麦王子，父亲的死使他决心复仇。当哈姆莱特误杀大臣波洛涅斯后，克劳狄斯深感哈姆莱特的存在对他的巨大威胁；遂决定将哈姆莱特送往英国，并私下密令英王杀死他。

这里所选就是哈姆莱特被送往英国之前在丹麦原野的一段内

心独白。哈姆莱特在原野上遇到挪威王子福丁布拉斯率军借道丹麦进攻波兰，福丁布拉斯争夺弹丸之地而视死如归的精神刺激了他，使他认识到自己的优柔寡断。首先，他以人文主义者的身份思考人与动物的区别：“一个人要是把生活的幸福和目的，只看作吃吃睡睡，他还是个什么东西？简直不过是头畜牲。”哈姆莱特认为人之所以与蛮横的禽兽不同，在于人有思想和智慧，有“能力和灵明的理智”。然而，事实上哈姆雷特耽于冥想而失去了行动的力量。他的知觉过于活泼，敏感而犹豫不定，思索而一再延宕，精力花费在复仇的计划上，头脑总是被内心世界占据，这种想象力的膨胀使他失去了行动的力量，仅仅满足于怀疑得到了证实，满足于试验获得了成功，而不是将心中的思索付诸行动。认识到这一点使哈姆莱特独自承受了思考与行动的失调带来的更大痛苦。他为自己的弱点自责，尽力说服自己摆脱它。“我不知道这是因为像鹿豕一般的健忘呢，还是因为三分懦怯一分智慧的过于审慎的顾虑。”他的主导感情是思想，而非行动，任何模糊的借口都使他远离目标。现在，他看到福丁布拉斯英勇的身影时，不禁责备自己的一再延宕，终于克服软弱，鼓起勇气，决心“拼着血肉之躯，去向命运、死亡、危险挑战”。然而，哈姆莱特始终是冥想者之王，即使在这时，他也仍保持着思虑的理智。“真正的伟大不是轻举妄动，而是在荣誉遭受危险的时候，即使为了一根稻草之微也慷慨力争。”

这是一段具有深邃思想的内心独白，它表现了哈姆莱特的人文思想，也展示了他内心的矛盾冲突，表现了他忧郁、延宕、优柔寡断、耽于沉思的性格特点。而他对自己柔弱性情的谴责，最终奋而行动的决定则是推动全剧发展的重要心理动因。

（孙彩霞）

不知为了什么缘故

我近来不知为了什么缘故，
一点兴致都提不起来，
什么游乐事都懒得过问；
在这一种抑郁的心境之下，
仿佛覆载万物的大地，
这一座美丽的框架，
只是一个不毛的荒岬；
这个覆盖众生的苍穹，
这一顶壮丽的帐幕，
这个金黄色的火球
点缀着的庄严的屋宇，
只是一大堆污浊的瘴气的集合。
人类是一件多么了不起的杰作！
多么高贵的理性！
多么伟大的力量！
多么优美的仪表！
在行为上多么像一个天使！
在智慧上多么像一个天神！
宇宙的精华！万物的灵长！
可是在我看来，
这一个泥土塑成的生命
算得了什么？
人类不能使我发生兴趣；
不，女人也不能使我发生兴趣，

虽然从你现在的微笑之中，
我可以看到你这样想。

(朱生豪译《哈姆莱特》第二幕第二场)

哈姆莱特这段热情激昂的独白，运用排比、比喻的手法，以排山倒海的气势赞美了人类和世界，认为人是“宇宙的精华”、“万物的灵长”，像天神一样高贵和伟大，体现了他作为人文主义者对人的地位、人的尊严、人的价值、人的智慧的肯定，这也正是哈姆莱特未遭变故前作为快乐王子时对世界和人类的看法。生长在父母恩爱、家庭和睦的氛围中，他乐观开朗，追求理想，再加上在国外所受的人文主义教育，他很容易就认为世界和人类是美好的。然而如今，父亲被害、母亲改嫁、朋友背叛、情人远离、大臣见风使舵……到处是邪恶，到处是罪行，美好的世界突然倾塌，一系列的打击一下子压在毫无任何思想准备的哈姆莱特身上，他陷于理想破灭的黑暗当中。于是，美好的世界变成了“不毛的荒岬”、“一大堆污浊的瘴气的集合”；人类也令他大失所望，再不是什么“了不得的杰作”。他对现实的观察越深，他的失望也就越大，以至于对自己原来的理想都发生了怀疑，精神上也变得忧郁寡欢。这种忧郁正是他理想与现实脱节、信念发生动摇、思想陷入危机的表现。

从这段独白中，我们可以清楚地看到，哈姆莱特心中纷然杂陈着两种相互矛盾的思想：一方面是对人类的热爱和赞美，另一方面是对人类迷恋权欲、物欲、肉欲的厌恶。这既表现出他对社会生活的深刻思考，又说明当时的哈姆莱特还处在犹豫时期。莎士比亚在人物独白中用前后矛盾法以烘托哈姆莱特遭受一系列巨大打击后的内心矛盾，同时，既用排比和比喻突出人类的伟大，又用比喻“不毛的荒岬”、“污浊的瘴气”加以否定，更进一步强化了哈姆莱特内心的痛苦与忧郁，从而给我们塑造出一个立体、丰满而又充满张力的哈姆莱特形象。

（孙彩霞）

给我一些树根充饥吧

泥土，给我一些树根充饥吧！
谁要是希望你给他更好的一些东西，
你就用你最猛烈的毒物餍足他的口味吧！
咦，这是什么？金子！
黄黄的、发光的、宝贵的金子！
不，天神们啊，
我不是一个游手好闲的信徒；
我只要你们给我一些树根。
这东西，只这一点点儿，
就可以使黑的变成白的，
丑的变成美的，
错的变成对的，
卑贱变成尊贵，
老人变成少年，
懦夫变成勇士。
嘿！你们这些天神们啊，
为什么给我这些东西？
嘿！这些东西会把你们的祭司和仆人
从你们身旁拉走，
把壮士头颅底下的枕垫抽去；
这黄色的奴隶可以使

异教联盟，同宗分裂；
它可以使咒诅的人得福，
使害着灰白色的癞病的人
为众人所敬爱；
它可以使窃贼得到高爵显位，
和元老们分庭抗礼；
它可以使鸡皮黄脸的寡妇重做新娘，
即使她的尊容会使身染恶疮的人见了呕吐，
有了这东西也会恢复三春的娇艳。
来，该死的土地，
你这人尽可夫的娼妇，
你惯会在乱七八糟的列国之间挑起纷争，
我倒要让你去施展一下你的神通。
嘿！鼓声吗？你还是活生生的，
可是我要把你埋葬了再说。
不，当那看守你的人已经疯瘫了的时候，
你也许要逃走，
且待我留着这一些作质。

（朱生豪译《雅典的泰门》第四幕第三场）

这段著名独白出自莎士比亚中期创作的最后一个悲剧《雅典的泰门》。这个悲剧淋漓尽致地批判了以金钱为杠杆的社会观念、社会心理，较早地揭示出资本主义与生俱来的腐朽性，表现出作者作为人文主义巨人的锐利的目光、深刻的洞察力以及清醒的现实主义头脑。剧中的泰门是一个最后远离人类的恨世者形象。作者在他身上寄寓了丰厚而深刻的人生概况。

在这段精彩的独白中，作者借主人公泰门之口从金钱的关系直接批判了资本主义社会的罪恶，用生动形象的语言描绘了金钱的罪恶作用，揭露出在资本主义社会里，人与人之间的关系怎样被金钱关系所代替。剧中的主人公泰门原是雅典城中一位慷慨大方、乐善好施的贵族，却因为好客而倾家荡产，负债累累，而他昔日的一些好友也以种种理由为借口拒绝帮助他。这段独白就是在他四处碰壁，看清了世态炎凉之后所抒发的情感。

在独白的开头，泰门先是赞美金子的外表："黄黄的，发光的"，而紧接着他又说他宁可以树根充饥，也不愿要这"宝贵的金子"。为什么呢？因为"这东西，只这一点点儿，就可以使黑的变成白的，丑的变成美的，错的变成对的，卑贱变成尊贵，老人变成少年，懦夫变成勇士"。可见这金子真是"力"大无比呀！它可以改变人的外形、美丑、性质、尊卑、年龄……一切的一切，足见金钱在资本主义社会中所拥有的无可比拟的威力。而主人公的意图并不仅在于说明金子的威力，而是要向人们揭露它背后所隐藏的邪恶与丑陋。在接下来的一连串的独白中，泰门栩栩如生、细致入微地为人们阐释了金钱的最大功能，那就是它可以颠倒是非曲直，混淆真假黑白。正是因为金钱所具有的这种邪恶的魔力，才使得人们执著地追求它。也正是由于这种原因，才使得整个资本主义社会人与人之间的关系变成了赤裸裸的金钱关系。这是泰门对黄金的罪恶所作的愤怒的控诉。因为他自己就是这个金钱主宰一切的社会的牺牲品，所以他才会更清晰、透彻地看到这个社会的黑暗与腐朽。

马克思认为泰门这段有关金子的独白绝妙地描绘了货币的本质。的确，在这段独白中，莎士比亚借泰门之口形象地描述了金子这一货币的交换本质的属性，更加证明了莎士比亚在这部悲剧中表现出来的现实主义的倾向。

在表现手法上，作者运用了大量鲜明的对比和连珠炮式的排比句，使得语势犀利磅礴，对社会、金钱、人性的极尽讽刺、挖苦达到了震撼人心的效果。乞儿与元老们、乞儿与大臣、才人与愚夫、老人与少年、寡妇与新娘等一系列的对比，突出抒发主人公的愤怒感情，使读者对金子作为货币的本质一目了然，并引起强烈的共鸣。排比的使用也大大加强了语言的气势，文中一连用了三个“它可以”，写尽了人性在金钱面前的懦弱，揭示了人性之弊端，并对之深恶痛绝。

我讨厌

我讨厌这个虚伪的世界和这个世界上
所有的一切，
所以，泰门，
赶快预备你的坟墓吧；
安息在海水泡沫可以每天打击你的墓碣的
地方；
刻下你的墓志铭，
让你的一死讥刺着世人的偷生苟活。
啊，你可爱的凶手，
帝王也逃不过你的掌握，
亲王的父子会被你离间。
你灿烂的奸夫，
淫污了纯洁的婚床！
你勇敢的战神！
你永远年轻韶秀、永远被人恋爱的娇美的
　情郎，
你的羞颜可以融化了狄安娜女神膝上的

　冰雪！
你有形的神明，
你会使冰炭化为胶漆，
仇敌互相亲吻！
你会说任何的方言，
使每一个人唯命是从！
你动人心弦的宝物啊！
你的奴隶，那些人类要造反了，
快快运用你的法力，
让他们互相砍杀，
留下这个世界来给兽类统治吧。

（朱生豪译《雅典的泰门》第四幕第三场）

这是《泰门》中极为精彩的一段独白。这段独白是泰门在经历由极富至极穷，由天上到地下的悲剧，并深切体会到世态炎凉后对金钱切齿痛恨的表白。

为了这一番顿悟，泰门付出了物质上和精神上的惨烈代价。

整个世界曾经是泰门的糖果作坊，人们的嘴、舌头、眼睛和心都争先恐后地等候着他的使唤，无数的人像叶子依附橡树一般依附着他，可经不起冬风一吹，他们便落下枝头，只剩下泰门赤裸裸的枯干，去忍受风雨的摧残。有谁从锦衣玉食沦为破衫烂衣，啃嚼树皮？有谁从被人众星捧月沦为被人避之不及？有谁从被人千般奉承沦为被人追着屁股要债？如果你是，你会理解泰门对一切一切的憎恨。一颗美好的心灵被残酷揉碎，泰门认识到这个世界是无法生活下去了，他要离开“这个虚伪的世界和这个世界上所有的一切”。他为自己挖掘坟墓，刻下墓碣。面对死亡，泰门没有伤心，因为他对这个世界已不抱任何希望。既然对这个世界无丝毫留恋，那又何必伤心呢？抛去这个令人作呕的肮脏的地方，又何尝不是一件乐事？

泰门不伤心，然而却是悲愤的。他已经成了一个极端的厌世者。他的死亡，是悲愤不平造成的。面对天大的不公，可以与它同流合污，可以苟且偷生，也可以以死来“讥刺着世人的偷生苟活”。泰门选择了后者。他在痛苦中喊出这段独白的时候，正是他最清醒的时候。他以财富、友谊、地位，甚至生命为代价，换得了一个对金钱世界的清醒认识。

虽然潦倒后的泰门又拥有了金子，但他已无法再从清醒回到糊涂，找回昔日曾有的快乐和满足。说出这一段可为时代立碑的独白之后，那个慷慨而善良的泰门也走到了生命的终点。

这段独白，与其说是泰门的独白，倒不如说是作者莎士比亚对金钱进行的最激愤的诅咒，是他内心对当时社会丑恶的血淋淋赤裸裸的揭露。那疯狂的言语，如潮涨的波浪，如松林的涛声，使人从内心深处喷涌出厌恶，厌恶金钱带来的丑陋，厌恶众人对金钱的屈膝献媚，厌恶金钱对贞操的蹂躏。几个世纪以来，还很少有哪个作家像莎士比亚这样以如此生动形象、极富诗意的语言揭示了金钱的罪恶。

吹吧，风啊

吹吧，风啊！
胀破了你的脸颊，
猛烈地吹吧！
你，瀑布一样的倾盆大雨，
尽管倒泻下来，
淹没了我们的尖塔，

淹没了屋顶上的风标吧！
你，思想一样迅速的硫磺的电火，
劈碎橡树的巨雷的先驱，
烧焦了我的白发的头颅吧！
你，震撼一切的霹雳啊，
把这生殖繁密的，饱满的地球击平了吧！
打碎造物的模型，
不要让一颗忘恩负义的人类的种子
遗留在世上！
尽管轰着吧！
尽管吐出你的火舌，
尽管喷你的雨水吧！
雨、风、雷、电，
都不是我的儿女，
我不责怪你们的无情；
我不曾给你们国土，
不曾称你们为我的孩子，
你们没有顺从我的义务，
所以，随你们的高兴，
降下你们可怕的威力来吧！
我站在这里，
只是你们的奴隶，
一个可怜的、衰弱的、
无力的、遭人贱视的老头子。
可我仍然要骂
你们是卑劣的帮凶，
因为你们滥用上天的威力，

帮同两个万恶的女儿
来跟我这个白发的老翁作对。
啊！啊！这太卑劣了！

（朱生豪译《李尔王》第三幕第二场）

这是取自《李尔王》中李尔在“暴风雨”一场中的一段独白。“暴风雨”一场历来被视为《李尔王》剧情发展的重要转折点，它对李尔王性格的塑造起着尤为关键的作用。莎士比亚在剧中也特别突出暴风雨一场。李尔原是一个久居王位、大权独揽的专制君主，他刚愎自用，骄横恣肆，喜怒无常，偏爱谗佞，不听忠言，是个十足的暴君。他甚至认为自己的权威是与生俱来的，即使让出王位也能保持国王尊严。然而，无情的现实将他的狂妄幻想击得粉碎。当他交出了全部国土和权力的时候，他也就一无所有了。他从最高统治者的宝座跌入了黑暗的地狱，成了一个贫穷的、“可怜的、衰弱的、无力的、遭人贱视的老头子”。在受到大女儿和二女儿的种种虐待后，终于在一个暴风雨之夜被逐出家门，流落荒野。

在令人恐怖的荒野的黑夜里，李尔光着头，在惊雷骇电、狂风暴雨中狂奔。他扯下自己的一根根头发，让挟着愤怒的暴风把它们卷得不知去向。他高声呐喊：“吹吧，风啊！胀破了你的脸颊，猛烈地吹吧！”“雨、风、雷、电，都不是我的女儿，我不责怪你们的无情”，因为“我不曾给你们国土，不曾称你们为我的孩子，你们没有顺从我的义务，所以，随你们的高兴，降下你们可怕的威力来吧！”此时的李尔已经完全不在乎自然界的狂风骤雨的侵袭了，而是彻底沉浸在对“两个万恶的女儿”的不孝与卑劣的满腔愤怒与巨大痛苦之中。在他看来，自然界的风、雨、雷、电对他的击打都远不及不孝之女带给他的伤害大。他想宣泄胸中的愤懑和痛苦，却找不到适合他的方式，于是孤独无助的他只能高喊，让“电火”“烧焦了我的白发的头颅吧”，让“霹雳”“把这生殖繁密的，饱满的地球击平了吧”，“不要让一颗忘恩负义的人类的种子遗留在世上！”他想当面诅咒两个无情无义的不孝女儿，然而她们又都不在眼前，于是又迁怒于大自然：“可是我仍然要骂你们是卑劣的帮凶，因为你们滥用了上天的威力，帮同两个万恶的女儿来跟我这个白发的老翁作对。”在经历了心灵和肉体的残酷折磨和巨大痛苦之后，李尔的思想感情产生了质的变化。他开始推己及人，想到了成千上万的无家可归的人民，他们无衣无食，饥寒交迫，受尽了人间的苦难。只有当他放弃了最高特权、沦落成普通人后才真正知道人民的生活多么困苦。他自己也才真正受到生活的洗礼，更认识到自己过去的愚昧、残暴和偏见。在这个过程中，他用痛苦的经历洗涤了自己心灵的污垢，意识到国王的宝座使他对人民的疾苦麻木不仁。他说：“啊！我一向太没有想到这种事情了。”于是提出：“安享荣华的人们啊，睁开你们的眼睛来，到外面来体味一下穷人所忍受的苦，分一些你们享用不了的福泽给他们，让上天知道你们不是全无心肝的人吧！”当认识到这个事实后，他不能不为自己过去的行为感到内疚，感到羞耻，从而自我谴责。他听任狂风暴雨的击打，让电火“烧焦了我的白发的头颅”，就隐含着这种自责。

因此，诗中的暴风骤雨、响雷闪电，既是鞭挞一个有过罪恶的往日君王的力量，又象征着突然降临在李尔头上的巨大灾难，更是摧毁旧世界、旧秩序的力量，同时也昭示着李尔踏上了一条与人民大众结合在一起的自新之路。难怪 19 世纪俄国著名批评家杜勃罗留波夫在《黑暗的王国》一文中说：开始看到李尔时，“我们对这个狂妄的暴君感到憎恨，但是随着剧情的发展，我们对他像对一个平常人似地愈来愈和解了，而最后，我们所怀的愤恨和憎恶已经不是对他而发，反而是为他而发，同时也为整个世界而发，我们憎恨那种野蛮的非人的境遇，它甚至可以使像李尔这类的人也走投无路”。可见，作者对李尔最初的专横暴虐持抨击和批判态度，而当他历经暴风雨的洗礼开始成为一个具有人文主义情怀的人之后，作者又对他表示肯定和赞美，将他写成一个获得了真理的巨人。

在艺术上，这段独白最突出的特点，是以自然界的暴风雨为烘托，抒写李尔内心的暴风雨，极巧妙地将李尔内心深处的狂涛巨澜和怒不可遏的愤懑之情具体、生动、形象地表现了出来，从而使外在的暴风雨与内在的暴风雨有机地融为一体。诗中一系列排比句式的运用，进一步揭示、强化了主人公内心的冲突与矛盾，混乱与骚动。另外，暴风雨所蕴含的丰富意象使该独白极具内在的艺术张力，获得了经久不衰的艺术魅力。它对后世许多作家的创作都产生了深远的影响。我国著名文学家郭沫若的历史剧《屈原》中的“雷电颂”的描写，就深受这段独白的启发和影响。

我摘下了蔷薇

只是为了这一个原因，
只是为了这一个原因，
我的灵魂！
纯洁的星星啊，
不要让我向你们说出它的名字！
只是为了这一个原因……
可是我不愿意溅她的血，
也不愿意毁伤她那

比白雪更皎洁、比石膏更腻滑的肌肤。
可是她不能不死，
否则她将更要陷害更多的男子。
让我熄灭了这一盏灯，
然后我就熄灭你的生命的火焰。
融融的灯火啊，
我把你吹熄以后，
要是我心生芥悔，
仍旧可以把你重新点亮；
可是你，造化最精美的形象啊，
你的火焰一旦熄灭，
我不知道什么地方有那天上的神火，
能够燃起你原来的光彩！
我摘下了蔷薇，
就不能再给它已失的生机，
只好让它枯萎凋谢；
当它还在枝头的时候，
我要嗅一嗅它的芳香。
啊，甘美的气息！
你几乎诱惑公道的心，
使她折断她的利剑了！
再一个吻，
再一个吻。
愿你到死都是这样；
我要杀死你，
然后再爱你。
再一个吻，

这是最后的一吻了；
这样销魂，却又是这样无比的惨痛。
我必须哭泣，
然而这些都是无情的眼泪。
这一阵阵悲伤是神圣的，
因为它要惩罚的
正是它最疼爱的。

（朱生豪译《奥瑟罗》第五幕第二场）

《奥瑟罗》是莎士比亚的四大悲剧之一。它反映的是威尼斯大将、黑皮肤的摩尔人奥瑟罗与不顾种族、门第偏见的阻挠，钟情于他的贵族小姐苔丝狄蒙娜的爱情悲剧。奥瑟罗手下的旗官伊阿古因怀恨奥瑟罗把副将的职位给了凯西奥，便施毒计诬陷凯西奥和苔丝狄蒙娜有奸情，故意挑拨奥瑟罗和苔丝狄蒙娜的感情，致使奥瑟罗轻信谗言将妻子杀死。真相大白后，奥瑟罗追悔莫及，痛不欲生，以自杀来惩罚自己。罪魁祸首伊阿古被当场捉拿，处以极刑。

此处所选是奥瑟罗在扼杀睡梦中的爱妻苔丝狄蒙娜之前发自肺腑的一段动人心魄的抒情独白。此时此刻的奥瑟罗早已中了恶魔般的奸徒、阴谋家伊阿古的奸计，痛苦的心里交织着嫉妒、怨恨和爱恋的感情。他爱极生恨，惟其爱得深刻，才恨得强烈。正因为他将妻子的爱和忠贞视为自己生命的支柱，所以当他听信谗言而误以为妻子不忠于爱情、背信弃义时，他才觉得自己的心灵失去了归宿，生命失去了寄托。其实，对具有人文主义新思想的奥瑟罗来说，维护人与人之间的真诚关系这一人文主义者所信奉的原则，是其杀妻的重要原因之一。奥瑟罗对苔丝狄蒙娜的惩罚，决不单纯是一个男子汉对失节的妻子的报复。在开始的时候，激情曾经蒙蔽过他，他的一些行为举止像个嫉妒的丈夫。当他确信苔丝狄蒙娜有罪之后，盲目的激情就过去了。他以一个公正的法官的身份，从人性理想的高度来审判她。他觉得苔丝狄蒙娜不仅欺骗了自己，而且成了整个欺骗的化身。他把对妻子的惩罚看作是伸张正义，捍卫人与人之间的信任，“为了这一个原因”，苔丝狄蒙娜“不能不死，否则她将更要陷害更多的男子”。

但是，心中炽烈的爱火又使奥瑟罗对妻子一往情深。他对苔丝狄蒙娜的礼赞，可以编入爱情的经典语汇词典，再没有谁像他那样吟出更深沉的咏叹了。也许是他感到：“你的火焰一旦熄灭，我不知道什么地方有那天上的神火，能够燃起你原来的光彩！我摘下了蔷薇，就不能再给它已失的生机”，因此那一份爱恋之情较之常态下的体验更为浓烈。杀机既然是不可逆转的，对妻子的美的珍视便愈加真诚、强烈。于是我们看到，他要杀她，却又要“再一个吻，再一个吻”地吻她；他既感到“销魂”，却又感到“无比的惨痛”；甚至说出“我要杀死你，然后再爱你”这样撼人心魄的泣血之语。这是何等冰火不容的荒谬啊！然而，惟其荒谬，也才从一个独特的视角表现了奥瑟罗对苔丝狄蒙娜的非同寻常的痴情，揭示了他痛苦、矛盾的内心世界。

总之，这段独白对奥瑟罗杀妻前爱与恨、理性与情感相互交织的矛盾痛苦心情展示得淋漓尽致，生动深刻，让我们清楚无误地看到了在奥瑟罗汹涌起伏的情感浪潮中，主持正义、惩罚邪恶的决心是如何最后下定的。

人生是一个行走的影子

她反正要死的，
迟早总会有听到这个消息的一天。
明天，明天，

再一个明天，
一天接着一天地蹑步前进，
直到最后一秒钟的时间；
我们所有的昨天，
不过是替傻子们照亮了死亡的土壤中去的路。
熄灭了吧，熄灭了吧，
短暂的烛光！
人生不过是一个行走的影子，
一个在舞台上指手画脚的拙劣的伶人，
登场片刻，
就在无声无息中悄然退下；
它是一个愚人所讲的故事，
充满着喧哗与骚动，
却找不到一点意义。

（朱生豪译《麦克白》第五幕第五场）

《麦克白》是莎士比亚的著名四大悲剧之一，主要写麦克白堕落、犯罪的过程，即从一个外御强敌内平叛乱的国家功臣，堕落成为一个杀君篡位、嗜血成性的封建暴君的过程。

苏格兰大将麦克白和班柯镇压叛乱，抵御外敌胜利归来，途经一荒野，遇见三个女巫，她们预言麦克白本人和班柯的后代将做苏格兰国王。女巫们的预言，使麦克白野心勃发。回朝以后，麦克白在夫人的怂恿下，趁苏格兰国王邓肯在他家做客之机，将他杀死，并嫁祸于人。邓肯的两个儿子见势不妙逃至国外。于是，王位便很自然地落到国王近亲麦克白的手中。麦克白为了确保王位巩固，掩盖自己弑君真相，就派人暗杀班柯于赴宴途中。宴会上班柯鬼魂出现，麦克白见状大惊，引起四座贵族的猜疑。

此后国中流言四起，麦克白终于生活在疑虑不安之中。他企图杀害贵族麦克德夫，后麦克德夫逃至英国，他就杀了麦克德夫的妻子、儿女和仆人。与此同时，麦克白夫人受自己所犯罪恶的折磨，发疯而死。麦克白众叛亲离，最后被逃往英国的麦克德夫和邓肯的儿子兴兵讨伐，战败被杀。由于该剧情节由一连串的谋杀和死亡构成，对主要人物着重刻画其内心世界的善恶冲突与矛盾痛苦，因此全剧自始至终笼罩着紧张、恐怖、阴郁的气氛。

这段著名独白是麦克白听到夫人的死讯后发出的，它对于透视麦克白的思想深层的裂变具有重要的美学价值。麦克白曾经正直善良，功勋卓著，受人敬仰。然而，他未能经受住权欲的诱惑和野心的驱使，终于走上了可耻的毁灭之途。毁灭之前，他对于自己的所作所为有了较清醒的认识，对于生命也有了片刻的超脱。他发出了惊人的誓语，人生不过“是一个愚人所讲的故事，充满着喧哗和骚动，却找不到一点意义”。他深深地意识到，当他拥有了暂时的王位，却丝毫没有权欲得到满足的快感，相反，他不择手段换来的一切都已成为虚无！他的精神崩溃了。

因此，当麦克白听到夫人死讯之后，是那样无动于衷，血腥的道路已使他的感情完全麻木了，特别是再不能为悲惨所动。他那“太多的人情的乳臭”已消失殆尽；曾经那么热烈牢固地占据他心灵的爱情，早已让位于罪恶。在他目前所处的状态中，死亡和时间都变得毫无意义。我们看到，“她反正要死”是和“迟早总会有听到这个消息”连在一起的；时间的概念也变得凌乱无序了。“明天”，好像就在现在的时间里爬行、蠕动，而过去——“我们所有的昨天”——也被他喻为生活的形象而把它视为现在。他的思想已经集中在时间进程的乏味的重复和意义全无上面，而这就是人生。

莎士比亚在这段独白中，巧妙地化用了《旧约·诗篇》第一百四十四篇四节的“我们的日子如同影子一样转瞬即逝”、第九十篇九节的“我们度过的岁月如同一个讲述完了的故事”和《传道书》第十二章八节的“虚空，虚空，万事都是虚空”，异常深刻地揭示出麦克白在生命行将结束之前四面楚歌、孤独无助和悲凄绝望，震撼人心地表现了这个双手沾满血迹的野心家在众叛亲离、穷途末路中的悔悟，以及痛感悔悟已晚、无可奈何后对于人生信念的彻底崩溃和精神意志的大毁灭。

第三部分

西方莎士比亚批评史略

莎士比亚是人类文化史上的一个伟大奇迹，他的戏剧作品是一座巨大而神奇的艺术宝库，是欧洲戏剧发展史上第二个高峰的伟大代表。他的作品自问世迄今，获得了历代学者、评论家、作家等广泛而深入的研究和评价。其中既有众多热情的赞赏，公允理性的认知，又有片面的指责和否定，甚至恶意的诋毁。这就构成了一部形形色色、洋洋大观的莎士比亚批评史，一部浓缩着历代人们的审美观念、价值理想、欣赏趣味的莎士比亚接受史。回顾这段漫长而有意味的批评史和接受史，不仅有助于我们全面、完整地理解莎士比亚艺术的本质和特色，而且有助于我们掌握文艺批评的规律，提高我们的鉴赏水平和理论水平，同时也让我们更清楚更理性地感知“经典”诞生的风雨历程。

第一章　莎士比亚同时代的评论

最早的莎士比亚评论可以追溯至莎士比亚生活的时代。莎士比亚的创作给他的同时代人留下了深刻的印象。我们从一些资料中得知，莎士比亚的作品不仅大受公共剧场的观众的欢迎，而且也获得了当时不少诗人、剧作家和学者的好评。当时的学者安东尼·斯考洛科称莎士比亚的戏剧触动了平民百姓的心。诗人列奥纳德·迪格斯在一篇序诗中生动地描绘了莎士比亚戏剧演出时受观众欢迎的盛况：

> 看，福斯塔夫走了出来，
> 哈尔、波因斯、还有其余的角色塞满舞台，
> 全都搅在一起。看贝特丽丝
> 和培尼狄克在一瞬间已经相爱。
> 便宜的顶座、昂贵的包厢都已挤满观众，
> 看穿着十字袜带的马伏里奥受人捉弄。[①]

迪格斯还断言，莎士比亚将因自己的作品而“永生于所有的时代”。还在莎士比亚处于创作初期时，弗兰西斯·密尔斯（1565—1647）就在其文集《智慧的宝库》（1598）一书中，对莎士比亚极尽赞美之辞，认为他写的诗歌具有奥维德式的温柔敏

---

① 张泗洋等：《莎士比亚引论》（下），中国戏剧出版社 1989 年版，第 372 页。

妙，《维纳斯与阿都尼》和《鲁克丽丝受辱记》写得甜美流畅，十四行诗写得妩媚动人。而且，他高度评价莎士比亚是英国戏剧舞台上同时擅长喜剧与悲剧这两种戏剧形式的最杰出的大师，是英国民族的骄傲。

不过，在莎士比亚同时代人的评论中，最值得大书特书一笔的是著名戏剧家兼学者的本·琼生（1572—1637）的评论。他被认为是那个时代莎士比亚评论的集大成者。1623 年，即莎士比亚去世的第七年，其戏剧界的亲朋好友搜集并编印出版了第一个莎士比亚戏剧集，也就是后人所称的“第一个对开本”。为祝贺该集的出版，琼生特用诗歌的形式，写下《题威廉·莎士比亚先生的遗著，纪念吾敬爱的作者》作为该集冠首的题词。这篇题词虽然理论成分不多，但却从此确立了莎士比亚在英国和世界戏剧史上的崇高地位，因此是迄今留下来的同时代人莎评中最著名的一个历史文献，具有重要价值。题词开宗明义：

莎士比亚，不是想给你的名字招嫉妒，
这样竭力赞扬你的人和书；
说你的作品简直是超凡入圣，
人和诗神怎样夸也不会过分。
这是实情，谁也不可能有异议。

接着琼生热情洋溢地赞扬莎士比亚为“时代的灵魂”、“诗界泰斗”和“戏剧元勋”。为说明这一问题，他将莎士比亚同古希腊、罗马的著名悲剧家和同时代的戏剧家进行了比较与评说，从而确立了莎士比亚在英国和世界文学史上文学大师的崇高地位：

我的莎士比亚，起来吧：我不想安置你

在乔叟、斯宾塞身边，卜蒙也不必
躺开一点儿，给你腾出个铺位：
你是不需要陵墓的一个纪念碑，
你还是活着的，只要你的书还在，
只要我们会读书，会说出好歹。
我还有头脑，不把你如此相混——
同那些伟大而不相称的诗才并论：
因为我如果认为要按年代评判，
那当然就必须扯上你同辈的伙伴，
指出你怎样盖过了我们的黎里、
淘气的基德、马洛的雄伟的笔力。
尽管你不大懂拉丁，更不通希腊文，
我不到别处去找名字来把你推尊：
我要唤起雷鸣的埃斯库罗斯，
还有欧里庇得斯、索福克勒斯、
巴古维乌斯、阿修斯、科多巴诗才，
也换回人世来，听你的半统靴登台，
震动剧坛：要是你穿上了轻履，
就让你独自去和他们全体来比一比——
不管是骄希腊傲罗马送来的先辈
或者是他们的灰烬里出来的后代。
得意吧，我的不列颠，你拿得出一个人，
他可以折服欧罗巴全部的戏文。
他不属于一个时代而属于所有的世纪！①

---

① 杨周翰编选：《莎士比亚评论汇编》（上），中国社会科学出版社 1979 年版，第 12—13 页。

琼生对莎士比亚的论断已为历史所验证。尤其是“他不属于一个时代而属于所有的世纪”这句话，常为后人所引用，已成为莎评史上的经典名言。另外，值得一提的是，琼生并没有把莎士比亚的巨人成就仅仅“归之于天成”，而是既研究“天籁”（天然，自然）又重视“功夫”（艺术，匠心）的结果。因为“好诗人靠天生也是炼成”，谁想铸炼出莎士比亚笔下的“那样的活生生一句话”，“就必须流汗，必须再烧红，再锤打”。①

遗憾的是，由于时代的局限，琼生虽然预见到了莎士比亚作品的伟大，却未能作深入的分析和具体的评论，更多的具有直观感想式的特点。不过，他已粗略地涉及了莎士比亚在艺术上的一些独特性。首先，他把莎士比亚誉为“时代的灵魂”，② 这表明他已意识到了文学艺术创作中的一个真理，即伟大的作品总是时代精神的产物，认为莎士比亚的作品无论在思想内容还是艺术方式都是伊丽莎白时代的结晶；其次，他率先提出莎士比亚是“自然的诗人”这一说法，认为莎士比亚表现了自然本身：“天籁本身以他的心裁而得意，穿起他的诗句来好不喜欢！”③ 第三，他极力赞扬了莎士比亚的语言艺术。因此，他的观点为后世历代专家学者所高度重视。

需要指出的是，琼生并不认为莎士比亚的作品是十全十美，无可挑剔的。对莎士比亚作品中出现的一些漏洞和草率之处，他直言不讳地予以批评。在 1630 年出版的《发现集》中，他说：

---

① 杨周翰编选：《莎士比亚评论汇编》（上），中国社会科学出版社 1979 年版，第 14 页。

② 同上书，第 11 页。

③ 同上书，第 13 页。

"恕我直言，他很正直，有开朗而豪放的天性，出色的想象力，豁达的见解，优雅的表达。但他往往滥用自己的机敏，有时候他实在需要停笔三思……在许多地方他不免弄出笑话来……但他用自己的美德弥补了自己的缺点。在他身上，值得赞扬之处远多于需要原谅的地方。"① 这段话比较客观真实地反映了琼生对莎士比亚既不片面指责，又不过分奉承的态度，说明他并不是个盲目的崇拜者，而是一个批评家所具有的冷静理智的判断所致。他在题词中所说的"尽管你不大懂拉丁，更不通希腊文"，原意并非贬低莎士比亚，讲的可能是事实，但却为后来攻击莎士比亚的人提供了口实。

这一时期莎评的主流是赞誉和钦佩，而不是轻蔑和敌视。我们今天所熟知的恶意中伤、诋毁莎士比亚的唯一人物，是当时的剧作家、大学才子派首领罗伯特·格林（1558－1592）。他在临终前出版的自传《百万的忏悔换取的一先令的智慧》中说："有一只暴发户式的乌鸦，借我们的羽毛来美化自己，用演员的皮，包藏起虎狼之心；他以为能写几句无韵诗就能与你们中间最优秀的人媲美；他只是一个什么都干的打杂工，却自命不凡，把自己看作国内唯一震撼舞台的人。"② 这里的"震撼舞台"是影射莎士比亚的姓氏。从格林充满嫉妒、敌意的言词中，我们可以反观并感受到莎士比亚善于博采众长、为己所用及其在剧坛所获得的显赫成就。

总之，这一时期莎评的突出特点，正如有学者所指出的那样，由于此时文学评论尚未形成一门独立学问，既没有专门的批

---

① 张泗洋等：《莎士比亚引论》（下），中国戏剧出版社 1989 年版，第 375 页。

② 阿尼克斯特：《莎士比亚传》，安国梁译，中国戏剧出版社 1984 年版，第 76 页。

评家队伍，也缺少专门的批评文章，更未有明确的美学原则和固定的评论标准，致使对莎士比亚的评论更多的是属于那种直观的、零散的、片段的感受，而非理智的、系统的、完整的分析，充满了主观感情的色彩，甚至搀杂着利害关系与个人恩怨的因素。[①] 因此，真正意义上的莎士比亚评论应始于17世纪的中后期。

第二章　17世纪中后期的莎士比亚评论

17世纪是古典主义文学思潮占据统治地位的时期。因此，以古典主义审美原则衡量、评价莎士比亚的创作，就成为这一时期莎评的主流。不过，在如何运用这个批评尺度上，批评家们则分歧颇大。有的批评家把古典主义原则奉为金科玉律，对莎士比亚百般挑剔，横加指责；有的批评家则灵活对待古典主义标准，主张兼收并蓄各种规则。前者可视为古典主义莎评中的极端派，以剑桥毕业的历史传记作家兼批评家的莱莫为代表；后者属于古典主义莎评中的开明派，以英国文学批评之父德莱顿为旗帜。

莱莫（1641—1713）在批评文集《悲剧短评》中对莎士比亚大加指责，认为他写的悲剧“颠三倒四，乌七八糟，吵吵闹闹，没有内在的一致，没有一点理智的火花，没有任何规则能约束他狂放的心智”。[③] 他以《奥瑟罗》和《裘力斯·恺撒》为例，对莎士比亚极尽嘲笑与诋毁之能事。他说《奥瑟罗》从情节上看是荒诞的；人物和举止既不自然又不合宜：奥瑟罗的行为不符合威

---

① 张泗洋等：《莎士比亚引论》（下），中国戏剧出版社1989年版，第366页。

② 同上书，第379页。

尼斯大将的身份，伊阿古是戏剧与生活中都找不到的人，苔丝狄蒙娜则是一个十足的大傻瓜；在语言的表达和内涵上，连马嘶狗叫都不如。因此他下结论说，这部悲剧玷污了悲剧的名声，完全是一部没有任何意义且毫无味道的流血闹剧。[①] 对于《裘力斯·恺撒》，莱莫认为它不仅违背了自然和哲学，而且也歪曲了历史。莱莫拘泥于古典主义标准对莎士比亚机械教条的批评，遭到了诸多人的不满，所以得到了一个“有史以来最拙劣的批评家”的称号。[②]

在17世纪莎评中具有里程碑意义的批评家是德莱顿(1631—1700)。德莱顿是第一个全面、系统、深入、客观地分析莎士比亚创作的批评家。他的戏剧理论继承了亚里士多德的模仿说，吸收了文艺复兴时期文学批评家惯用的镜子说，从而奠定了英国17、18世纪新古典主义戏剧理论的基础。他对莎士比亚的评论主要包括在《论戏剧诗》、《论前一时代的戏剧诗》和《〈特洛伊罗斯与克瑞西达〉剧本序言》等三部评论文集中。特别是后者，集中表达了他对莎士比亚戏剧的见解。

在总体评价上，德莱顿并不亚于本·琼生。他在评论时并不局限于莎士比亚个人的视野，而是时时拿莎士比亚跟莎士比亚同时代著名剧作家弗拉丘来比较，认为莎士比亚要伟大得多。他称赞莎士比亚有一颗通天之心，能够了解一切人物和激情，因此他不愧是戏剧诗人之父，是今古诗人中的诗人。他对莎士比亚最为精彩的评论，也是他对莎士比亚批评最为重要的贡献，集中体现在人物性格塑造与激情描绘两个方面。

---

① 张泗洋等：《莎士比亚引论》(下)，中国戏剧出版社1989年版，第380页。

② 同上书，第381页。

1. 人物性格的塑造

德莱顿对人物性格理论有着极为深入的研究，认为好的人物性格的塑造必须具备以下几个重要原则：一是性格的明显性，人物必须在其言行中表现出一些鲜明的倾向；二是性格必须与人物的年龄、性别、地位等相吻合；三是相似性，即描写到传说或历史留传给我们一些关于人物的特性时，必须如实地去表现他，至少不与传闻中的他的性格相矛盾，因为诗人的本职不在使力赛斯成为一个急躁的人，或者阿喀琉斯成为一个耐心的人；最后，性格必须是经常的、平衡的。[①] 而“莎士比亚的长处之一”就是其“人物的性格常常是鲜明的，你看得到他们的意向和倾向。在这点上弗拉丘比他差得远，正如他在几乎一切方面都比莎士比亚差得远一样”。[②] 他认为“除了本·琼生以外，没有人刻画过那么多人物，或者那么好地使他们一般地区别开来”。[③] 他举例高度评价了莎士比亚所刻画的亨利四世、福斯塔夫和勃鲁托斯等人物形象，例如他说莎士比亚在指定亨利四世扮演国王和父亲的角色以后，就赋予他这二种身份的完美性格，不管是他与儿子们或者子民们交往时都一样。[④] 他甚至认为莎士比亚在运用想象力塑造超自然的人物形象时都是出色的。他特别详细分析了《暴风雨》中凯列班这一妖怪形象，认为莎士比亚从自身通达万物的敏感心灵出发，创造了一个自然界并不存在的人物，“这种大胆尝试初看来似乎不可容忍，因为他使这个人物自成一类，是一个恶魔在

---

① 杨周翰编选：《莎士比亚评论汇编》（上），中国社会科学出版社 1979 年版，第 22 页。

② 同上书，第 24 页。

③ 同上书，第 25 页。

④ 同上书，第 24 页。

巫婆身上所生的；但是这一点，如我在别处已经证明的，并没有完全超过可信的界限”。莎士比亚“从他对恶魔和巫婆的感觉中”创造出妖怪凯列班，并“最最明智地把人身、语言和性格给予了他，而这些无论从父亲方面或母亲的传统来说都是合适的。除了恰如其分的重大罪恶以外，这个妖怪有巫婆和魔鬼的全部不满和恶意；他的贪食、懒惰和淫欲是明显的；同样他也有一个奴才的颓唐情绪和成长于荒岛上的人物的愚昧无知。他的躯体可怖，他是不自然的淫欲的产物；他的语言就如他的身体一样的妖里妖气；在一切方面他是有别于其它人们的”。因此他断言：“与莎士比亚的人物相比，弗拉丘的人物是可怜而狭隘的，我想不起有哪一个不是从莎士比亚借来的……在这方面莎士比亚一般是值得我们模仿的，模仿弗拉丘不过是追随模仿者罢了。”①

值得注意的是，德莱顿已经意识到一种性格应该是和谐混融的多种因素的综合体。他说：“一种性格，或者说一种把一个人和其他所有的人区别开来的东西不能认为只包括某一特殊的美德、恶行或激情；它是许多在同一人物身上并不矛盾的因素的综合。因此同一个人物可以又大方又勇敢，但不能又大方又贪婪。”他称赞莎士比亚笔下的福斯塔夫就是融合协调了说谎、怯懦、贪婪、滑稽等多种因素的复杂人物。不过他又强调指出：“每个人身上必须显示出某一种压倒其它的美德、恶行或激情，例如克拉赛斯的贪财，勃鲁托斯对祖国的爱；在杜撰的人物中也是一样。”② 德莱顿关于性格的这一见识，不仅显示了他自身的可贵，

---

① 杨周翰编选：《莎士比亚评论汇编》（上），中国社会科学出版社 1979 年版，第 25—26 页。

② 同上书，第 22—23 页。

而且敏锐地触及到了莎士比亚作为一个艺术家的伟大和深邃之处。

2. 激情描绘

所谓激情，德莱顿有明确的界定："我不是说情节在观众心中激起的怜悯和恐惧之情；我是说表现在戏中这个或那个人物身上的愤怒、爱情、野心、妒忌、复仇等等情绪。"激情的描绘本属于性格表现的范畴，"在性格这个总标题之下激情自然是包含在内，属于人物的性格"。[①] 但相对而言，它又具有某种独立存在的重要价值，"自然地描写它们，巧妙地激动它们，这是能够给予一个诗人的最大的赞美"。德莱顿强调说："一个诗人必须天生有这种才能；但他如果不能自助，不能去获得关于激情的知识，认识它们的本质，激动它们的弹簧，那末他就会在不该激动它们的地方激动了它们，或者不能恰如其分地激动它们，或者激动过分超越了天然的界限，或者不能看出它们在冷却和衰退过程中的突变和曲折；所有这些缺点都是由于诗人缺乏判断力、由于他不精通伦理哲学的原则而产生的"。[②] 在他看来，莎士比亚不仅"创造了清晰可认的人物"，而且"他是了解激情的性质的"。这样，德莱顿在赞扬"莎士比亚有一颗通天之心，能够了解一切人物和激情"的同时，就为莎士比亚戴上了"天才"、"判断力"、"精通伦理哲学"的三重桂冠。作为莎士比亚表现激情的一个典型例证，德莱顿举出《理查二世》中被废黜的理查王和踌躇满志的波林勃洛克同时骑马穿越伦敦街头的那段著名的描写，并感喟该段描写是"那么生动"，"那么感人"，"我很少在其他语言里读

① 杨周翰编选：《莎士比亚评论汇编》（上），中国社会科学出版社 1979 年版，第 26 页。

② 同上书，第 26—27 页。

到任何可以与之相比的东西”。[①] 因此，德莱顿认为，莎士比亚的长处在于“描写雄壮的激情”，“擅长写男人和男人之间的事情”。比较言之，弗拉丘则“擅长写男女之间的事情”，“但是像荣誉、野心、复仇以及一般说来比较强烈的情绪他或者没有处理，或者处理得不够好”；即使说他“很好地处理了爱情”，但也是莎士比亚教他“怎样描写爱情”。总之，“他是莎士比亚的一鳞半爪”。[②] 应该说，德莱顿对激情的探讨，已经涉及后来 18、19 世纪莎士比亚评论中最引人注目的“情感”问题了。

另外，德莱顿最早看到了莎士比亚戏剧中所蕴含的不可忽视的重要思想内容。他虽然对这一问题没有展开详细讨论，但我们可以从其只言片语中看出他见地的深刻。例如，他说：“如果把莎士比亚描写激情的夸张之词全部删去，而用最庸俗的字句来表现它，我们仍旧能够发现留下来的美丽的思想；如果把他的虚文都烧尽了，熔炉的底里仍旧有着银子。”因此如果“我们模仿他的漂亮辞藻，而毫无他的思想，那就徒具外表”。

当然，德莱顿虽然极力推崇莎士比亚，承认他的伟大，但是由于他的古典主义审美立场，所以对莎士比亚创作中违反三一律、悲喜因素混合、幻想常常越出理智的界限、语言夸张、铸造新字异句等做法，又深感遗憾。这表明，德莱顿的观点是一种民族自豪感与古典主义审美趣味相结合的产物，但却由此奠定了 18 世纪英国古典主义莎评的基础。

17 世纪莎评是对莎士比亚创作的第一次“定性分析”。在古典主义度量衡的检验中，莎士比亚的作品被批评家们说长道短，

---

① 杨周翰编选：《莎士比亚评论汇编》（上），中国社会科学出版社 1979 年版，第 32 页。

② 同上书，第 33 页。

经受了一次最严峻的考验。而且，这一时期的莎评明显开始克服前期莎评中抽象泛论的不足，而转向对具体问题的集中探讨，它不仅提出了诸如人物塑造、激情描绘等具有重大意义的研究课题，而且开启了后来几个世纪莎评探讨的先河。因此可以说，17 世纪中后期的批评家们真正揭开了莎士比亚批评史的序幕。

第三章　18 世纪的莎士比亚评论

18 世纪是启蒙的时代，理性主义的光芒照耀整个欧洲。在这个时代，从批评的角度看，虽说古典主义的审美原则和批评标准仍占据主导地位，但不同于 17 世纪的是，批评家“对古典主义艺术规则的理解和运用，已经逐渐由形式转向内容，即保留了古典艺术中那些更具有普遍意义和永久价值的观点，而放弃了那些带有时代局限性的界说”。[①] 在这种大环境的影响下，莎士比亚评论标准的潜移默化也十分明显地体现出来，其显著标志是，这一时期的莎士比亚评论开始由古典主义审美批评向浪漫主义审美批评过渡。

英　国

18 世纪初，英国第一个莎评家是邓尼斯（1657—1734）。在《论莎士比亚的天才与创作》（1711）一文中，他遵循着德莱顿的思路，称莎士比亚是世界悲剧舞台上最伟大的天才之一，他有奔放、瑰丽的想象力，率直、深刻的判断力，还认为他对激情

① 张泗洋等：《莎士比亚引论》（下），中国戏剧出版社 1989 年，第 392 页。

的描写非常真实，不像他的后继者们那样滥写爱情。但是他又追随拉摩“诗的正义”，以哈姆莱特、邓肯、苔丝狄蒙娜、考狄莉娅、班柯等人物的悲剧结局为例，责备莎士比亚的悲剧对善恶赏罚不分明，认为这样一来，悲剧就失去其应有的教益作用。

古典主义诗人、也是莎士比亚版本编纂者的蒲伯（1688—1744）的莎评同样值得关注。第一，和德莱顿一样，他对莎士比亚的人物和激情很感兴趣，认为莎剧中的每一个人物都具有鲜明的个性；他驾驭激情悠然自得，无论对那些引起悲痛的激情还是引起我们欢笑的激情都有同等的控制力。第二，对莎士比亚没有学问的偏见给予了最有力的驳斥。他认为莎士比亚虽然没有受过多少教育，却能用直觉来了解世界，他对自然哲学、政治、历史、诗学、神学、伦理和各种技艺都有广泛的了解，并熟悉各种习俗、礼仪和古代的风尚。他的缺点主要是由于他生活的时代造成的，因为那时人们还不知道要效仿古典戏剧，只知道利用各种手段来吸引观众。蒲伯是莎士比亚最得力的辩护人之一。

在莎评史上，塞缪尔·约翰孙（1709—1784）享有很高的声誉，他的超卓见解成为18世纪莎评基调中的主旋律，也是后世莎学研究者必读的经典。

约翰孙著有《麦克白悲剧杂论》（1745），编辑、出版有《莎士比亚戏剧集》（1765），并为该戏剧集撰写长篇序言。在这篇笔墨酣畅、精湛隽永的长篇序言里，约翰孙站在历史的高度，以客观的态度、合理的标准、辩证的方法、精辟的分析对莎士比亚的艺术做了总体上的评价与总结，集中反映了他的莎评的基本观点。他与以往的批评家的最大不同处是，他不泛举莎士比亚的诸多才能，而是旨在具体探讨“由于哪些特殊的优点，莎士比亚才赢得了，并且维持住他本国人们对他的喜爱”。[1]

约翰孙认为，莎士比亚所以能赢得人们的普遍喜爱，获得超越时空的价值，最根本的原因就在于他“忠于普遍的人性”，[2]“给具有普遍性的事物以正确的表现”。[3] 约翰孙继承亚里士多德的“模仿说”，认为莎士比亚超越所有近代作家之上，“是独一无二的自然诗人”，“是一位向他的读者举起风俗习惯和生活的真实镜子的诗人”，[4] 他的戏剧是“生活的镜子”，是“用凡人的语言所表达的凡人的思想感情”，[5] 真实地揭示了人性最普遍的存在状态。他指出：

> 他的人物不受特殊地区的世界上别处没有的风俗习惯的限制；也不受学业或职业的特殊性的限制，这种特殊性只能在少数人身上发生作用；他的人物更不受一时风尚或暂时流行的意见所具有的偶然性所限制；他们是共同人性的真正儿女，是我们的世界永远会供给，我们的观察永远会发现的一些人物。他的剧中角色行动和说话都是受了那些具有普遍性的感情和原则影响的结果，这些感情和原则能够震动各式各样人们的心灵，并且使生活的整个有机体继续不停地运动。在其他诗人们的作品里，一个人物往往不过是一个个人；在

① 杨周翰编选：《莎士比亚评论汇编》（上），中国社会科学出版社 1979 年版，第 38 页。

② 同上书，第 42 页。

③ 同上书，第 38 页。

④ 同上书，第 39 页。

⑤ 同上书，第 41 页。

莎士比亚的作品里，他通常代表一个类型。[①]

约翰孙紧紧以文学反映永恒人性这个艺术创作的本质规律作为衡量莎士比亚戏剧的根本标准，指出莎士比亚由于遵循着真实感情的规律来塑造人物，极少受特殊情况的限制，因此他们的喜怒哀乐能够感染各时代各地方的人们，因此这些人物是自然的，也就是永存的。尽管这些人物都具有个人脾性，但他们用以吸引各式各样的读者和观众的，则是普遍性的感情、语言和原则，他们的言行正是读者和观众想象自己在同样的情况下所要说的、所要做的那样。由此可见，约翰孙在人物个性与共性的关系问题上，更强调“类型”即共性。为此，他比德莱顿更清楚地看到莎剧的灵魂在于人物的描写和塑造。他说：“莎士比亚把遥远的东西带到我们的身边，使奇特的事物变为我们熟悉的东西；他所表现的事件可能不会发生，但是，假若真正发生了这个事件，那么它所引起的效果很可能正如莎士比亚所刻画的那样；我们可以说他不仅表现了在实际危难中人性的活动，而且也表现了在受到不可能遭到的折磨时人性的活动。”[②] 因此，从表现普遍人性的真实状态的角度来强调、揭示莎士比亚的永恒魅力，是约翰孙对莎士比亚研究的一大历史性的跨越和贡献。

约翰孙的第二个贡献是提出了衡量作品优劣的“时间”检验和“比较”检验的客观准则和方法，从而破除了古典主义者一味好古的因袭惯例。他认为，作品的“价值不是绝对的和肯定的，而是逐渐被人发现的和经过比较后才能认识的”。“这些作品不是

---

① 杨周翰编选：《莎士比亚评论汇编》（上），中国社会科学出版社 1979 年版，第 39 页。

② 同上书，第 41 页。

遵循一些论证的和推理的原则，而是完全通过观察和体验来感动读者；对于这样一些作品，除了看它们是否能够经久和不断地受到读者重视外，不可能采用任何其它标准。人类长期保存的东西都是经过经常的检验和比较而加以肯定的；正因为经常的比较证实了这些东西的价值，人类才坚持保存并且继续珍贵这些东西。"[①] 显然，在约翰孙看来，衡量一部作品的价值不仅要看它是否能经得起时间的检验，是否能经得起不同时代读者的不断阐释，而且还要看它能否经得起与同时代以及与前后不同时代的作品的比较，如果能经得起这些检验，那就一定是被认识得最长久、理解得最深刻的作品。他坚信，"时间的洪流经常冲刷其他诗人们的容易瓦解的建筑物，但莎士比亚像花岗石一样不受时间洪流的任何损伤"，莎士比亚的戏剧中所表现的普遍性事物较之其他作家为多，因而必将随着时间的推移，越来越能引起不同时代不同民族的读者的共鸣和喜爱。

约翰孙的第三个贡献，主要表现在为莎士比亚所作的辩护上。他虽然和一般的古典主义者一样，也崇尚理性，重视常识，相信权威，主张树立共同遵守的批评原则，但他反对一味崇拜古老的东西，反对迷信规则而不加区别。他认为批评法则有些是根本的不可缺少的，有些则是仅仅有用的，方便一时的；有些是根据理性和必要性制定的，有些则是出于专横的古老习惯；有的是因为符合自然秩序和理智的活动而受到不可动摇的支持；有的则是偶然形成，或根据先例规定的，所以容易引起争辩，不能一成不变。在他看来，古典主义者所奉为天经地义的规则未必都是合理的，有的与其遵守倒不如违反更好些。由于古典主义者主要是

① 杨周翰编选：《莎士比亚评论汇编》（上），中国社会科学出版社 1979 年版，第 37 页。

从得体说、三一律和悲喜剧混合等三个方面指责莎士比亚的，因此约翰孙在其长篇序言中，针对这些问题为莎士比亚作了最有力、最令人信服的辩护，对于转变当时文风以及对以后文学批评理论的发展都有极深刻的影响，因而这篇序言不仅在莎评史上而且在整个欧洲文学批评史上，都占有特别重要的地位。

首先，得体说像一根红线一样贯穿着全部古典派文艺理论，从亚里士多德起，经过贺拉斯直至法国古典主义文艺理论家布瓦洛。它是古典主义者指责莎士比亚的根据之一。但约翰孙对以莱莫、伏尔泰等为代表的古典主义者的指责不以为然。他说："当伏尔泰看到那个篡位的丹麦国王被写成醉汉模样，可能认为不成体统。但是莎士比亚永远把人性放在偶然性之上；只要他能够抓住性格的主要特征，他不大在乎那些外加的和偶有的区别。……他愿意把他所写的篡位者和凶手不仅写成面目可憎，而且也写成可鄙可笑；因此他给那个角色的性格加上了酗酒这一面，因为他知道国王也和普通人一样爱喝酒，他也知道酒在国王和普通人身上同样会作怪呢。"约翰孙称伏尔泰这样的批评是"鼠目寸光的人们的无聊指责"，这样的批评家是"狭窄的批评家"。[①] 得体说实际上是一种贵族偏见在文学理论上的反映，约翰孙自然还不理解这个论点的阶级实质。

其次，关于三一律。约翰孙指出，舞台演出是建立在想象之上的，"事实上观众并没有任何错觉，他们从头至尾知道舞台不过是舞台，而演员不过是演员罢了。他们到剧院来的目的不外乎来听演员们以适当的手势和动作以及悦耳动听的、抑扬顿挫的语调把某些段诗行背诵出来。这些诗行总和某种行动发生关系，而

---

① 杨周翰编选：《莎士比亚评论汇编》（上），中国社会科学出版社 1979 年版，第 42 页。

行动总发生在某一地点；但是构成全部情节的那些不同的行动可能发生在相距很遥远的地方；因此，让一个地方先代表雅典，随后又代表西西里，这又有什么可笑呢？因为观众分明知道那个地方既不是西西里，又不是雅典，而是一个现代剧院罢了”。[①] 所以，既然容许想象的存在，就不可能把一切限制在固定的范围内。在观众的想象中，同一个舞台不仅可以代表任何一个地方，而且在时间上也可以任意伸缩，一个小时可以想象为好多个小时或好多年。除情节的一致外，莎士比亚是无视时间和地点的一致的。约翰孙系统地阐述了莎士比亚打破三一律的艺术根据，说明要驰骋想象就必须打破时空上的局限，牺牲一致性才能使戏剧获得多样性。莎士比亚对三一律的违反，正与其包罗万象的天才相符合。因此，他认为“莎士比亚不熟悉这些法规或没有遵守这些法规，并不是一件值得遗憾的事”。[②]

再次，关于悲喜剧混合。约翰孙认为，按照严格的意义和文学批评的范畴来说，莎剧既不是悲剧，也不是喜剧，而是一种特殊类型的创作。这种创作类型突破了悲剧和喜剧不容相混的古典戏剧理论，显示了莎士比亚超越古人的既写悲剧又写喜剧，兼有引起读者发笑和悲伤的本领。更重要的是，莎士比亚这种悲喜混合的创作更接近生活的原貌，更能表现普通人性的真实状态，表现出世事常规：既有善也有恶，亦喜亦悲，而且错综复杂，变化无穷。[③] 因此他认为莎士比亚的做法无可指责。

当然，约翰孙并没有一味对莎士比亚顶礼膜拜。他的莎评观

---

① 杨周翰编选：《莎士比亚评论汇编》（上），中国社会科学出版社 1979 年版，第 53—54 页。

② 同上书，第 56 页。

③ 同上书，第 43 页。

点所以引人注目，与其在认识论上具有的唯物主义倾向不无关系。他在序言中开诚布公地说："莎士比亚有优点，也有缺点，而且他的缺点相当多"，"我将根据我所见到的那些缺点，把它们介绍给读者，实事求是，既不恶意中伤，也不迷信崇拜"。[①] 他客观地具体地列举了莎士比亚戏剧的缺点，例如，认为莎剧牺牲美德，迁就权宜，过分看重给读者以快感，而不大考虑如何给读者以教导，因此他的写作似乎没有任何道德目的；有些剧本结构松散，收场仓促；剧中人物所开的玩笑粗俗不雅；用词浮夸华丽，追求双关语；等等。这也是古典主义者的共同看法。应该说，约翰孙指出的这些缺点大多符合事实，但唯有缺乏道德目的这一批评有失公允。我们知道，重视文艺的社会效果，强调文艺的教化作用，是古典主义者的共同立场。而约翰孙在这方面的要求更为严格。他认为艺术在于反映自然，但绝非是有什么就反映什么，艺术家首先要弄清楚自然中哪些可以反映，哪些不可以反映，如果把世界描写得乌七八糟，这种描写就没有任何价值。一个作家理应永远有责任使世界变得更好，而莎士比亚"比较严重的过失"，则在于"没有给善恶以公平合理的分布，也不随时注意使好人表示不赞成坏人；他使他的人物无动于衷地经历了是和非，最后让他们自生自灭，再不过问，使他们的榜样凭着偶然性去影响读者。"[②] 其实，这种论调恰恰说明了约翰孙囿于成见，对莎士比亚寓教于乐的艺术手法还不完全理解。试想，如果莎士比亚的作品真的善恶不分，是非不明，能历经各代的批评洗礼流传到今天吗？能赢得世界性的伟大声誉吗？

---

① 杨周翰编选：《莎士比亚评论汇编》（上），中国社会科学出版社 1979 年，第 47 页。

② 同上。

另外，约翰孙认为，莎士比亚的悲剧里总是缺少些什么东西，他的喜剧则往往超过人们的预料或愿望，所以他的喜剧以思想和语言见长，更多的是作者本能的表现，而他的悲剧看来是技巧的产物，更多地是以事件和情节取胜。[①] 历史已经证明，这一观点同样站不住脚。莎士比亚的喜剧是出色的，但我们无法想象，没有悲剧的莎士比亚是一种什么情形！

值得提出的是，约翰孙认为戏剧的感染力来自它向观众表现出的“观众本身所会感受到的感情”，“这些感情是当观众看见剧中人物所遭受的痛苦和所采取的行动时，他们设想他们自己在同样的情况下所会感受到的”。他指出：

> 能够震动我们心弦的思想并不是在我们面前的是一些真实的罪恶，而是我们自己也有可能犯这些罪或成为这些罪恶的牺牲品。假若有任何错觉的话，那并不是我们在一刹那间幻想那些演员们遭到了不幸，而是幻想我们自己遭到了不幸。与其说我们幻想真有不幸事件的发生，不如说我们感慨不幸事件发生的可能性，犹如一个慈母想死亡可能从她身边夺走她的幼儿，因而抱着他痛哭起来。悲剧给我们的乐趣在于我们意识到它的故事是虚构的；假若我们想到暗杀和叛逆都是真事，这些东西就不会再给我们以乐趣了。[②]

这一评论，连同他为莎士比亚辩护时对古典主义理论基础的动摇，为稍后浪漫派莎评打开了一个缺口。因此有些评论家认为

---

① 杨周翰编选：《莎士比亚评论汇编》（上），中国社会科学出版社 1979 年，第 45 页。

② 同上书，第 55 页。

约翰孙是英国浪漫派批评家的最早先驱。

18 世纪的英国，出现了大批莎剧版本的校勘者和编纂者。这些校勘者和编纂者的工作对 18 世纪莎评产生了深远影响。由于经过整理、校勘的众多剧本的面世，不仅扩大了莎士比亚的影响，而且人们对莎士比亚的认识方式由观看演出变为阅读文字，由具象感受变为意象体味，从而为由舞台表演转向纯文学的莎士比亚研究奠定了坚实的文本基础。这些校勘者和编纂者，除了蒲伯、约翰孙外，还有罗武、席遏鲍德、汉莫、沃布登、凯派尔、史蒂文斯和马龙等。他们不仅为莎剧的整理、校勘做出了重要贡献，而且在评价、研究莎士比亚艺术的特点与成就方面，也是卓有建树的。

18 世纪后期，英国的莎评趋向于人物性格的分析，约翰·理查生（1743—1814）、托马斯·惠特利（？—1772）、莫里斯·莫尔根（1726—1802）堪称这方面的代表。理查生的学术观点主要体现在《对莎士比亚某些卓越人物的哲学分析和说明》（1774）和《论莎士比亚的某些戏剧人物》（1788）两篇论文中。他研究的出发点是人性及其表现形态。他重点分析了麦克白、哈姆莱特、理查三世、福斯塔夫、李尔王等一系列典型人物。惠特利在人物批评方面的贡献重要体现在《关于莎士比亚某些人物的意见》（1770）的论文中。他用比较的方法分析了麦克白和理查三世这两个著名人物。

莫尔根以《论约翰·福斯塔夫爵士的戏剧性格》（1774 年完稿，1777 年发表）一文最为引人注目。他的莎评是在约翰孙的基础上起步的，他对莎士比亚的总体评价又提高了一步。他的这篇论文在 18 世纪理性主义平静的水面上激起了浪花，开创了莎评的一个新时期，即早期浪漫派批评的时期。

莫尔根认为，判断一部作品，评论一个人物，首先应该从感觉或印象而不是从悟性或理性出发，“这些感觉是来自外界的某些秘密影响的结果，这些影响作用于某一感官，产生感觉和感情，一方面去适应那些影响的力量和多样性，另一方面去适应我们的感受性的敏捷程度”。而悟性和这些感觉常常是互相矛盾的，“悟性看来多半仅仅认识行动，而且从行动来推断动机和性格”，但“感官却是从相反的方向出发；感官决定行动是根据某些首要的性格原则，而这些原则是悟性所不能达到的”。①在莫尔根看来，“在戏剧作品中印象就是事实”，②一部作品的成败，关键在于它能否在人们心里产生强烈的印象，而不是理性的思索。据此，要认识福斯塔夫也必须通过人们的感觉、感受和印象。依理性分析，人们把福斯塔夫当作否定人物，往往痛恨他，但从感觉来说，人们又“喜欢这样一个讨厌的家伙并对他表示好意”。③

正是从这个角度出发，莫尔根深刻而精辟地分析了福斯塔夫这个人物的性格。他认为，莎士比亚笔下的人物是完整的、立体的、多面的，不能只看到人物的一面，而忽视人物的其他方面。福斯塔夫就是一个“完全由各种矛盾构成的人物性格：他既是一个青年，又是一个老头，既是有冒险精神的，又是游手好闲的，既是一个容易受骗的人，又是一个富有机智的人，既没有心眼，又为非作歹，原则上软弱，而本性上果断，表面上胆怯，而实际上勇敢；虽是一个无赖，却没有恶意；虽是一个扯谎者，却不欺诈；虽是一个骑士、一个绅士、一个军人，却是既不尊严，也不庄重，又不体面”。他虽然可以分解成各种成分，却又不能用任

---

① 杨周翰编选：《莎士比亚评论汇编》（上），中国社会科学出版社 1979 年版，第 90 页。

② 同上书，第 89 页。

③ 同上书，第 92 页。

何方子构成出来，他的“每个特别的部分”都带有“整体的样子”，而“整体的风味”又给予了“每个特别的部分”，[①] 因此，福斯塔夫是一个从未被展示过的最完美的戏剧性格。[②] 莫尔根把福斯塔夫从剧情中独立出来，把他当作一个现实的人物，并设想他在另一环境中将会如何行动，这实际上就是意大利美学家克罗齐的所谓“客体化”评论，是浪漫派突出人物性格的研究的开端。

批评家一般认为福斯塔夫的主要性格特征是机智、幽默和怯懦。莫尔根则对福斯塔夫的怯懦这一点提出了自己独特新奇的看法：“怯懦并不是福斯塔夫的整个性格想在毫无偏见的听众的头脑中造成的印象”，[③] “勇气是福斯塔夫性格的一个组成部分，它是属于他的天性，并且在他一生的行为和实践中表现得十分明显”。[④] 之所以得到他是天生有勇气的印象，是因为莎士比亚运用了他的奇妙的艺术本领。探讨这个问题势必涉及福斯塔夫的整个性格，以及变成一个对莎士比亚的天才、艺术和行为的评论，甚至扩展到人性本身的原则。莫尔根指出，在莎士比亚人物性格的构成上，有某种东西根本区别于其他作家。在其他作家刻画的各类人物性格中，凡是人们看不到的部分，事实上也就不存在；但莎士比亚笔下的人物性格却有某种丰满性和完整性，虽然有些只能看到一部分，然而它们能够整个地被揭示和理解，因为每一个部分事实上是彼此联系的，并且可以推知其他的相关部分。就

---

① 杨周翰编选：《莎士比亚评论汇编》（上），中国社会科学出版社 1979 年版，第 111 页。

② 同上书，第 97 页。

③ 同上书，第 89 页。

④ 同上书，第 101 页。

福斯塔夫而言，他的真实性格可能不同于他的表面的性格，这种真实与表面之间的区别可以说明我们的喜欢和我们的谴责，同时它可能是他性格中的幽默的真正特点与我们的全部发笑和愉快的源泉。在莫尔根看来，福斯塔夫的主要性格特点就是一种高度的机智和幽默，此外又增添了一个十分必要的支持，即"军人的职业"。"他从造化获得一种大胆和冒险的精神；这种精神在军事年代虽然只偶尔运用一下，却使他经常不被蔑视，使他在贵人中间受到体面的接待，而且这种精神也最适合于他的特殊方式的幽默和恶习。"[①] 他使青春和老年、冒险和肥胖、机智和愚蠢、贫穷和奢侈、爵位和滑稽、目的纯洁和做法恶劣混杂在一起，坏的原则既没有引起憎恨，怯懦也没有引起蔑视。莎士比亚虽然赋予他一些才能和品质，后来又把它们弄得模糊不清，并且歪曲它们以达到跟它们的性质相反的目的。"很明显，他的目的是要完成一个特殊种类的舞台丑角，是要把他写成一头斗牛场上的公牛，它既经得起一百场的戏弄，又同样使人大大开心，不管哈利或波因斯有时候把他压倒在地上，还是他把巴道夫或乡村法官之流的狗杂种一下抛在空中。实际上，要完全破坏福斯塔夫是办不到的。他的天性中有那么多不可击破的东西，任何嘲笑都是无法摧毁他的；即使在失败中他也安然无事，他好象和安泰俄斯一样，每次倒在地上，一站起来，元气就立刻恢复了。"[②]

总之，莫尔根的这篇论文本意是要探讨福斯塔夫的戏剧性格，可是他对莎士比亚艺术的强烈感受，使他不断地把话题扩展至对莎士比亚的总体评价乃至人性、艺术本质等更有普遍意义的

① 杨周翰编选：《莎士比亚评论汇编》（上），中国社会科学出版社 1979 年版，第 96 页。

② 同上书，第 116 页。

问题上，认为莎士比亚“是一个拥有一切戏剧技巧和天才的伟大人物”，[①] 他“最清楚地理解人类心灵的各种不同形式，并且最巧妙和最忠实地把它表现出来”，[②] 假若亚里士多德有知的话，他也会“五体投地地佩服莎士比亚和承认他的最高地位”。[③] 而他强调、注重批评接受中的主观感受和印象的观点，已具有明显的浪漫主义特征。因此，他是整个莎评转入浪漫主义批评阶段的最后一个航标。[④]

法　国

在18世纪法国的莎评中，启蒙运动的领袖人物伏尔泰（1694—1778）和狄德罗（1713—1784）占有重要地位。作为古典主义批评家，他们对莎士比亚的态度虽然十分严厉，但并非一味地否定。伏尔泰对莎剧的指责主要集中在三一律和得体说两个方面。他认为，莎士比亚对三一律的违背，使他的戏剧有损规律、典雅和真实。他在时间上“把二十年的事情一件件堆砌在一起”，在地点上“从小酒馆一下子跑到战场，从坟墓一下子又跑到皇位”，在情节处理上，把“滑稽和恐怖相互掺杂”。这是一种低下的吸引观众的手段，是“用滥了的、不规则的和无理取闹的手段”。[⑤] 对莎士比亚的不得体，伏尔泰的指责就更为严厉了。

---

① 杨周翰编选：《莎士比亚评论汇编》（上），中国社会科学出版社1979年版，第93页。

② 同上书，第116页。

③ 同上书，第107页。

④ 张泗洋等：《莎士比亚引论》（下），中国戏剧出版社1989年版，第405页。

⑤ 杨周翰编选：《莎士比亚评论汇编》（上），中国社会科学出版社1979年版，第355页。

例如，他认为《哈姆莱特》是个“既粗俗又野蛮的剧本”，甚至得不到法国和意大利最卑微的贱民的支持。“第二幕，哈姆莱特疯了；第三幕，他的情人也疯了；王子杀死了他情人的父亲，就像是杀死了一只耗子；而女主角则跳了河。人们在台上为她掘墓，掘墓人说着一些与他们身份相互吻合的脏话，手上还拿着死人的骷髅头；哈姆莱特王子以同样令人厌恶的疯疯癫癫的插科打诨来回答他们的可鄙的粗话。……哈姆莱特、他的母亲、继父，一起在台上喝酒，大家在桌旁唱歌、争吵、殴打、撕杀。”伏尔泰气愤地称莎士比亚这部伟大的悲剧简直就是“一个烂醉的野人凭空想象的产物”。① 因此，他对莎士比亚的结论是：“毫无高尚的趣味，也丝毫不懂戏剧艺术的规律”，他“断送了英国的戏剧”。②

但是，批评虽则批评，伏尔泰仍然承认莎士比亚是“具有充沛的活力和自然而卓绝的天才”，③ 仍然看到了莎剧的艺术魅力，看到了莎剧在舞台上的生命力。尽管他指责《哈姆莱特》荒唐、粗俗、野蛮，却仍然指出其中有一些“无愧于最伟大天才的崇高特点”，“有着人们所能想象的最有力、最伟大的东西”；④ 尽管他感到莎剧中的人物时常是不得体的，但也看到了“无上光辉的莎士比亚戏剧中的怪异人物，较之现代人的贤智更千百倍的令人喜爱”；⑤ 尽管他认为莎士比亚的悲剧是一个“混沌的世界”，但

---

① 杨周翰编选：《莎士比亚评论汇编》（上），中国社会科学出版社 1979 年版，第 352 页。

② 同上书，第 347 页。

③ 同上。

④ 同上书，第 352 页。

⑤ 同上书，第 351 页。

又认为其中有“万道金光”，尤其说“他的天才是属于他的，而他的错误是属于他的时代的”。①

狄德罗和伏尔泰一样，也认为莎士比亚是个天才，有伟大的一面，但他认为莎士比亚戏剧的最大弱点是缺乏教育民众的作用。他对《哈姆莱特》大为不满，指责它荒唐无聊，不仅不能提升公众的欣赏趣味，反而使公众的欣赏趣味变得更为低下。本来，狄德罗素以其戏剧理论著称于世，他对莎士比亚的评论理应受到重视，但因其个人的和时代的欣赏趣味的局限，使他无法真正走近莎士比亚。

18世纪法国批评家们对莎士比亚的态度并非完全一致，伏尔泰和狄德罗可以看作基准点，其余的人有过分批评莎士比亚的，如拉·哈泼认为，莎士比亚违背了所有的创作规则，他没有创造艺术；也有为莎士比亚辩护的，如巴西蒂，他驳斥了伏尔泰对莎士比亚的指责，认为伏尔泰仅仅靠被他曲解且翻译得乱糟糟的《哈姆莱特》就对莎士比亚品头论足，是很不妥当的；而且亚里士多德的理论只不过是对自己时代艺术实践的总结，并不能适用于所有的时代。从法国的情况看，把莎士比亚从古典主义的桎梏中解放出来，已经是历史的必然趋势了。②

德　国

18世纪末，德国的高特荷德·埃夫拉姆·莱辛（1729—1781）、约翰·戈特弗里德·赫尔德（1744—1803）和约翰·沃

---

① 杨周翰编选：《莎士比亚评论汇编》（上），中国社会科学出版社1979年版，第358页。

② 张泗洋等：《莎士比亚引论》（下），中国戏剧出版社1989年版，第397—398页。

尔夫冈·歌德（1749—1832）也加入了声势浩大的莎评行列，由于他们是来自哲学王国的批评家，因此他们对莎士比亚的评价就具有了哲理上的优势，格外引人注目。这里需要说明的是，歌德的评论因横跨了18至19世纪且更具19世纪莎评的特色，所以我们把它放在19世纪莎评中一并介绍。

莱辛是德国民族文学和市民戏剧理论的奠基人，著有《汉堡剧评》（1737—1768）等。《汉堡剧评》是莱辛在担任汉堡民族剧院剧评工作时所写的剧评的汇编。它一方面广泛地展示了当时德国的戏剧活动情况，另一方面集中地表达了莱辛现实主义戏剧的理论观点，其中包括他对莎士比亚戏剧的评论。他特别强调戏剧的现实主义精神，认为艺术不应该简单地从表面上模仿自然（现实），而应模仿自然（现实）的本质，并通过这种真实的模仿来教育民众。他说："剧作家并不是历史家；他的任务不是叙述人们从前相信曾经发生的事情，而是要使这些事情在我们的眼前再现，让它再现，并不是为了纯粹历史的真实，而是出于一种完全不同的更高的意图；历史的真实不是他的目的，只是他达到目的的手段；他要迷惑我们，从而感动我们。"[①] 莎士比亚的戏剧就是这方面的"一种完美的典范"。[②] 他指出，有人责备莎士比亚，"说他剧作没有构思计划，或者只有一种错误百出、杂乱无章、粗制滥造的构思计划，说他的剧本里喜剧性的东西和悲剧性的东西以一种非常奇妙的方式混合在一起……人们对这一切发出责难，却不想想，莎士比亚的剧作恰恰在这里真实地反映了

① 杨周翰编选：《莎士比亚评论汇编》（上），中国社会科学出版社1979年版，第232页。

② 同上书，第258页。

人生”。[①] 他还认为，在现实中，一切都是联系着的，一切事物都交织在一起，互相转换，从这一事物变为另一事物。因此，作为剧作家，既要反对刻板地忠于现实，又要反对异想天开地美化现实，必须通过现实中纷纭复杂的现象揭示其本质。他提醒人们学习、研究莎士比亚，并把莎士比亚戏剧作为一面镜子，时时观照、修正自己作品中的缺点。这充分体现了莱辛的现实主义文艺观。

莱辛在行文中，还处处以伏尔泰的剧作和莎士比亚的剧作相对比，评析其得失。例如关于“鬼魂”，他指出，“伏尔泰的鬼魂只是一具诗的机器，只为了戏剧的纠葛所需而设，我们对它本身丝毫不发生兴趣”；而莎士比亚的鬼魂则是“一个实际行动的人物，我们同情他的命运，它激起恐惧，但也激起我们的怜悯”。[②] 在爱情的描写上，伏尔泰只“了解爱情上的公文语言”，莎士比亚却有爱情的一切花样，“如果伏尔泰在爱情的实质上也有莎士比亚同样深刻的认识的话，那他起码在这里也是不想把这种深刻的认识表现出来的，所以他的诗也就远远低于他作为诗人的水平之下了”。同样，伏尔泰剧中人物的嫉妒，让人学不到什么东西，可奥瑟罗则是“关于这种可悲的疯狂最完善的教科书”，因为“我们从中学习到一切关于嫉妒，激起嫉妒，和避免嫉妒的东西”。[③] 在德国当时正处于学习法国还是学习英国，选择高乃依还是选择莎士比亚的情况下，莱辛的评论无疑使德国戏剧界将价值天平导向了莎士比亚一边。柯尔律治

---

① 杨周翰编选：《莎士比亚评论汇编》（上），中国社会科学出版社 1979 年版，第 245 页。

② 同上书，第 235 页。

③ 同上书，第 241—242 页。

曾这样评论道："是莱辛首先将莎士比亚的名字介绍给德国人而赢得他们的称赞；或许，我可以毫不夸大地再说一句，是莱辛首先向所有有思想的人，甚至对莎士比亚本国的人，证明了他那表面上的不规则的真实性质。……他证明在艺术的一切本质上，在自然的真理中，莎士比亚的剧本比高乃依和拉辛的作品更符合亚里士多德的原则，虽然，后两者自恃是守规则的。"①

与莱辛同时期的赫尔德，是德国狂飙突进运动的领袖人物。他对莎士比亚的评论主要体现在《莎士比亚》（1771）一文中。这篇论文奏响了浪漫派莎评的序曲，对歌德产生了很大影响。他从历史主义出发，具体考察了希腊戏剧的来源，三一律规则形成的过程，说明莎士比亚戏剧和希腊戏剧的差别，阐述莎士比亚戏剧的特色，认为用过去的清规戒律、"舞台上的八股"来要求、指责莎士比亚是错误的。因为，莎士比亚所处的时代、历史条件不同于以往，"他看到的不是那样单纯的民族性格和祖国性格，而是繁复的等级、生活方式、思想、民族和语言类别"，"因此他把各种等级和各种人、各种民族和各种语言，把国王和弄臣、弄臣和国王创造成那样一个庄严美妙的整体"；而且，"他发现的不是那样单纯的历史、情节、行动的性质"，而是"就他所发现的那个样子采用了历史，用创作的天才把千差万别的材料构成一个不可思议的整体"。②《奥瑟罗》等剧就是一个完美的整体，真正的艺术。莎士比亚用"神妙的手法，把形形色色极不相同的场面抓住，揉成一个事件"，从而把"地点和时间理想化"，这是"他

① 杨周翰编选：《莎士比亚评论汇编》（上），中国社会科学出版社 1979 年版，第 127 页。

② 同上书，第 272 页。

的事件的真实性的必要条件”。[①] 赫尔德还认为：“莎士比亚的一切剧本，作为一个一个小宇宙，在地点、时间和创作上，都显示出各自的特点。”他的《哈姆莱特》、《奥瑟罗》、《李尔王》、《罗密欧与朱丽叶》等剧本，“在一切时间和地点关系上又是传奇、梦和诗”，如果“你把这个人所在的地点、时间和他个人的情况去掉，你就去掉了他的气息和灵魂，它就成了这活人的画像了”，因为“莎士比亚只有把发生在他剧中的世界大事和有关他剧中人物命运的一切场所和时间都写出来，才能对自然忠实”。[②] 对自然忠实，在赫尔德看来，是莎士比亚这个“自然的仆人”、“最伟大的大师”的成功秘诀。

在谈到莎剧的分类时，赫尔德不主张当时把莎剧分为悲剧、喜剧、历史剧、田园剧、历史悲剧、田园悲剧、田园喜剧、历史田园喜剧等。他认为，莎士比亚的每一个剧本都是广义的历史剧，都是“为了造成对中古时代的幻觉而上演的历史、英雄行为和国家大事”，或者是“一件世界大事里的、一个人的命运里的一个完整的、有长度的事件”。简单的分类，不足以说明莎士比亚“每个剧本本质上是什么”。[③]

赫尔德批评中最能体现出浪漫派气息的，是他对莎士比亚精神实质的体验。他把莎士比亚作为一个自然与人生的伟大创造者来崇拜，认为他的戏剧里激荡着自然与历史的汹涌澎湃的大海。“这里不是诗人！是造物主！是世界历史！”[④] 这种评价已经不是

---

① 杨周翰编选：《莎士比亚评论汇编》（上），中国社会科学出版社 1979 年版，第 275—276 页。

② 同上书，第 279 页。

③ 同上书，第 285 页。

④ 同上书，第 276 页。

18 世纪理性主义稳健沉静的声调，而是 19 世纪浪漫主义者们那种高亢激越的赞歌了。[①]

总之，正如有学者指出的那样，18 世纪是决定莎士比亚艺术命运的关键时期，是艺术标准破旧立新的时期，也是评论界审美认识能力不断提高的时期；通过破除新古典主义对莎士比亚的偏见和曲解，人们对莎士比亚艺术的特征与本质，都有了新的进一步的认知。[②]

第四章　19 世纪的莎士比亚评论

19 世纪是人类历史上一个经济迅猛发展、政治斗争错综激烈的时代，也是思想意识形态空前活跃、破旧立新、“主义”频出的时代，因而带来了文学创作和文艺批评的繁荣和鼎盛，不仅诞生了雨果、司汤达、巴尔扎克、托尔斯泰等驰名世界的大作家，而且涌现出了康德、黑格尔、丹纳、别林斯基等众多堪称一流的美学家和批评家。他们对莎士比亚的创作进行了严格的检验与评判。所以，19 世纪的莎士比亚评论，是莎士比亚进入世界艺术宝库的最后一张通行证，同时也是对其作品总体价值的一次高水平的评断。19 世纪莎评主要经历了两大阶段，即浪漫主义与现实主义阶段。浪漫主义莎评主要挖掘了莎士比亚运用想象力所带来的艺术魅力，而现实主义莎评则侧重于分析莎士比亚的判断力给予人们的启迪。作为莎士比亚最热情的讴歌者和崇拜者，浪漫派批评家们最先把他迎进了 19 世纪，他们以他的艺术作为自己的楷模和旗帜，把他当作一个艺术世界的造物主来研究，他

---

① 张泗洋等：《莎士比亚引论》（下），中国戏剧出版社 1989 年版，第 411 页。

② 同上。

们的赞语充满着一种发现新大陆的惊喜。[1]

一　浪漫主义莎评

英　国

19 世纪初，英国浪漫派莎评的代表人物主要有：萨缪尔·柯尔律治（1772—1834）、查尔斯·兰姆（1775—1834）、威廉·赫士列特（1778—1830）、托马斯·德·昆西（1785—1859）等。

柯尔律治是英国“湖畔派”诗人之一，19 世纪浪漫派莎评的旗手，著有《莎士比亚讲演集》（1818）等，他的莎评对后世影响很大。在这部著名的讲演集中，他猛烈抨击了古典主义者对莎士比亚的责难与曲解，认为他们是要“三盎司的小玻璃瓶去装尼亚加拉大瀑布的水”。[2] 古典主义者斥责莎士比亚的作品不合规范，缺乏判断力。柯尔律治则针锋相对，指出莎士比亚是一个伟大的戏剧诗人，他的作品自有内在的规则与形式，是一种更高级的艺术，是内容和形式的完美结合，绝不是纯粹自然的、无规则的大杂烩。据此他提出了莎士比亚的判断力与其天才同等的著名论断：“莎士比亚的判断力与他的天才是相称的”，“甚而，他的天才本身在他的判断力中显示出来，并且以其最高尚的形式显示出来”。[3]

柯尔律治细微地对比了莎剧与希腊戏剧的不同风格后，系统

---

① 张泗洋等：《莎士比亚引论》（下），中国戏剧出版社 1989 年版，第 412—413 页。

② 杨周翰编选：《莎士比亚评论汇编》（上），中国社会科学出版社 1979 年版，第 124 页。

③ 同上书，第 125 页。

地归纳了莎士比亚的艺术特色：（1）期待胜于惊讶；（2）突出地遵守所有对立面相生相克的自然法则；（3）永远保持高尚的生活；（4）戏剧的兴趣不依赖于结构，而在于人物；（5）戏剧兴趣不依赖于故事作为结构的基础；（6）抒情部分的渗入；（7）登场人物的性格像实际生活中的人的性格一样，由读者自行推断，不是听别人叙述；（8）作品中相异的事物是结合在一起的。[①] 柯尔律治与莫尔根一样，突出人物塑造的核心地位，认为莎剧的特点在于结构服务于人物，而不是人物服务于结构。

柯尔律治对莎士比亚的许多剧本和人物都有较精彩的论述，其中最为突出之处，就体现在对作品及人物的体验和感受这一浪漫派的审美趣味上。在论及《暴风雨》时，柯尔律治把它看作是“纯粹的浪漫剧的范本”，而浪漫剧的“兴趣不是历史的，也不在于描写的逼真或事件的自然联系，而是想象的产物”，“主要的和唯一真实的兴奋应该出自内心，出自被感动的和富有同情的想象力”。[②]在评论《罗密欧与朱丽叶》时，柯尔律治企图说明莎士比亚在三一律的行动的统一律上所表现的天才，从而提出用“同性、相称，或兴趣的完全”来代替用行动的统一律的说法，“因为这些表达法说明了机械万能的造形技巧与受灵感的天才的创造性、丰富的生命力之间的不同”。[③] 在评论《哈姆莱特》时，他认为，“哈姆莱特的性格可以到莎士比亚有关心理哲学的深刻而正确的学问中去探索”。哈姆莱特在为父亲复仇这件事上拖延的原因是因为优柔寡断，“他由于敏感而犹豫不定，由于思索而拖

---

① 杨周翰编选：《莎士比亚评论汇编》（上），中国社会科学出版社 1979 年版，第 132—137 页。

② 同上书，第 137 页。

③ 同上书，第 142 页。

延，精力全花费在做决定上，反而失却了行动的力量”。[①] 而对于奥瑟罗这一人物，柯尔律治认为，他之所以杀死苔丝狄蒙娜，并非出于嫉妒，“而是由于伊阿古那种几乎超人力的奸计硬加在他身上的坚信”，是由于想到美德竟会如此堕落而在他心中引起内战的结果。[②]

还值得一提的是，柯尔律治在对莎剧特色的概括中，专门谈到了抒情性和哲理性。这两点的确是莎剧留给读者的最普遍的印象。莎剧的抒情性不仅表现在作品的结尾，而且渗透和贯穿了整个戏剧部分。同时，柯尔律治对莎士比亚寓教于乐的特点是心领神会的。他认为莎士比亚坚守道德原则，虽然对激情的表现有些放肆，但却包含着道德。他的剧中永远保持着高尚的生活，对宗教和理智都教导我们憎恨的东西，他从不把它们描写成可爱的。他是我们“真正哲学的晨星、向导和先驱”。[③]

兰姆是英国著名散文家，他曾和他的姐姐一起改编莎士比亚戏剧，出版《莎士比亚故事集》(1807)，流传深广。他的莎评观点主要体现在《论莎士比亚的悲剧是否适宜于舞台演出》(1811)一文中。他认为，理解、研究莎士比亚的戏剧，在于突出其思想，强调人物的精神力量、内在的矛盾和感情的威力，这才是莎剧的本质。“与其说我们应对莎氏人物的行动发生兴趣，不如说他的人物应是我们深思的对象；我们阅读莎氏所写的大罪犯大人物时，如麦克白、理查三世，甚至伊阿古，我们所想到的，与其说是他们所犯的罪行，不如说是他们的野心、企求的精神、思维

① 杨周翰编选：《莎士比亚评论汇编》(上)，中国社会科学出版社 1979 年版，第 147 页。

② 同上书，第 156 页。

③ 同上书，第 137 页。

活动，他们正是受这些的促使而越过了道德所设的障碍。”“他们的行动比较地说对我们很少产生什么影响，而他们的内心冲动、伟大而反常的头脑的深处，只有这些才是实实在在的东西，注意力完全集中在这些上面，罪行比较地说是无足轻重的。”① 为此，他提出莎剧只适合阅读而不宜搬上舞台演出的看法。因为舞台演出瞬息即逝，简单粗浅，并且过于注重技巧，行动多，这样就容易分散注意力，演不出思想深度，演不出本质，不能激发想象，只能表现外在的东西，只能打动感官；而阅读却可以慢慢思索，仔细玩味，由表及里，深入了解人物的内心世界，体会人物的真情实感。另外，舞台演出的逼真，常常破坏应有的快感，而阅读则能感受崇高的形象和诗意。由于演出有这些局限性，所以兰姆认为，把莎剧搬上舞台往往会破坏它的完美，埋没它的真实价值。他列举了大量具体事实来证明自己的观点。例如，他说，看李尔王上演，看到的是个老人，拄着拐杖，颤巍巍在台上走来走去，在风雨之夜被女儿赶出家门，除了令人痛苦和厌恶之外，从中什么也看不到。我们一心只想领他到个避风雨的地方，减少他的痛苦。这就是舞台上的李尔王给我们的全部感受。但是莎士比亚的李尔王是不能上演的。因为“李尔之伟大不在他的巨大的身躯，而在他的思想伟大”，他的激情爆发起来，像火山一样可怕；这种激情像风暴一样搅起海浪，翻开海底，展现出无穷无尽的宝藏，而这宝藏正是李尔的内心。“在舞台上，我们看到的不过是躯体的摇颤和衰弱，狂怒而无能为力；而在阅读时，我们看不见李尔，我们就是李尔，我们进入了他的内心世界，一种宏大感支持着我们，足以挫败女儿们和风暴的恶毒；在他的迷雾的理性

---

①　杨周翰编选：《莎士比亚评论汇编》（上），中国社会科学出版社 1979 年版，第 172 页。

中，我们发现一股强大的、无规律的推理的力量，远非日常生活中所需的推理方法，但却能对人类的腐败和弊端随意施加它的威力，就像任意吹动的风一样。”①

兰姆的看法应该说既有道理又有偏见。有道理的是，他敏锐地看到了莎剧艺术上的独创性。莎剧是天才与想象力的产物，其丰富意蕴的确比其他戏剧更难于以舞台形式表现出来，它的博大也不是小小的舞台所能容纳得下的。而且，他强调莎剧的思想境界、人物的内心世界和读者的主观感受，这都是该文和浪漫派莎评的价值所在。但如果说莎剧完全不适合舞台演出又是片面的，这反映出兰姆作为浪漫派批评家重视语言艺术而轻视表现艺术的偏见。

赫士列特也是浪漫派莎评最有影响的人物之一，著有《莎士比亚戏剧人物论》（1817）、《莎士比亚与弥尔顿》（1818）、《莎士比亚与本·琼生》（1819）等。赫士列特对莎士比亚有很高的评价，认为他有非凡的想象力，是人类杰出的天才，他的作品的突出特点是它的普遍性质。他笔下的人物“都是有血有肉的真实存在”，“不像是头脑虚构的产物而像个活人，既有自己的个性，又绝不依靠其余人物、不依靠作家本人而存在”。他指出莎士比亚最擅长描写人物在行动中的感情变化，认为“他本身什么也不是，但他是别人是的或可能变成的一切。他不只本身具有每种才能与情感的萌芽，而且凭直觉的预感而追随它们，通过命运的每一转变、热情的每一冲突、或思想的每一变动，而进入它们一切可以想象得到的变化”。② 他还赞赏莎士比亚“在遣词用字上有

---

① 杨周翰编选：《莎士比亚评论汇编》（上），中国社会科学出版社 1979 年版，第 173—174 页。

② 同上书，第 183 页。

种魔术般的力量”，“他所用的语词和短句好像火花，从自身飞快地运动着的想象中迸飞出来”，“而且像是知道自己应在什么位置”。[①] 他的“一个字、一个短语就描绘了整个场景，或把我们带回到所表现的人物的若干年以前的历史中去”。[②]

赫士列特和柯尔律治、兰姆一样，也十分注重作品对读者的影响，特别强调作品对读者所引起的主观感受。兰姆曾说“我们就是李尔王”，赫士列特也说“我们就是哈姆莱特”。因为哈姆莱特的谈吐“和我们自己的思想一样真实”，“这些话的真实性是在读者的头脑中”。[③] 他认为哈姆莱特的性格是很独特的，他“不是一个以意志力量、甚至感情力量为特点的人物，而是以思想与感情的细致为特点的”，“他是哲学冥想者之王”。[④]

赫士列特还用比较法研究了乔叟、斯宾塞、弥尔顿和莎士比亚的不同特点，认为乔叟的伟大在于他是“世态的或真实生活的诗人”，其特点是“强烈”；斯宾塞是“传奇诗人”，其特点是“逸远”；弥尔顿是“道德诗人”，其特点是“崇高”；莎士比亚则是“自然（最广义的‘自然’）诗人”，其特点是“一切”。[⑤] 他特别称道莎士比亚包罗万象的博大艺术风格。蒲伯用雄伟的哥特式建筑来表明莎士比亚的这一特点，约翰孙把莎士比亚比作森林，而赫士列特则选择大海这个既壮阔又躁动着激情与力量的伟大深邃来代表莎士比亚的风格。

---

① 杨周翰编选：《莎士比亚评论汇编》（上），中国社会科学出版社 1979 年，第 193 页。

② 同上书，第 184 页。

③ 同上书，第 211 页。

④ 同上书，第 213—214 页。

⑤ 同上书，第 182 页。

在谈到莎士比亚喜剧和悲剧哪个更好的话题时，他总的看法是，莎士比亚“对喜剧和悲剧有同等的天才”，不过，“他的悲剧比他的喜剧好，因为悲剧比喜剧好”。至于莎士比亚笔下的妇女形象，他认为“虽一向被指责为乏味，却是世界上最优美的”。①

当然，赫士列特也认为莎士比亚有缺点，不过他的缺点并没有人们说的那样多、那样大。他确实有的缺点主要是：（1）他的天才的普遍性对他的单个作品来说可能是不利条件，他的种种不同的丰富的才能有时使他不能将它用于最有效的目的；（2）有时候漫不经心，不太严谨；（3）大量双关语的运用不适合他这样一个伟大人物的身份。但他强调，莎士比亚的野蛮之处“是他那时代的产物”，“他的天才却是他个人的”。②

德·昆西是19世纪英国著名散文家和文学批评家，他以其名篇《论〈麦克白〉剧中的敲门声》（1823）在莎评史上得以留名。该文虽然只论及了莎剧中一个很小的场面，却有丰富的内涵。他说，继邓肯被谋杀后而发生的敲门声，“在我感觉上产生了一种我永远也无法说明的效果”。最初的思考力断然告诉他，敲门声不能产生任何效果，“但我心里有数，我感觉到它的确起了效果”，“这个效果是，敲门声把一种特别令人畏惧的性质和一种浓厚的庄严气氛投射在凶手身上”。③ 因此，德·昆西认为，莎士比亚对麦克白及其夫人谋杀完国王邓肯后听到敲门声的描写，具有不可忽视的重要意义，因为它是两种气氛的转折点，意味着魔性的退场和人性的回潮。他从心理学的角度细腻地分析了

---

① 杨周翰编选：《莎士比亚评论汇编》（上），中国社会科学出版社1979年，第195页。

② 同上书，第194—195页。

③ 同上书，第223—224页。

这一场景给人的印象和感觉，提出了作用和反作用的理论。他说，在麦克白和他的妻子这两个杀人犯身上，“有某种强烈感情的风暴在发作”，并在他们内心“制造一所地狱”。这使他们两人的人性“被恶魔的性格所代替”。麦克白和他的妻子“两人都符合恶魔的形象；魔鬼世界突然被显示出来了”。这个魔鬼世界和我们日常生活于其间的世界完全隔绝，于是，“我们感觉到日常生活的世界突然停止活动”，随之而起的是“人性的退场和魔性的上台”。[①] 莎士比亚的创作才能在这方面起到了积极的作用，收到了成功的艺术效果。更令人折服的是，莎士比亚以丰富的创造力，运用巧妙的构思，安排了有人敲门的情节。通过这个情节，莎士比亚使剧中的反作用开始了：“当谋杀行为已经完成，当犯罪已经实现，于是罪恶的世界就像空中的幻景那样烟消云散了：我们听见了敲门声；敲门声清楚地宣布反作用开始了；人性的回潮冲击了魔性；生命的脉搏又开始跳动起来；我们生活于其中的世界重建起它的活动；这个重建第一次使我们强烈地感到停止活动的那段插曲的可怖性。”[②] 通过这个敲门声所引起的反作用，莎士比亚在很大程度上强化了他所描绘的“地狱”和“恶魔世界”的恐怖效果。因此，敲门声使凶手显得更面目可憎，阴森可怕。在这里，我们可以把亚里士多德关于悲剧的定义应用到莎士比亚的《麦克白》上来。我们可以说，敲门声起了“净化”的作用，使读者所感受到的“怜悯”和“恐惧”更为强烈、更为深刻。[③] 德·昆西的文章提出了浪漫派审美鉴赏中的强烈直觉、感

① 杨周翰编选：《莎士比亚评论汇编》（上），中国社会科学出版社 1979 年，第 226—227 页。

② 同上书，第 228 页。

③ 同上书，第 230 页。

觉最可靠的重要原则，首开莎评史上的钩隐探微的研究风气。

法　国

19 世纪，浪漫主义的浪潮猛烈冲击着新古典主义的故乡法国。在这一态势下，莎士比亚的形象在法国批评家们的眼中也开始渐渐发生变化。首先发表与伏尔泰针锋相对的观点的是法国浪漫主义运动的先驱、著名文艺理论批评家斯达尔夫人（1766—1817)。她在专著《论文学》（1800）第一部第 13 章《论莎士比亚的悲剧》中指出，莎士比亚以前，各时代的文学都是“衣钵相传，同出一源”，“从希腊悲剧中吸取滋养”，而莎士比亚却“开始了一种新文学”。他的长处就在于不盲目模仿古人，而是走自己的独创之路，形成了自己依法自然、直歌其事的特色，也使得英国的戏剧艺术有了自己的特色。[①] 通过与希腊悲剧的比较，斯达尔夫人认为，莎士比亚的悲剧胜过古人，因为它不是表现蒙昧造成的宿命论，而是“找到了人类激情在哲学必然性上的最深刻的根源”。他的悲剧在造成恐惧与怜悯的效果方面也胜过了希腊悲剧。斯达尔夫人在具体分析了英国自 12 世纪以来激荡过的“内战恐怖”与莎士比亚悲剧所表现的“严酷痛苦”的关系后，明确指出“莎士比亚是第一个把精神痛苦写到至极的作家”，“在他以后，只有英国几个作家和德国作家可以和他媲美；他把痛苦写得那样严酷，如果自然对此不予认领的话，那么这几乎可说就是莎士比亚的创造了”。[②] 在她看来，正是由于希腊人和英国人所处的社会条件、心理素质等方面的不同，才造成了希腊悲剧和

---

① 杨周翰编选:《莎士比亚评论汇编》（上），中国社会科学出版社 1979 年版，第 361 页。

② 同上书，第 361 页。

莎士比亚悲剧的显著差异。至于莎士比亚悲剧中所表现的“粗野的精神”，也是与英国北方各民族好几个世纪生活在“野蛮的状态”、英国观众的好恶感以及“那个时代愚昧无知的文学原则”紧密相连的。[①] 由于斯达尔夫人是联系英国的民族精神与历史环境来考察莎士比亚的创作的，因此她的批评方法又体现出现实主义的一些特点。在谈到莎士比亚的艺术成就时，斯达尔夫人尤为赞赏他深刻的心理分析，认为他能以一种真实性和了不起的内心力量，描绘出痛苦的孤独。

斯达尔夫人也认为，以艺术性的完整而言，莎士比亚的戏剧较之希腊悲剧有退步，例如过分冗长，无用的重复、不连贯的形象太多，精彩的段落之间前后衔接还不够简练，还不能像他出色地刻画心理活动那样把过渡的场面也写得逼真自然。

勒内·夏多布里安（1763—1848）是著名的浪漫主义小说家，也是一位浪漫派莎评家。他对莎士比亚的态度有别于其他浪漫派莎评家。在《论莎士比亚》（1801）一文中，他反对把莎士比亚置于古往今来一切天才人物之上的观点，因为在他看来，莎剧确有许多不完美之处。他从时代、天才、艺术三个方面提出了自己对莎士比亚的看法。在前两个方面他对莎士比亚持肯定态度，认为他使戏剧艺术臻于完美的境地，对人性有深刻的了解，“无论是处理激情也好，是谈伦理道德和政治态度也好，还是哀叹或预见国家的苦难也好，他总能抒写万千情感，捕捉万千思绪，把万千格言运用于生活的种种场合”。[②] 但在艺术上，他指责莎士比亚文笔极不简练，描写臃肿冗长，拐弯抹角，读者经常

---

① 杨周翰编选：《莎士比亚评论汇编》（上），中国社会科学出版社 1979 年版，第 367 页。

② 同上书，第 378 页。

可以从那里面感觉出一个没有受过良好教育的人，他既不懂得什么叫做体裁、口吻、题材，也不知道字眼的确切意义，凭兴致之所至，在最粗俚的东西当中插进了诗的语言。① 他还指责莎士比亚违反三一律和得体说。夏多布里安的莎评体现了他本人的贵族态度和宗教观点，因此总的来说，他的评论不够公允。

法国批判现实主义文学奠基者司汤达（1783—1842）也是这一时期著名的莎评人物，著有《拉辛与莎士比亚》（1823—1825）。在这部理论著作中，司汤达提出了自己的浪漫主义主张，认为一切伟大的作家都是他们时代的浪漫主义者，其伟大之处就在于表现了他们时代真实的东西。认为莎士比亚就是伟大的浪漫主义者，他给 1590 年的英国人表现了内战所带来的流血灾难，并且以朴素真实的细节，展示了这种悲惨的场面，细致地描绘了人的心灵的激荡和热情的最精细的变化。在艺术上，司汤达反对三一律，认为遵守地点整一律和时间整一律是法国的一种“根深蒂固”、“很难摆脱”的习惯，这种习惯“无法产生强烈的感情和真正的戏剧效果”。② 因此，他主张向莎士比亚学习。司汤达与其他浪漫派莎评家所不同的是，他强调戏剧动作，认为它是戏剧快感的主要来源。如果剧本像史诗那样只注重诗句的华美，就会破坏戏剧效果。这一见解，一定程度上是对浪漫派一味强调诗而忽视表现的倾向的一种纠偏。③ 值得注意的是，司汤达所倡导的学习莎士比亚的浪漫主义，实质上是现实主义，他的莎评具有明显的现实主义倾向。《拉辛与莎士比亚》就被誉为欧洲批判现实

---

① 杨周翰编选：《莎士比亚评论汇编》（上），中国社会科学出版社 1979 年版，第 385 页。

② 同上书，第 394 页。

③ 张泗洋等：《莎士比亚引论》（下），中国戏剧出版社 1989 年版，第 418 页。

主义文学的宣言书。

浪漫主义文学大师雨果（1802—1885）的气势磅礴的莎评著作，是自琼生以来莎士比亚艺术的最伟大的颂歌。在1827年发表的《〈克伦威尔〉序》中，雨果就认为近代诗的最高形式——戏剧，到莎士比亚手中发展到了最高顶点，即“以同一种气息溶合了滑稽丑怪和崇高优美、可怕和可笑、悲剧和喜剧”，[①] 因而称他为戏剧界的天神。1864年，雨果的研究专著《莎士比亚论》面世。这部皇皇巨著分三部分，第一部分共五卷，主要从文学历史发展过程考察莎士比亚；第二部分共六卷，主要是对莎士比亚的具体分析和评价；第三部分共三卷，主要谈莎士比亚对后世的深远影响。其中，第二部分的第一卷《莎士比亚的天才》，从多方面对莎士比亚作了概括性的评论。

雨果把莎士比亚看作是诗人、历史学家、哲学家三位一体的人。因为他是诗人，“人类热情之巨流”，他的作品“使人感动、使人惊奇、使人受到鞭挞；他扶起你或击倒你，经常出于你的期待而把你整个的心灵都掏了出来”。[②] 他是哲学家，因为他想象，“想象就是深度”，“没有一种精神机能比想象更能自我深化、更能深入对象，这是伟大的潜水者”。“这便是为什么莎士比亚能如此随心所欲地操纵现实并使他自己主观的偏好可以和现实并行不悖的原因。”[③] 他是历史学家，在分析、综合、有血有肉的创作上，巧妙地运用历史的材料，制作出了各种类型的标本，因而人

---

① 伍蠡甫等：《西方文艺理论名著选编》（中），北京大学出版社1986年版，第134页。

② 杨周翰编选：《莎士比亚评论汇编》（上），中国社会科学出版社1979年版，第408页。

③ 同上书，第411页。

们阅读他的作品，“就感到有一种巨大的风从一个世界的开口吹过来”，“在各种意义上闪耀着天才的光辉”。①

雨果莎评的贡献首先在于，他用极其形象的语言阐释了莎士比亚作为自然诗人所具有的丰富、有力、繁茂、博大的特点。“莎士比亚丰富、有力、繁茂，是丰满的乳房、泡沫满溢的酒杯、盛满了的酒桶、充沛的汁液、汹涌的岩浆、成簇的萌芽、普赐生命的甘露，他的一切都以千计、以百万计，毫不吞吞吐吐，毫不牵强凑合，毫不吝啬，像创造主那样坦然自若而又挥霍无度。”②他“好像原始森林”，又“好像滔滔的大海”。③ 这充分表达了浪漫派把莎士比亚当作一个世界来景仰的惊喜之情。其次，他从本质上揭示了莎士比亚的对照原则，说这种对照实际上是对事物永恒而普遍的矛盾的反映。他认为莎士比亚的伟大之处“全在对照”，并且他“倾其力于对偶之中”，细腻地表现了整个自然、整个生活中各种矛盾的因素以及各种各样人物的对照，诸如善与恶、欢乐与忧伤、爱情与仇恨、高尚与卑小、生与死、冷与热、天使与魔鬼、灵与肉、自我与非我等等。④ 他具有从正反两方面去观察一切事物的那种至高无上的才能，致使“每一个字都有形象，每一个字都有对照，每一个字都有白昼和黑夜”。⑤ 这一评论对于莎士比亚固然有切合实际、言之有理，甚至相当精彩之处，却明显表现出雨果本人强烈的主观色彩，从中我们可以看出

---

① 杨周翰编选：《莎士比亚评论汇编》（上），中国社会科学出版社 1979 年版，第 413 页。

② 同上书，第 416 页。

③ 同上书，第 421 页。

④ 同上书，第 415 页。

⑤ 同上书，第 416 页。

他是根据自己的文学原则即对照原则来看待和理解莎士比亚的，有时甚至把莎士比亚说成是他所宣扬和钟情的对照原则的体现者。第三，他认为，在灵魂探索方面很少有人能超过莎士比亚，“人类灵魂好些最奇特的私衷都被他表现出来了”。“他巧妙地使人广泛地在戏剧事实的复杂性之下感觉到形而上学事实的简单性。人们自己不承认的东西，就是他们最初害怕而最后希求的东西，这便是朱丽叶的灵魂与麦克白的灵魂、一切处女的心与一切凶手的心的衔接点与意外的会合处；纯洁无邪的少女害怕爱情但又渴望爱情，就像恶棍害怕但又渴望野心一样。”①

总之，雨果把浪漫派对莎士比亚伟大之处的体验淋漓尽致地表达了出来。他与歌德一起被誉为欧洲大陆浪漫派莎评中的双星。

德　国

歌德是德国最伟大的诗人和戏剧家，也是继赫尔德之后德国浪漫派中又一位莎士比亚艺术的伟大阐释者。其莎评主要散见于《莎士比亚命名日》（1771）、《说不尽的莎士比亚》（1826）等文章和长篇小说《维廉·麦斯特的学习时代》（1795），以及爱克曼辑录的《歌德谈话录》（1823—1832）中。充满浓郁的诗意与饱满的激情，是歌德莎评的显著风格。

歌德是以这样的语言来表示他对莎士比亚的崇敬之情的：“我初次看了一页他的著作之后，就使我终身折服；当我读完他的第一个剧本时，我好像一个生来盲目的人，由于神手一指而突然获见天光。我认识到，我极其强烈地感到我的生存得到了无限

① 杨周翰编选：《莎士比亚评论汇编》（上），中国社会科学出版社 1979 年版，第 412—413 页。

度的扩展；对我说来一切都是新奇的，前所未闻的，不习惯的光辉使我眼睛酸痛。我渐渐学到了怎样去用视力，感谢赐给我智慧的神灵，我现在还亲切地感到，我获得了些什么。”[①] 他强调说：“我们说莎士比亚是最伟大的诗人之一，同时我们也承认，不容易找到一个跟他一样感受着世界的人，不容易找到一个说出他内心的感受、并且比他更高度地引导读者意识到世界的人。”[②] 他在莎士比亚的启发下，强烈地感到需要摆脱古典主义三一律的束缚，“我觉得地点的统一好像牢狱般的狭隘，行动和时间的统一是我们想象力的讨厌的枷锁”，并表示“要是我不向他们宣战，不每日寻思着去攻破他们的牢狱，那我的心要激怒得爆裂了”。[③] 在莎士比亚的影响下，他构思了《葛兹》，并萌发创作《浮士德》的意愿。

在德国，歌德是第一个分析哈姆莱特性格的人。他认为，哈姆莱特临死前意味深长的慨叹，即“时代整个脱节了；啊，真糟，天生我偏要我把它重新整好！”这句话，是理解他“全部行动的关键”。莎士比亚要描写的是“一件伟大的事业担负在一个不能胜任的人的身上”的故事。“一个美丽、纯洁、高贵而道德高尚的人，他没有坚强的精力使他成为英雄，却在一个重担下毁灭了，这重担他既不能掮起，也不能放下；每个责任对他都是神圣的，这个责任却是太沉重了。”[④] 在歌德心目中，哈姆莱特是一个显出特征的有生命的整体。在文艺理论发展史上，歌德将艺

---

① 杨周翰编选：《莎士比亚评论汇编》（上），中国社会科学出版社 1979 年版，第 289 页。

② 同上书，第 298 页。

③ 同上书，第 289 页。

④ 同上书，第 296 页。

术的整体概念同现实生活中有生命的个人结合起来加以论述，这是带有独创性的。他认为，由于人本身是一个显出特征的、优美的、生气灌注的整体，是一个多方面的有着内在联系的统一体，因此，艺术家所精心创造的人物形象所显示的特征，决不应是某种概念的抽象品，而应是多种性格特征的有机统一的活的整体。各种性格属性之间都有一种内在的必然性的联系，而且是由某种基本性格特征将其他各种次要特征有机地结合在一起。这一活的整体虽然来自现实，但又不是在现实中所能找到的，它是艺术家自己心智的结晶，是艺术家求助于虚构，用自由大胆的精神创造出来的。一个伟大的戏剧体诗人如果同时具有创造才能和内在的强烈而高尚的思想感情，并把它们渗透到他的全部作品里，就可以使他的剧本中所表现的灵魂变成民族的灵魂。为此，歌德特别推崇莎士比亚，认为他的戏剧“是一个美丽的百像镜，在镜箱里世界的历史挂在一根看不见的时间的线索上从我们眼前掠过”。“他跟普罗米修斯比赛，一点一划地学习他去塑造人类，只是这些人类有着无比巨大的身材；这就是为什么我们认不出自己弟兄的原因了；随后他用自己的精神呵了一口气，使他们都变成活人，从他们的口中可以听到他自己的语言，人们可以认出这些人物的血统渊源来。”① 莎士比亚的人物既有高度的客观的真实性，又熔铸着作者丰富的思想感情，我们从中可以学会懂得人类的思想感情。歌德说，莎士比亚的剧本全部围绕着秘密的一个点在旋转，这个点虽然他没有明说，但大概就是人物、人性及其表现出的历史的规律。

歌德与其他浪漫派批评家是有区别的，其根本区别在于，他

---

① 杨周翰编选：《莎士比亚评论汇编》（上），中国社会科学出版社 1979 年版，第 291 页。

非常看重莎士比亚戏剧的现实基础。他在《说不尽的莎士比亚》中认为，虽然莎士比亚的作品也出现过像预言、疯癫、梦魇、预感、异兆、仙女、精灵、鬼魂、妖异和魔法师等虚幻的成分，但它们并不是作品中的主要成分，“作为这些著作的伟大基础的是他生活的真实和精悍，因此，来自他手下的一切东西，都显得那么纯真和结实”。[①] 歌德进一步将古典的和浪漫的作品的区别作了比较，并列出了下面的对比一览表：

古典的	近代的
纯朴的	感伤的
异教的	基督教的
英雄的	浪漫的
现实的	理想的
必然	自由
天命	愿望[②]

歌德认为古典纯朴的、现实的作品的基础就是真实，而病态的、伤感的往往流于矫揉造作，缺乏真实性。莎士比亚的作品不属于感伤的、病态的浪漫派范畴，而是属于纯朴的那一类。在古典的和浪漫的作品的历史比较中，他还认为，“古代诗篇中占着统治地位的是天命与完成之间的不协调，近代诗篇中则是愿望与完成之间的不协调”；[③] “由于莎士比亚以一种极妙的方式把古与

---

① 杨周翰编选：《莎士比亚评论汇编》（上），中国社会科学出版社 1979 年版，第 301 页。

② 同上书，第 301—302 页。

③ 同上书，第 302 页。

今结合起来，他在这方面是独一无二的”。[①] 在古代作品天命与完成之间的矛盾中，天命（在人物性格中即命运）总是显得太严峻，它决定着一切，因此这些作品只能使我们对它感到惊奇，而不会感到愉悦。“那种或多或少或者完全剥夺一切自由的必然性，是与今天我们的思想意识不相融的；可是莎士比亚通过他的途径接近了这些东西，因为他使必然性具有了道德意义，借此也就把古与今结合起来，使我们感到愉悦惊奇。”[②] 可见，歌德的莎评是很重视现实基础的。

不过，歌德并没有排斥浪漫主义因素，相反，他对莎士比亚表现出的现实主义与浪漫主义完美结合的精湛技艺发出了由衷的赞叹：

> 如果有什么东西要向他学习的话，那么就是这一点我们必须在他的学校里去学习。我们也许既不该责备也不该抛弃我们的浪漫主义文学，但把它过分地绝对地颂扬，或片面地迷恋着它，这种做法会使它的坚强、壮实、精干的那一面被误解或受到损害的，我们应该企图把那个巨大的、似乎不能结合的矛盾在我们胸中结合起来，尤其因为一个伟大的、独一无二的大师，这位我们极其尊重的、往往说不出理由地推崇得高于一切的大师，已经真正做出了这个奇迹了。[③]

从歌德对莎士比亚创作的评论和他自己的创作实践不难看

---

① 杨周翰编选：《莎士比亚评论汇编》（上），中国社会科学出版社 1979 年版，第 303—304 页。

② 同上书，第 304 页。

③ 同上书，第 305 页。

出，在创作方法上，他是在探索和寻找现实主义与浪漫主义的某种程度上的结合。这种结合又是以莎士比亚的创作为榜样的。他的《浮士德》最后描写主人公与古希腊美女海伦的结合，就充分表现出了歌德在艺术实践上的这种探寻。

德国浪漫派批评家除歌德外，弗里德里·史雷格尔（1772—1829）和著名诗人亨利希·海涅（1797—1856）对19世纪莎评也作出了重要贡献。史雷格尔是德国浪漫主义运动在思想意识方面的突出代表。他对莎士比亚的评论主要散见于他的《论哈姆莱特》（1795—1796）、《作为北方诗人的莎士比亚》（1812）、《论莎士比亚的浪漫性》（1812）等多篇论文中，曾对英国浪漫派莎评有过重要影响。他认为，莎士比亚是“近代诗歌的顶峰”。“一切艺术家中，正是莎士比亚最完备、最恰当地刻画着近代文学的精神。他结合着浪漫的英雄武士时代的爱情花朵，古代北方的洪濛时代巨人般的宏伟，跟近代社会最文明的风尚，和最深奥丰富的哲理诗情。”就后两点说，他有时好像早已知道并且学会了我们时代的文化。“在永不枯竭的有趣事物的涌现上”，在“各种激情的强烈力量上”，在“性格描绘的望尘莫及的真实性上”，以及“无比的独创性上”，没有人能胜过他。他兼容着近代人的各种独特的艺术优点，包罗万象，高超卓越，甚至包括近代人身上所具有的放荡、怪诞和缺陷。[①] 史雷格尔对莎士比亚的重要观点集中体现在两大方面。首先，他认为，“莎士比亚的诗完全是浪漫性的”。莎士比亚的意愿和禀赋，使他转向浪漫的方向；这种浪漫“是真正的，不片面的，不只是游戏性的，而且也是深刻、严肃和宏伟的，是最充实、完备的意义上的浪漫”。这种浪漫的特征

① 杨周翰编选：《莎士比亚评论汇编》（上），中国社会科学出版社1979年版，第313页。

主要表现在他的田园抒情风格和南欧的浪漫情调上。他认为在这方面，莎士比亚应该成为我们的楷模，通过对他的深入研究和了解，“可以逐渐养成对诗歌的较高的意识”，“成为德国人的任何较好的艺术感的一般基础”。[①] 其次，史雷格尔认为，莎士比亚的悲剧是对人生和命运的哲理探讨，包括表现人类心灵的无法解决的不和谐性，思考生命和存在的目的等。例如，他在分析哈姆莱特这一人物时指出：“由于奇异的生活境遇，在高尚的天性中的一切力量都集中在不停思虑的理智上，他行动的能力却完全破坏了。他的心灵好像绑在拷刑板上向不同的方向分裂开来；这个心灵由于无止境地思虑着的理智而陷于覆灭，这种理智使他自己比所有接近他的人遭到更大的痛苦。人类心灵的无法解决的不和谐性——这是哲理悲剧的真正题材——也许比起哈姆莱特性格中思考和行动力量的无限失调来，没有其他东西更能完美地表现这种不和谐性了。这部悲剧的总的印象是：在一个极度败坏的世界中，理智所遇到的无比绝望。”[②] 史雷格尔的这个见解是极有价值的。

海涅在莎评史上的地位是由他的名著《莎士比亚笔下的女角》（1839）奠定的。在这部著作中，海涅不仅对莎士比亚在文学史上的伟大贡献及其对后世的深远影响（例如对雨果、大仲马、缪塞等一代法国浪漫主义作家的影响）给予了深刻的概括和全面的评价，而且对莎士比亚悲剧和喜剧中一系列著名的女性形象逐个作了精彩的分析。他认为，莎士比亚不仅是诗人，还是历史学家。他的历史剧的任务就是把真实提高为诗。他不仅透彻地

---

① 杨周翰编选：《莎士比亚评论汇编》（上），中国社会科学出版社 1979 年版，第 320—321 页。

② 同上书，第 312 页。

了解他本国的历史现象，而且透彻地了解古代世界，并能用诗真实地把它们表达出来。海涅还为莎士比亚违反三一律作了生动的辩解，指出莎士比亚的舞台是这个地球，“这便是他的地点的统一；他的剧本演出的时期是永久，这便是他的时间的统一；他的戏剧的英雄符合这两点，他便是剧中有声有色的中心，并且表现了情节的统一……这个英雄便是人类”。[①]

在书中，海涅对其他不少问题也都有独特而卓越的见解。例如，他认为，“真实永远是莎士比亚的爱情的标志”，无论她化身为什么形象，“她可以叫米兰达，或者叫朱丽叶，或者甚至叫克莉奥佩特拉”。据此他指出，这三个女性“标志着三种非常重要的爱情典型”。米兰达是这样一种爱情的代表，“它能够在历史影响之外，恰似开在只有仙履漫踏的一尘不染的土壤上的花朵，展现出她至高无上的理想美”。朱丽叶的爱情则如她的时代和环境一样，带有中世纪一种更为浪漫的、已经迎着文艺复兴盛开的性格，她“代表一个青春的、还有几分粗野、但却未曾破坏的、健康的时代的爱情”，完全渗透了“这样一个时代的情热和确信”。而克莉奥佩特拉代表的是“一个衰微的文明时代的爱情”，“这种爱情没有信任，没有忠诚，因而反倒更加放荡，更加炽热”；并且“这种爱情永远是一种热昏，或多或少是美丽的”，但它不仅烧毁自己，也使他人不幸。[②] 又如，海涅绝无仅有地把《威尼斯商人》归入悲剧行列，这主要源于他对剧中夏洛克这个人物的异乎寻常的独特看法。夏洛克在传统的概念中是个凶狠残忍、唯利是图的放高利贷者。海涅却独具慧眼地看到了夏洛克坚持要割取

① 杨周翰编选：《莎士比亚评论汇编》（上），中国社会科学出版社 1979 年版，第 327 页。

② 同上书，第 344—345 页。

安东尼奥身上一磅肉的内因，看到了民族压迫的罪恶，深刻地指出：夏洛克的行为只是被压迫者将骄傲的虐待者所加诸他们的屈辱连本带利予以奉还时所发出的极度痛苦的欢呼，是为了给予难堪的诽谤以正义的报复，并满足那颗受尽凌辱的心。因此，他认为夏洛克是一个值得尊敬的人物。但是这个被压迫苦难化身的夏洛克，经过徒然的挣扎后，最终仍然丧失了他的女儿和财产，还受到嘲弄，落得个永劫不复的命运。所以，对夏洛克悲剧命运的同情和慨叹，使海涅把《威尼斯商人》列为悲剧。

另外，德国浪漫主义作家威廉·席勒格（1767—1845）也值得一提。席勒格曾多年致力于莎士比亚研究，并花费十余年的心血，翻译了《莎士比亚全集》。勃兰兑斯在其经典巨著《十九世纪文学主潮》中，评价席勒格的翻译可以被视为堪与莎士比亚比肩的德国诗人的作品。他的翻译的出版，使中欧和北欧众多不懂英语的读者，得以发现了莎士比亚的才华，从而使这位伟大的英国诗人在自己的域外国度里大展风采。他认为，莎士比亚是他的民族的骄傲，“在未来的岁月里，他的声名将如阿尔卑斯山的雪崩一样，随着时间向前进展的每一刹那而不断地增大威力。他的声誉日隆，人们对他怀着极大热忱，这种热忱使诗人在德国一被熟悉之后，就被当作本国的诗人那样对待了”。[①] 他指出，莎士比亚的思想一般不在词藻方面，而是在事实方面；他是一个观察自然的好手，他熟悉人类，“他在这方面是如此出类拔萃，以至无愧被公正地称为人类心灵的大师”。“他像一个全人类的代表，在未受到任何指点的各种情况下，用一切个人的身份去行动去说话。他赋予他笔下的想象人物以独立自在的活力，从而使他们在任何场合都按照大自然的一般规律而行动：他在自己的梦中建立

---

① 歌德等：《莎剧解读》，张可等译，上海教育出版社 1998 年版，第 278 页。

了经验世界，这个经验世界被人坚信不疑地认作是根据清醒的目的建筑起来的。他笔下的人物并非仅仅为了观众的缘故去做什么或说什么，这种本领是使人难以设想并且永远学不到的；他只是通过显示的办法而不附加任何补充说明，把暗藏在这些人物内心深处的隐秘传达给观众。”①

针对人们反对莎士比亚的最大理由之一，即认为他用使人厌恶的道德败坏来伤害人们的感情，甚至展示最不堪入目最令人反感的景象来折磨人们的意识，席勒格为莎士比亚辩护道：“的确，他从来不用悦目的外表去遮盖粗野和血腥的情欲，从来不用虚伪伟大的外表去掩饰罪行和不义；在这一点上，无论从哪方面来说，他都是值得赞赏的。”因为“要达到伟大的目标，就必须采用同样伟大的手段，我们应该使自己的神经适应于痛苦的感应，以便使自己的思想由此而变得崇高和坚强。经常地去描写一个可怜而渺小的族类，一定会挫败诗人的勇气的。对于莎士比亚的艺术来说，幸运的是他虽然活在一个对崇高和仁慈特别易于感受的世纪，可是这个世纪却从精力饱满的上一代继承了充分的坚强，不致在各种强烈凶猛的景象前而惊慌失措。我们时代的悲剧是以一位迷人公主的昏厥作为结局的。如果莎士比亚有时陷入了另一个极端，这也只是由于充沛的巨大的力所形成的光荣的瑕疵”。②总之，席勒格对莎士比亚作了高度的评价，认为他的全部作品都烙有他固有的天才的印记，他的作品“是用一种弥漫一切的风格所完成的，这种风格显示了作者的自由和明智的鉴别力”，我们不得不承认“他无愧于一切正确的诗人的称号”。③

---

① 歌德等：《莎剧解读》，张可等译，上海教育出版社1998年版，第301页。

② 同上书，第309页。

③ 同上书，第322页。

二　19 世纪中后期现实主义莎评

与浪漫主义莎评不同的是，现实主义批评家主要从客观现实出发，力图通过冷静的思索与理智的判断，发掘莎士比亚创作所蕴含的丰富的社会内容和体现出的时代意义。19 世纪中后期现实主义莎评家，在英国主要有卡莱尔、查理斯·奈特、道顿等；在法国主要有丹纳等；在德国主要有黑格尔、马克思、恩格斯等；在俄国主要有普希金、别林斯基、赫尔岑、屠格涅夫、车尔尼雪夫斯基、杜勃罗留波夫等。在这一时期，相比较而言，现实主义莎评在德国和俄国表现得最为突出，最为鲜明。所以它将是我们讨论的重点。当然，上述其他批评家的观点，我们也会予以简明扼要地介绍。

英　国

卡莱尔（1795—1881）是第一个比较重要的英国现实主义莎评家。在《论英雄、英雄崇拜和历史上的英雄事迹》（1841）一书中，他十分强调莎士比亚的现实主义意义。他把但丁和莎士比亚誉为“诗人中的英雄”,① 但他认为两者的区别在于，莎士比亚表现了欧洲的生活风貌，而但丁则揭示了心灵的运动状态。他认为莎士比亚具有非凡的智力和创造力，他能依据杂乱粗陋的素材创作出卓越的艺术品。和浪漫主义批评家一样，卡莱尔充分肯定了莎士比亚的道德意义。在他看来，伟大的诗人必然同时也是

---

①　转引自张泗洋等《莎士比亚引论》（下），中国戏剧出版社 1989 年版，第 421 页。又及：这里对卡莱尔、查理斯·奈特、道顿等人莎评观点的介绍，主要参用张泗洋等著《莎士比亚引论》中的相关内容。

一个道德上的完人，因为对于事物如果没有伦理上的判断，就不可能深刻地理解它。基于这样的认识，卡莱尔无比自豪地宣称，我们可以不要印度，却不可没有莎士比亚。

查理斯·奈特在其《莎士比亚研究》（1849）一书中，高度评价了莎士比亚的现实主义特色。他认为，莎士比亚所展示的生活高于实际生活，这种高于实际的更美的生活并不使人感到遥远陌生，因为它源于我们现实的生活。

道顿的《莎士比亚：他的思想和艺术》使他成为19世纪后期杰出的莎评家。这一著作被公认为是英国第一部系统研究莎士比亚创作思想的学术著作。他把莎士比亚的创作分为四个时期，并逐期探讨了莎士比亚每一个时期的主导思想，最后得出结论：莎剧所显示的现实世界背后，蕴涵着作者对生活本质的深不可测的理解，莎剧的创作过程实际上反映了莎士比亚的才智与性格从不成熟走向最终成熟的进程。道顿对莎剧的分析基本上是从道德角度出发的，同时表现出理想化与温情主义的倾向。

法　国

法国这一时期的莎评家中，最引人注目的就是著名史学家、批评家丹纳（1828—1893）。他虽然不是专门的莎学研究者，但他在理论和创作上的功力使其零散评价具有鲜明的独特性。他的评价反映了这一时期法国文艺界对莎士比亚的基本态度。

黑格尔曾针对法国古典主义者对莎士比亚的指责，说过这样的话："法国人最不会了解莎士比亚，当他们修改莎士比亚的作品时，他们所删削去的正是我们德国人最爱好的部分。"① 丹纳

---

① 转引自歌德等《莎剧解读》，张可等译，上海教育出版社1998年版，第115页。

的莎评却是反古典派的。丹纳虽然不是第一个背叛本国传统的批评家，因为此前的司汤达等都以深刻的艺术鉴赏力高度评价过莎士比亚的戏剧创作，但是在法国以反古典派的观点比较全面地来论述莎士比亚的，仍然数他最早。作为现实主义和自然主义文学潮流的美学奠基人之一，丹纳的美学观对探讨各民族各时代文艺现象的产生原因以及研究文艺的本质提供了新的方法论。他有关莎士比亚的见解主要散见于他的《英国文学史》（1863—1869）和《艺术哲学》（1865—1869）这两部名著中。丹纳由于持有文学艺术作品的产生受种族、环境和时代三要素制约的观点，加之其理性与科学的研究方法，自然使他十分看重莎士比亚作品中的现实主义特征。他认为，完美的作品都应该表现一个时代一个种族的主要特征，除此之外，还要表现几乎为人类各个集团所共有的感情与典型。莎士比亚就是“在准确地表现真实生活细节方面，在千变万化地运用幻想方面，在深刻复杂地刻画出类拔萃的激情方面最伟大的创造者”、“全能大师”。[①] 他是“最伟大的心灵创造者”、“最深刻的人类观察者”，他“眼光最敏锐，最了解情欲的作用，最懂得富于幻想的头脑如何暗中酝酿，如何猛烈地爆发，内心如何突然失去平衡，最能体会肉与血的专横，性格的左右一切力量，促成我们疯狂或健全的暧昧的原因”。[②] 他认为，莎士比亚的伟大天才赋予了他的文字以一种非凡的意义。他笔下每个人物所说的每句话，读了可以使我们体会其中包含的意念、蕴涵的感情之外，还可以使我们体会说这句话的人的全部品质和全部性格——这个人的性情、体态、风度、容貌全都在刹那之间

---

① 丹纳：《英国文学史》，转引自歌德等《莎剧解读》，张可等译，上海教育出版社 1998 年版，第 2 页。

② 丹纳：《艺术哲学》，傅雷译，人民文学出版社 1963 年版，第 364 页。

无比清晰地以雷霆之势涌现在我们的眼前。我们读到的字句不及我们从中体会到的内在含义；它们有如时时迸发的火花；我们的眼睛无从把捉火焰的闪耀；只有我们的心灵才能领会这是一场熊熊烈火即将爆发的信号和征兆。丹纳高度赞赏莎士比亚让我们在同一个剧本中看到这样“两个不同的方面”：“奇异的、痉挛的、压缩的、看得见的方面和和谐的、无限的、看不见的方面。一个方面巧妙地掩蔽了另一个方面，以至我们不知不觉地忘记了眼前的文字：我们听到了轰轰作响的可怕声浪，看到了缩紧的面孔、灼热的眼睛、苍白的脸色、狂热的情绪以及时而热血沸腾，时而浑身颤栗的可怕决定。每句话的内涵都展示了一个内心的和形式的世界，因为实际上每句话正是从感情和形象的世界孕育出来的。莎士比亚写作的时候，不仅感受到我们所感受到的一切，而且还感受到许多我们所没有感受到的东西。他具有不可思议的观察力，可以在刹那之间看到一个人的完整的性格、体态、心灵、过去与现在，生活中的所有细节与深度以及剧情所需要的准确的姿态与表情。”① 丹纳常常通过对莎士比亚戏剧创作的分析，揭示他与时代的关系，认为莎士比亚通过经验，熟悉了乡村、宫廷和城镇的风土人情，研究了社会的各个阶层各色人等，表现了世俗风习。他的风格完全是伊丽莎白时期的普遍特征，有着暴烈与可怕的人物、凶手和离奇的结局、放纵的情欲、辉煌的文体、田园般的诗意与敏感情深的女性等。

丹纳在评论莎士比亚时，还明显存在着一种倾向，即企图通过作品的分析，描绘出一幅作者的肖像，以显示作者的精神面貌。他认为，人们都是按照自己的观念去形成世界的，所以“人

---

① 丹纳：《英国文学史》，转引自歌德等《莎剧解读》，张可等译，上海教育出版社1998年版，第42—43页。

们把一切事物都涂上了自己的思想色彩”。[①] 既然如此，莎士比亚本人身上的种种性格特点，都必然会在他笔下的人物身上体现出来。例如，他在分析哈姆莱特的形象时说，哈姆莱特迟迟不去杀他的叔父，并不是由于恐惧流血或者由于我们现代人所谓的良心责备，而是“过分活跃的想象由于积累了各种意象和热中于专注的思考以至消耗了一切活力”。“你可以看到他是一个善于幻想而不善于行动的人，他沉醉在自己心造幻影的冥想里面，他把想象的世界看得太清晰了，以至无法在现实的世界中负担起自己的使命；他是一个艺术家，倒霉的机遇使他成了一个王子，而更坏的机遇使他成了一个向罪恶进行报仇的人，他是天命的英才，可是命运注定他陷入了疯狂和不幸。哈姆莱特就是莎士比亚，纵览整个肖像画廊，每一幅肖像全都有着莎士比亚自己的一些特点，而莎士比亚却在最后这一幅肖像中把自己描绘得最为突出。”因此丹纳下结论说，如果让莎士比亚编写一部心理学，他就会这样说：“人是一架神经的机器，被情绪所支配，被幻觉所左右，被放纵的情欲所操纵，他在本质上是没有理性的，是动物和诗人的混合，只有心灵的狂喜，只有道德的敏感，以想象作为动力和向导，漫无目的地被最确定最复杂的环境引向痛苦、罪恶、疯狂和死亡。”[②] 丹纳的评论的确别具一格，但不可否认，他在反对古典派的理智主义的极端时，又出现了导向直观主义极端的毛病。这样一来，他在肯定莎士比亚塑造暴烈而痛苦的心灵最有力量、最完全、最显著的同时，自然也就批评、责备莎士比亚缺少道德、某些人物不得体等，例如他说莎士比亚笔下创造的哈姆莱

① 丹纳：《英国文学史》，转引自歌德等《莎剧解读》，张可等译，上海教育出版社 1998 年版，第 88 页。

② 同上书，第 91—92 页。

特、李尔王、麦克白、奥瑟罗、罗密欧、朱丽叶、苔丝狄蒙娜等，都是受盲目愤激的幻想、近于疯狂的敏感、想入非非的幻觉等所鼓动的人物。[①] 这种批评和责备，说明他的态度中尚存有新古典主义的偏见和遗风。

德　国

这一时期，德国莎评的代表人物首先是作为著名哲学家和美学家的黑格尔（1770—1831）。他的有关评论散见于其巨著《美学》中。他认为，按照生活本来的样子去加以描绘是莎士比亚创作的原则。基于此，莎士比亚不仅广泛地描绘了纷繁多样的社会生活，而且非常注意把这样的描绘同表现人类的旨趣结合起来。所以莎剧虽然具有民族性的鲜明特点，但其中占据很大优势的却是人类的普遍旨趣。他认为仅仅表现某一民族时代风尚的特殊人物性格和情欲的作品是不会永存的，因为它的意义难以被其他民族其他时代的读者所理解。他提出了这样一个逆定理：凡是不欢迎、不接受莎士比亚的地方，那里民族艺术的清规戒律总是既狭隘又特殊。这对法国古典主义者们无异于一个沉重的打击。在论及戏剧冲突时，黑格尔将它分为三类：第一类是“物理的或自然的情况所产生的冲突，这些情况本身是消极的，邪恶的，因而是有危害性的”，例如自然所导致的疾病、种种灾祸，它们“破坏了原来生活的和谐，结果造成差异对立”，不过，这一类冲突没有什么意义。第二类冲突是“由自然条件产生的心灵冲突，这些自然条件虽然本身是积极的，但是对于心灵，却带有差异对立的可能性”，这些“外在的自然力量，单就它是外在的自然力量来说，在

---

① 丹纳：《艺术哲学》，傅雷译，人民文学出版社1963年版，第380页。

心灵的旨趣和矛盾中既然不是本质的东西，所以在它和心灵的关系紧密结合时，它只是一种基础（或背景），使真正冲突导致破坏和分裂”。例如由自己无法把握的家庭出身、阶级地位、天生性情等所导致的冲突都属于这一类。这两类冲突与自然的因素相联系，即“人不是以心灵的身份所做的事”，包含着不自觉的成分。第三类冲突则是“由心灵性的差异面产生的分裂”，“这种方式的冲突的根源在于精神的力量以及它们之中的差异对立，因为这种矛盾是由人的行动本身引起来的”。在他看来，这类冲突才是真正重要的矛盾冲突。黑格尔指出，第一类冲突在莎剧中几乎不存在；第二类冲突在莎剧中是存在的，例如《麦克白》涉及家庭关系中王位继承权的冲突，《奥瑟罗》涉及人的天生性情妒忌与合理原则的冲突，但这些冲突是由于家庭出身、天生性情等自然条件作用于心灵而产生的较为深刻的冲突，或者说，这些冲突是作为精神性冲突的背景，因而与精神性冲突关系密切。而第三类冲突在莎剧中占据突出地位。《哈姆莱特》、《罗密欧与朱丽叶》等都表现了这样的冲突。[①] 黑格尔的这种分析极具有理论的深度。

黑格尔认为，莎士比亚在人物性格的塑造方面也是首屈一指的，就描绘直接生活的生动鲜明与伟大心灵这种统一性来说，近代戏剧体诗人之中很难找到另一个人能和莎士比亚相媲美。歌德在早期固然也显出类似的对自然的忠实和描绘特征的细致，但是在情绪的内在魄力和崇高方面终比不上莎士比亚；至于席勒，他更是在狂飙似的奔放洋溢中没有抓住真正的内核。莎士比亚的悲剧人物具有个性的、现实的、生动的、高度多样化的特点。这些特点又赋予莎士比亚的人物以真正的客观性。黑格尔指出：“艺术作品应该揭示心灵和意志的较高远的旨趣，本身是人道的有力

① 黑格尔：《美学》第一卷，朱光潜译，商务印书馆 1979 年版，第 262—270 页。

量的东西，内心的真正的深处；它所应尽的主要功用在于使这种内容透过现象的一切外在因素而显示出来，使这种内容的基调透过一切本来只是机械的无生气的东西中发生声响。所以如果把情致揭示出来，把一种情境的实体性的内容（意蕴）以及心灵的实体性的因素所借以具有生气并且表现为实在事物的那种丰富的强有力的个性揭示出来，那就算达到真正的客观性。”① 而这种具有客观性的人物性格，必须同时“保持住生动性与完满性”。② 黑格尔对哈姆莱特的分析，就着眼于揭示莎士比亚人物性格的丰富性和完满性。他认为哈姆莱特的性格有其软弱的一面，但“他并没有内在的弱点，只是没有强健的生活感，所以他在阴暗的感伤心情中徘徊歧路”，犹豫延宕；又认为哈姆莱特有其坚强的一面，他“固然没有决断，但是他所犹豫的不是应该做什么，而是应该怎样去做”。③ 换言之，哈姆莱特对于为父复仇的目的是明确的，决心是坚定的，只是对于怎样为父复仇的问题还有犹豫。这种犹豫和哈姆莱特生存于其中的残暴世界密不可分。因此他认为哈姆莱特的性格既丰富复杂，又完整统一。黑格尔还指出，即使莎剧中的人物的全部情致集中在只有某种单一的情欲上，例如麦克白的政权欲、奥瑟罗的妒忌，莎士比亚也不让这种抽象的情致淹没掉人物的丰富的个性，而是在突出某一种情欲时，使人物还不失为一个完整的人。他又以《罗密欧与朱丽叶》为例说，这部作品里“所写的主要情感是爱情”，但我们看到罗密欧“在最变化多端的关系里”，“他都始终一贯地显得尊严高尚，用情深

① 黑格尔：《美学》第1卷，朱光潜译，商务印书馆1979年版，第354页。

② 同上书，第304页。

③ 同上书，第310—311页。

挚”；“朱丽叶也是一样的从许多关系的整体中显出她的性格”。[①]正是由于莎士比亚描绘真实性格的手法高超绝妙，所以他笔下的罪犯乃至极平庸的傻瓜粗汉也令读者们感到津津有味。

在谈到喜剧时，黑格尔把近代喜剧分为讽刺性喜剧、性格和情节性戏剧和幽默喜剧三类。他认为前两类都不具有真正的喜剧性，而只有第三类表现具体性格的豪放气概与深刻、丰满和亲切的幽默精神的喜剧，才具有真正的喜剧性。他说莎士比亚也是这方面的光辉范例。黑格尔虽然没有作详细分析，我们却可以猜出他所说的真正的喜剧性是体现在福斯塔夫这个典型性格身上。另外，黑格尔对莎剧中的对话和语言表达也给予了很高的评价。总之，黑格尔从美学理论上对莎士比亚戏剧艺术的定位，应该说是19世纪莎评中的一个重要成果，它让人们更清楚地看到了莎士比亚在整个文学艺术史上的巅峰地位。

在19世纪莎评中，无产阶级革命导师卡尔·马克思（1818—1883）和弗里德里希·恩格斯（1820—1895）有关莎士比亚的精辟论述，是马克思主义文艺理论的重要组成部分，对于我们进一步研究莎士比亚、认识文学的本质及其发展规律，都具有深远的意义。这两位马克思主义的创始人，对莎士比亚虽不曾作过全面的评价，也未写过莎士比亚的研究专著，但在《马克思恩格斯全集》中，提到莎士比亚或引用莎士比亚的文学典故，不下三百余处，超过了其他被引用的作家。他们结合当时的实际情况，联系具体的社会斗争，运用辩证唯物主义与历史唯物主义的观点，有分析地吸收历代莎学研究的丰硕成果，并在给拉萨尔的信中，明确提出了“莎士比亚化”的著名论断和艺术原则，把整个莎学研究提高到了一个新的水平。

---

① 黑格尔：《美学》第1卷，朱光潜译，商务印书馆1979年版，第305页。

马克思在信中指出拉萨尔创作的缺点“就是席勒式地把个人变成时代精神的单纯的传声筒”，要求他“更加莎士比亚化”。[①] 恩格斯在信中也指出，不应该“为了观念的东西而忘掉现实主义的东西，为了席勒而忘掉莎士比亚”。[②]“莎士比亚化”这一原则，内涵丰富，是对莎评和文学理论的新贡献。首先，“莎士比亚化”指的是文学创作要注意真实反映特定时代的社会生活、矛盾斗争、风土人情。恩格斯在《风景》一文中，就强调莎士比亚与产生他的作品的历史土壤、真实生活的内在联系，他说，不论莎剧中的情节发生在什么地方，其实展现在我们眼前的基本上总是欢乐的英国，而且这样的情节只有在英国的天空下才能发生。其次，“莎士比亚化”指的是文学创作要注意塑造各种各样的典型。恩格斯指出，“古代人的性格描绘在今天是不再够用了”，莎士比亚吸收并发展了前人的艺术经验，塑造出诸如哈姆莱特、福斯塔夫等许多不朽典型，仍可为后人所借鉴。马克思说，莎士比亚塑造的典型在 19 世纪下半叶开出了灿烂的花朵。正因为如此，恩格斯才希望拉萨尔在这点上要“多注意莎士比亚在戏剧发展史上的意义”。[③] 典型人物形象的塑造离不开典型环境的描写。黑格尔曾针对莎评中有关哈姆莱特迟疑延宕的性格特点发表看法，认为哈姆莱特固然没有决断，但他所犹豫的不是应该做什么，而是如何做。黑格尔的看法不无道理，但这句话本身还未触及哈姆莱特这一性格的社会动因。恩格斯在此基础上十分精辟地指出：“人物的性格不仅表现在做什么，而且表现在他怎样做；从这方面看来，我相信，如果把各个人物用更加对立的方式彼此区别得更加鲜明些，剧本

① 《马克思恩格斯选集》第 4 卷，人民出版社 1972 年版，第 340 页。

② 同上书，第 345 页。

③ 同上书，第 344 页。

的思想内容是不会受到损害的。"[①] 这就是说，要把人物放在特定环境中去描写，再现典型环境中的典型人物；典型人物的意义只有放在典型环境下才能显示出来。马克思、恩格斯关于拉萨尔《弗兰茨·冯·济金根》的"背景"的论述也涉及到这个问题。他们认为，拉萨尔这个剧本的一大缺陷，就是没有描绘出德国宗教改革时期的典型环境。而抛开典型环境，也就不可能正确地刻画人物性格。为说明这个问题，恩格斯论述了莎士比亚戏剧中的"福斯塔夫式的背景"，认为倘若拉萨尔能和莎士比亚一样在其历史剧中给主人公济金根提供一幅与莎剧相似的背景，那么就必然会比在莎士比亚那里有更大的效果。[②] 恩格斯所说的"福斯塔夫式的背景"，就是指莎剧中所真实地描写的封建社会关系解体时期不同等级的各种人物，如君主、教会人士、贵族、骑士、平民、农民的生活，他们之间纷繁多样的"五光十色的平民社会"，也即典型环境。第三，"莎士比亚化"指文学创作要注意使情节具有生动性和丰富性。恩格斯在批驳贝奈狄克斯对莎士比亚的轻蔑态度时说，单是莎士比亚的《温莎的风流娘们儿》的第一幕，就比全部德国文学包含着更多的生活气息和现实性，单是那个兰斯和他的狗克莱勃就比全部德国喜剧加在一起更具有价值。恩格斯在写给拉萨尔的信中要求把"思想深度"、"意识到的历史内容"同"莎士比亚剧作的情节的生动性和丰富性"完美地融合起来，而且认为"这种融合正是戏剧的未来"。[③] 最后，"莎士比亚化"还指文学创作要注意自然而然地表现其倾向性。当然，由于时代和阶级的限制，莎士比亚也存在着局限性，如恩格斯所指出的莎士比亚的

① 《马克思恩格斯选集》第4卷，人民出版社1972年版，第344页。

② 同上书，345—346页。

③ 同上书，第343页。

历史剧还不能以伟大的群众运动作为重要的背景，莎士比亚的戏剧并未摆脱宗教的桎梏等。

马克思、恩格斯不仅从理论上论述了“莎士比亚化”这一重要原则，概括了文学中一些带有规律性的问题，而且还在其论著中引用莎剧人物和诗文，借以分析社会问题，促进现实斗争。例如，他们用福斯塔夫这个形象来分析封建关系解体时期的社会生活；通过夏洛克的形象，说明原始积累的血腥罪恶、资产阶级的贪婪残酷，还以“普鲁士的夏洛克”为喻，揭露俾斯麦向法国提出赔款割地的贪婪和残忍的面目；以野心勃勃的麦克白形象揭示法国的路易·波拿巴通过血腥道路爬上皇位的罪恶行径；以哈姆莱特与布朗基主义者相对比，指出哈姆莱特说过多少次要有毅力，但哈姆莱特始终是哈姆莱特，揭示这些人在这方面与哈姆莱特的相似之处，借以说明这些人的优柔寡断，缺乏实干果断的精神。引用莎剧诗文最突出的例证，就是马克思引用《雅典的泰门》中泰门诅咒金子的那段著名独白。马克思援引这段独白，是因为“莎士比亚把货币的本质描绘得十分出色”，“特别强调了货币的两个特性”，即“（1）它是有形的神明，它使一切人的和自然的特性变成它们的对立物，使事物普遍混淆和颠倒；它能使冰炭化为胶漆，不可能的东西密切结合起来。（2）它是人尽可夫的娼妇，是人们和各民族的共同的普遍牵线人”。[①] 马克思借泰门的独白而发出的诅咒，说明资本主义社会金钱所具有的颠倒黑白的力量，揭示出资本主义的罪恶。

俄　国

19 世纪的俄国现实主义文学取得了举世瞩目的辉煌成就，

---

① 《马克思恩格斯全集》第 42 卷，人民出版社 1972 年版，第 152—153 页。

同时俄国文学批评界也名家辈出，成就卓著。这一时期俄国文学批评的显著特征就是从现实主义角度评价作家作品。一些著名的文学家、批评家对莎士比亚的评论，突出强调的也正是他的现实主义成就。

“俄国文学之父”普希金（1799—1837）认为，莎士比亚的现实主义创作方法突出表现在对各种各样的典型形象的塑造上。因为他塑造人物时，不是从抽象的概念出发，而是立足于现实生活，通过情节的展开和环境的描写，显现人物“多方面的多种多样的性格”，使所创造的人物形象不是“某一种热情或某一种恶行的典型”，而是“活生生的、具有多种热情、多种恶行的人物”。[①] 例如，莫里哀的悭吝人阿巴公“只是吝啬而已”，而莎士比亚笔下的吝啬鬼夏洛克“却是悭吝、机灵、复仇心重、热爱子女、而且敏锐多智”。莫里哀的伪善者只有口是心非的单一的特点，而莎士比亚笔下的伪善者“怀着虚假的严厉宣读法庭判决词，然而是公正的；他煞费苦心地借对政府官员的判决来为自己的残酷辩白；他以有力而吸引人的诡辩，而不是以又因循又虔诚的可笑态度装饰成无罪的样子”，身上有多重特性的结合，栩栩如生，呼之欲出。普希金对奥瑟罗和福斯塔夫的分析在莎评史上具有重要地位。他认为“奥瑟罗本身并不嫉妒，相反地，他很轻信”，因此，他的悲剧是轻信的悲剧。而福斯塔夫，他的恶行“一个连着一个，构成一串滑稽的、畸形的图画”，其主要性格特征是好色、怯懦、爱吹牛、没有常规。普希金认为，在福斯塔夫身上最能体现出莎士比亚的多方面的天才。

革命民主主义批评家别林斯基（1811—1848）对莎士比亚的

---

① 杨周翰编选：《莎士比亚评论汇编》（上），中国社会科学出版社 1979 年版，第 426 页。

作品作过深入研究，写有多篇有关他的论文，如《文学的幻想》(1834)、《莎士比亚的剧本〈哈姆莱特〉》(1838)、《关于〈暴风雨〉》(1840)、《诗的分类》(1841)等。莎士比亚的创作曾对别林斯基美学思想的形成产生过很大影响。别林斯基最重视的是莎士比亚的现实主义。他有关莎士比亚的一些见解在莎评史上占有一席重要的位置。他认为，大地、人类、大自然、生活是莎士比亚的四大元素。莎士比亚的天才客观性使他能按照实在情况来理解客观事物。他所创造的世界不是偶然的，也不是特殊的，而就是我们在自然中、历史中，我们自身所看到的那同一个世界，不过这世界仿佛是通过自觉精神的自由的独创性作用被再现出来罢了。他所领悟的不仅是地狱和天堂，而且还有人间；他是大自然的主宰。在他那里，我们发现的是对于人物的整个灵魂和心灵的隐微曲折之处的细腻的分析。别林斯基把诗歌分为理想的和现实的两类，而莎士比亚是现实的诗歌的奠基人之一，虽然他也有理想，但当他“上升到永恒的理想的崇高领域时，就把这些理想带到大地上来，从个别的、特定的、孤立自在的现象中间实现出一般东西来”。别林斯基对莎士比亚作品内容与形式结合的问题，也有独到见解。他认为，莎士比亚每部作品都具有性格的独创性和真实性，以及内容与形式在艺术上的相适应、完满性、完整性。要区分他作品中的思想和形式是极为困难的，因为两者是合成一体的。他还认为，莎士比亚笔下的每一个人物都是生动的形象，毫不抽象。在分析这些人物形象时，别林斯基往往从内外因产生的必然性入手。例如，他说：“奥瑟罗的嫉妒有它自己的因果关系，有它自己的必然性，这种必然性包含在他激烈的本性、教养和他的整个生活环境中，所以说他既在嫉妒上有罪，同样也在嫉妒上无罪。这就是为什么这个伟大的天性，这个强有力的性格在我们心目中引起的不是对他的厌恶和憎恨，而是热爱、惊讶和怜悯。人世生活的和谐被他罪行的不协调给破坏了，他又以心甘情愿的死亡恢复了这种和谐，用死亡来抵偿自己沉重的罪行，于是我们怀着和解的感情、怀着对不可捉摸的生活秘密的深切沉思把这个悲剧闭上，两个在灵柩内言归于好的阴影，手挽着手从我们的迷醉的目光下闪过……”[①] 又如，他对哈姆莱特也有精辟的论述。他说，认识责任后意志软弱，是莎士比亚这部伟大作品的概念，而这个概念是歌德首先提出来的，但“现在已成为大家按照自己的方式不断加以重复的陈腐之谈了”。“可是，哈姆莱特从斗争中解脱了出来，就是说，他战胜了意志的软弱，因此，意志的软弱并不是基本的概念，却只是另外一个更普遍、更深刻的概念的表现，——这就是分裂的概念，分裂是怀疑又是摆脱自然的意识的结果。”[②] 在别林斯基看来：“哈姆莱特表现了精神的软弱，这固然是事实；可是必须知道，这软弱是什么意思。它是分裂，是从幼稚的、不自觉的精神和谐与自我享乐走向不和谐与斗争去的过渡，而不和谐与斗争又是走向雄伟的、自觉的精神和谐与自我享乐的过渡的必要条件。在精神生活中，没有任何抵触的东西，因此，不和谐与斗争同时也就是摆脱这种状态的保证：否则的话，人就会是一种太可怜的生物。一个人精神越崇高，他的分裂就越是可怕，他对自己的有限性的胜利也就越是辉煌，他的幸福也就越是深刻和神圣。这便是哈姆莱特的软弱的意义。”因此，哈姆莱特的软弱不是他的天性所造成的，而是“现实与他的生活理想之间的不相适应”所致。在这里，别林斯基提出了与歌德迥然不同的观点，也正是在这里，他与歌德分道扬镳了。歌德

---

① 杨周翰编选：《莎士比亚评论汇编》（上），中国社会科学出版社 1979 年版，第 445—446 页。

② 同上书，第 432 页。

认为，哈姆莱特的意义完全表现在一件伟大的事业担负在一个不能胜任的人的身上。哈姆莱特没有坚强的力量使他成为英雄，只能在一个重担下毁灭了。而别林斯基则认为，哈姆莱特的软弱只是分裂的结果，这种分裂同时又是走向“雄伟的、自觉的精神和谐”的关键。诚然，在悲剧开始时，哈姆莱特是软弱的，但他最后战胜了软弱。因此，“从天性上说，哈姆莱特是一个强有力的人”，“他在软弱时也是伟大而强有力的，因为一个精神强大的人，即使跌倒，也比一个软弱的人奋起的时候高明”。[①] 于是，歌德把《哈姆莱特》看作是柔弱的肩膀担负着力不胜任的重任的人的悲剧的著名解释，被别林斯基解构了。

总之，别林斯基极为推崇莎士比亚，对他的评价也达到了登峰造极、前所未有的高度。在《诗的分类》第三部分《戏剧诗》中，他这样赞誉莎士比亚：“在近代民族中，没有一个民族的戏剧像英国人的戏剧那样达到了充分和巨大的发展。莎士比亚是戏剧方面的荷马；他的戏剧是基督教戏剧的最高的原型。在莎士比亚的戏剧中，生活和诗的一切因素融合成一个生动的统一体，在内容上广阔无垠，在艺术形式上宏伟壮丽。在这些戏剧中，是整个现在的人类，它的整个过去和未来；这些戏剧是一切时代和一切民族的艺术发展的茂盛的花朵和丰饶的果实。在这些戏剧中既有优美多姿和轮廓鲜明的艺术形式，也有纯洁天真的灵感，又有再三反省的沉思，客观世界和主观世界互相渗透着，融合成不可分割的统一体。要谈谈最高全世界诗人之王的深谙人心的观察力、他的对自然和现实的忠实态度、他的永无止境和崇高的创作思想，那将重复千万人说过许多次的话。要确定他每个剧本的价

---

① 杨周翰编选：《莎士比亚评论汇编》（上），中国社会科学出版社 1979 年版，第 434 页。

值，那将写一本大部头的书而仍旧不能说出您想说的百分之一，仍旧不能说出这些剧本所包含的百分之一。”①

俄国革命民主主义思想家、文学批评家赫尔岑（1812—1870）认为，莎士比亚对人物内在精神世界的揭示，体现了他对生活的深刻理解。对莎士比亚来说，“人的内心世界就是宇宙，他用天才而有力的画笔描绘了这个宇宙”，而且在深度和广度上都有独到之处。赫尔岑还以文学变革的观点，从文学艺术历史发展的角度，评价了莎士比亚的巨大贡献，认为莎士比亚是“两个世界的人”，他超越了古典主义和中世纪的浪漫主义时代，开辟了现实主义的新时代。他“天才地揭示了人的主观因素的全部深度、全部丰富内容、全部热情及其无穷性；大胆地探索生活直至它的最隐秘的禁区，并揭露业已发展的东西，这已经不是浪漫主义，而是超越了浪漫主义”。② 赫尔岑还激情洋溢地歌颂了莎剧对人的教育作用，说它像镜子一样，从中可以清楚地判断自己的成长、变好、变坏和发展趋向，他的戏剧世界等于整整一所大学。③

著名作家屠格涅夫（1818—1883）以其1860年发表的对哈姆莱特与堂吉诃德两个人物形象的比较研究的论文而著称于莎评界。遗憾的是，他的比较加入了过多的主观因素，把自己对俄国革命的某些观点套在这两个人物身上，因此削弱了研究价值。例如，他认为，堂吉诃德表现了信仰，他“全身浸透着对理想的忠诚，为了理想他准备承受种种艰难困苦，准备牺牲自己的生命”，“因而他闪耀着思想的光辉”。而哈姆莱特，屠格涅夫则把他理解为俄

---

① 杨周翰编选：《莎士比亚评论汇编》（上），中国社会科学出版社1979年版，第449—450页。

② 同上书，第460页。

③ 同上书，第462页。

国贵族中的“多余人”形象，说他“缺乏信仰”，“整个是为自己而生存”，是一个“永远为自己忙忙碌碌”的自私者，一个怀疑主义者，“他在整个世界中找不到他的灵魂可以依附的东西”，对群众毫无用处。[①] 这就完全歪曲了哈姆莱特这个悲剧人物的真正内涵。不过，屠格涅夫毕竟是一个伟大的现实主义作家，因此在对莎士比亚和塞万提斯进行比较时，也不能不承认：“莎士比亚以他丰富有力的幻想，以他崇高的诗意的光芒，以他巨大深广的智慧是胜过塞万提斯的——而且还不止塞万提斯一人。”[②]

著名批评家车尔尼雪夫斯基（1828—1889）虽未发表过有关莎士比亚的专论，但在论述什么是美的问题，以及解释悲剧、崇高、滑稽、幽默等美学中的重要问题时，却常常引用莎士比亚的作品为例子，并对作品中的许多人物有精辟的分析和独到的见解。在《论崇高与滑稽》（1854）一文中，车尔尼雪夫斯基以莎士比亚的人物为例，分析和说明悲剧的冲突。他在解释悲剧的原因时说：“一个人所以遭受毁灭或者痛苦是因为他犯了罪，或者犯了错误，最后，或者仅仅暴露了他的坚强而深刻的天性中的弱点，这样就和主宰着人类命运的律令发生矛盾。”他认为苔丝狄蒙娜就由于自己的轻信、缺乏经验、天真，扰乱了丈夫的平静，从而遭到毁灭。同样，奥菲莉娅的毁灭也是由于她轻信对哈姆莱特的爱情，这种爱情促使她什么事都听信哈姆莱特，完全受他摆布。尽管她们的过失是这样小，但还是因此而招来了一种反对她们的力量，她们就在这种力量的重压下毁灭了，其罪咎无非在于错误。而对奥瑟罗和麦克白来说，他们的毁灭就是他们本身的罪

---

① 杨周翰编选：《莎士比亚评论汇编》（上），中国社会科学出版社 1979 年版，第 467—468 页。

② 同上书，第 479 页。

恶的不可避免的、必然的悲剧，这种悲剧属于过错或罪行的悲剧。[①] 不过，车尔尼雪夫斯基认为道德冲突的悲剧才是悲剧的最高形式。在这方面他举出了《裘力斯·恺撒》加以说明。他说，以恺撒及其反对者勃鲁托斯为代表的两种倾向，“都有它的公正的一面，而由于它的片面性，也有不公正的一面，于是互相矛盾的倾向就终于得到和解，这种片面性逐步因为这些倾向中的每一种毁灭或受苦而磨平，统一和新的生活就在这斗争和毁灭中产生”。[②] 在《艺术与现实的美学关系》（1855）中，车尔尼雪夫斯基进一步拓展了造成悲剧冲突的“过失论”，提出了“伟大人物的死亡，常常不是由于自己的罪过”的观点。[③] 他认为，人们在悲剧中也可以看到不少无辜的死亡，如伊阿古的卑鄙的奸恶行为杀死了苔丝狄蒙娜。如果认为每个人的死亡都是由于犯了什么罪过，那么，苔丝狄蒙娜的罪过是“太天真”，罗密欧与朱丽叶的罪过是他们“彼此相爱”。因此，认为每个死者都有罪的思想，“是一种残酷而不近人情的思想”。这实际上是对古希腊命运观念的反叛。另外，在《果戈理时期俄国文学概观》（1855）中，车尔尼雪夫斯基对莎士比亚在艺术上的贡献和影响也作了充分的肯定。他指出，莎士比亚在“艺术完善上”、“心理分析的深刻上”，不仅在英国，而且在德国、法国、俄国，以至整个人类的发展上，都“有着巨大而良好的影响”。[④] 当然，他也指出了莎士比亚的不足，例如过于华丽和夸张等。

---

① 杨周翰编选：《莎士比亚评论汇编》（上），中国社会科学出版社 1979 年版，第 488—489 页。

② 同上书，第 491 页。

③ 同上书，第 493 页。

④ 同上书，第 496 页。

25岁就去世的著名文学批评家杜勃罗留波夫（1836—1861）在其名篇《黑暗的王国》（1859）和《黑暗王国的一线光明》（1860）中，也高度评价了莎士比亚对社会历史本质的揭示，把他看作是他所生活时代人类认识最高阶段的最充分的代表，在这方面甚至超过了科学家和哲学家。在谈到衡量作家作品的价值时，杜勃罗留波夫指出，必须看他们“究竟把某一时代、某一民族的［自然］追求表现到什么程度”，“哲学家还只是在理论中预料到的真理，那些天才作家却能够从生活中把它把握住，动手把它描写出来”。在他看来，莎士比亚的伟大，就是因为“他的剧本中有许多东西，可以叫作人类心灵方面的新发现；他的文学活动把共同的认识推进了好几个阶段”，“但丁、歌德、拜伦的名字常常和他的名字结合在一起，可是很难说，他们每个人都是像莎士比亚似的这样充分地标示全人类发展的新阶段”，“这就是莎士比亚所以拥有全世界意义的原因”。[①] 杜勃罗留波夫曾对李尔专横任性的性格形成的原因及其变化发展的过程做过精彩的评论。我们将这段评论引录如下，以飨读者——

> 李尔的确有坚强的性格，而普遍对他的卑屈奉承只是使这种性格得到片面发展，——不是为仁爱和共同利益这伟大事业，而仅仅是满足于自己个人的任意妄为。这一点在那种惯于把自己算作一切欢喜与快乐的来源，算作他的王国中一切生活的起点和终点的人们身上，是完全可以理解的。在这儿，由于外部活动天地的广阔，由于一切愿望都能轻易得到奉行，他的精神上的力量便无从发挥。但是他的自我崇拜终

① 杨周翰编选：《莎士比亚评论汇编》（上），中国社会科学出版社1979年版，第498—499页。

于越出一切常识的范围：他把由于自己地位而享受到的一切显赫和尊敬，都直接归之于自己个人，他决定抛弃他的权力，他相信在这之后，人们也不会就不敬畏他。这种狂妄的信念驱使他把王国让给了女儿们，因此之故，他就从自己野蛮的无意识的状态转到一个平凡人的普通地位，并体验到与人类生活联结一起的悲苦。他的灵魂中的一切好的方面，也就在这里，就在随此而来的斗争中显露了出来；同时我们也在这里看出他也有仁慈，也有温和，也能同情不幸者们，也有最富于人道的正义感。他的性格的力量不但表现于对女儿们的诅咒，而且还表现在当着考狄利娅的面，认识自己的错误，表现在痛惜自己的严厉的性格，表现在悔恨他很少去想到不幸的穷人，很少去爱过真正的诚实。就因为这样，李尔就有这样的深刻的意义了。当观察他的时候，开头我们会对这毫无约束的专制暴君觉得痛恨；可是，跟着戏剧的发展，我们却越来越会把他当作一个人而加以谅解，而到了最后，我们就已经不是对他、而是为了他，为了整个世界——对那种甚至能够把李尔这样的人们也引到无法无天的野蛮而无人性的环境，充满着不满和炽烈的憎恶了。我们不知道，对别人究竟怎么样，可是，李尔对于我们，至少是常常能够引起这样印象的。①

三　19世纪后期倒莎的两个代表人物

在19世纪的莎评中，出现了两个与莎评主流倾向极不吻合

① 杨周翰编选：《莎士比亚评论汇编》（上），中国社会科学出版社1979年版，第497—498页。

的不和谐音。这两个不和谐音的发出者就是英国著名戏剧家萧伯纳（1856—1950）和俄国批判现实主义文学大师托尔斯泰（1828—1910）。他们对莎士比亚进行了极其苛刻的批评，其行文之激烈、措辞之尖锐、否定之彻底，在众多的莎士比亚批评中实属罕见。

萧伯纳

19 世纪 80 年代，以市民阶级家庭纠纷、三角恋爱、通奸案件为内容的戏剧充斥英国剧坛，像挪威剧作家易卜生的“社会问题剧”则受到排斥。正是在这一背景下，英国文坛展开了一场拥护与反对易卜生的斗争。在这场论战中，萧伯纳站在拥护易卜生和提倡现代新戏剧运动的前列，一方面积极称赞易卜生的现实主义戏剧，另一方面尖锐批评莎士比亚戏剧的缺点。在 1891 年出版的评论文集《易卜生主义的精髓》中，他强调易卜生比莎士比亚更有意义。他认为，应该大力肯定易卜生，同时也要恢复莎士比亚的本来面目，使人们认识到莎士比亚并不是被崇拜的神灵，而是一位戏剧家。他对莎士比亚评论的出发点是比较明确的，即戏剧应该表现重大社会问题这一基本原则。在他看来，莎剧既无哲学，也无道德，没有什么社会价值，全是些轻浮、无聊、琐碎、贫乏、一味迎合低级趣味的舞台垃圾。为了把莎士比亚从偶像崇拜的宝座上击倒在地，萧伯纳拿易卜生与之相比，称赞易卜生具有独到的见解，高尚的人生哲学，提出了一系列重大的社会问题，因此他是一个具有非凡洞察力的思想家，一个具有国际影响的伟大的道德家和社会改革家；而莎士比亚则卑不足道，是个侏儒。他还认为莎士比亚本来是个庸俗的享乐主义者，但他欲壑难填，在不能如愿以偿的时候，就变成了一个颓唐沮丧、感伤厌世的悲观主义者。他把莎剧中一些人物例如麦克白在四面楚歌、穷途末路之时所发出的悲鸣，都看成是莎士比亚悲观思想的证据。据此，他认为莎士比亚还不如17世纪英国的清教徒作家班扬。班扬表现了真正的英雄主义，而莎剧中却看不到希望、意志、信仰和勇气，有的只是绝望和恐怖。对莎剧中的人物，萧伯纳也基本持否定态度，认为莎士比亚笔下的人物几乎全是新教徒，自私多疑，除了在恋爱方面都是以自我为中心的个人主义者。在莎士比亚所展示的现实生活中，社会的杠杆就是被这伙个人野心家所操纵，宗教和法律的力量却不起一点作用。萧伯纳在人物批评上颇有得体说的味道，例如说莎剧中的国王们一点也不像政治家，主教们也都没有宗教信仰。因此，他把琼生的赞语改为“莎士比亚并不属于所有的时代，而只属于一个下午”，作为对莎士比亚艺术成就的估价。当然，萧伯纳也指出了莎士比亚一些略有价值的东西，例如语言的音乐性、富于想象等。不过，即使与最极端的古典主义者相比，萧伯纳的慷慨也变成了吝啬。[①]

萧伯纳的莎评虽然是针对当时现实有感而发，但其偏颇与不公之处却是显而易见的。概言之，第一，以“易卜生主义”或自己的道德观来判断莎士比亚的思想和艺术，这不是历史唯物主义的批评；第二，以剧中某一人物在特定情况下所说的话来代表作者的全部思想，未免太牵强附会；第三，在评价莎士比亚时，只依据思想标准，根本不考虑艺术问题，这种批评有失片面，难以得出正确结论。

托尔斯泰

托尔斯泰的莎评主要集中在《论莎士比亚及其戏剧》

---

① 张泗洋等：《莎士比亚引论》（下），中国戏剧出版社1989年版，第431—432页。

(1903—1904) 这篇长文中。他攻击莎士比亚的基点与萧伯纳可以说是一脉相承的，也是极端地强调艺术作品的教育和感化作用。因此他同样否定莎士比亚的作品具有道德价值。他认为，莎士比亚的戏剧是“很糟的粗制滥造之作”，“除了厌恶和无聊，它再也不会唤起别的感觉了”。[①] 和萧伯纳不同的是，托尔斯泰从艺术方法上也对莎士比亚进行了全面的否定，主要表现在以下几个方面。

1. 情节荒诞，不近情理。托尔斯泰认为，莎剧的情节不是本乎自然和性格的发展进程，而是任意造作的幻想。他以《李尔王》为例说，李尔和他的女儿们生活了一辈子，对每个女儿的品性应该有个起码的了解，没有理由听信两个大女儿的阿谀奉承就对讲真话的小女儿大发雷霆。同样，剧中葛罗斯特轻信最笨拙的骗局，不去调查一下事实真相就贸然把自己一向钟爱的儿子爱德伽驱逐出境。

2. 人物不真实，缺乏性格。他认为莎士比亚笔下的人物，其生活、思想和行动与时间、地点是完全脱节的，在他的全部戏剧里，随处可以遇到时代的错误。例如《李尔王》的故事发生在基督诞生前800年，而登场的人物却都是中世纪的。对奥瑟罗、福斯塔夫、哈姆莱特等这些世所公认的典型人物，托尔斯泰也持有与众不同的看法。他说，奥瑟罗的形象因虚伪的热情，以及他所说的那些不合乎本性的话，使性格缺乏了完整性；福斯塔夫虽然是莎士比亚笔下“唯一自然而又具有特征的人”，但是“由于他的贪馋、酗酒、淫荡、欺诈、虚伪、胆怯而如此可厌，以致令人难于分享作者对他所抱的愉快的滑稽之感”，因此，“这个性格

---

① 杨周翰编选：《莎士比亚评论汇编》（上），中国社会科学出版社1979年版，第501页。

的艺术性被破坏了”。而哈姆莱特，莎士比亚则极不适当地让他说出自己在十四行诗中写过的关于死亡问题的见解，致使这个人物变得没有任何性格，而成为作者思想的传声筒。总之，莎士比亚的人物都缺乏性格，全不真实。

3. 人物语言空洞浮夸，缺乏个性。莎士比亚笔下的所有人物说的不是符合他本人性格的语言，而常常是千篇一律的莎士比亚式的、刻意求工、矫揉造作的语言。他的人物不能由语言的特点来辨别说话人是谁，如果说莎士比亚的人物说的话也有差别的话，那也是他替自己人物说的不同的话，而不是他的人物所说的。甚至，托尔斯泰对莎剧中的那些含义深刻的名言警句也予以否定，认为它们不能构成艺术性的文学作品的优点。

4. 托尔斯泰认为，莎剧中那些众口皆碑的作品，恰恰不是莎士比亚的，而是“从他前辈的戏剧、编年史剧与短篇小说假借而来的”。他甚至认为通过作者改编之后，非但没有改好，反而一切都被夸张化了，都被削弱被糟蹋了。因此，莎士比亚的作品是“抄袭的，表面地、人为地零碎拼凑而成、乘兴杜撰出来的文字”，缺乏分寸感，“与艺术和诗歌毫无共同之处”，“任何东西都不能像拿莎士比亚同荷马对比那样鲜明地表明莎士比亚的完全缺乏美感”。

像托尔斯泰这样一位有深刻历史感与艺术洞察力的文学巨匠，如此偏激地否定莎士比亚，决不会是出于文人相轻，或者不愿屈服于权威，更不会是出于一时心血来潮。他说他曾反复阅读过莎士比亚的作品，但无论怎样努力，他在莎士比亚的作品中找不到人们经常所赞赏的东西，而总是发现相反的东西。可见，他的见解不是随意而发的，应该是深思熟虑、潜心研究的结果。究其原因，有学者认为，第一，托尔斯泰笃信宗教，他认为一个作家必须使自己的艺术具备宗教的核心，只有依靠阐扬宗教意识，人类生活才会渐趋完善。戏剧要无愧于赋予它的重要性，就应该为阐扬宗教意识服务。这种宗教意识的内涵即“自己改善自己”和“勿以暴力抗恶”。但是，他在莎士比亚戏剧里看到的却是陷害、篡位、谋杀、背叛、乱伦、发疯、黑暗、血腥等等可怕的东西，于是他断言，莎士比亚是一个没有与其时代相应的宗教信念的人，他的作品没有意义。其实，莎士比亚有自己信奉的“宗教”，这就是贯穿于他的全部戏剧的人文主义思想。由于“托尔斯泰主义”的屏障，托尔斯泰无法从幽深之中看到莎士比亚所信奉的“宗教”，甚至看不到莎士比亚的戏剧世界里，有他自己的宗教、哲学的统一性的观念。第二，托尔斯泰作为一位现实主义文学大师，主张一丝不苟地反映生活，摒弃一切偶然和幻想的因素，从而于自己的创作实践中形成了一套完整的艺术观。而莎士比亚更多的是诗人气质，其艺术手法大胆、灵活，幻想与夸张充斥剧中，从不固守任何艺术成规。他们两人的艺术风格迥然相异，艺术观念也无法调和。托尔斯泰所习惯的那一套侧重于观察、写实的方法，被莎士比亚无比丰富、无限复杂的艺术手法搅乱了，于是对莎士比亚创造的艺术世界疑惑不解，大加挞伐。需要指出的是，托尔斯泰的观点虽然是偏激的，不公允的，但也不可否认其中有不少独到的见解和击中要害的地方。第三，托尔斯泰的这种偏激情绪与不和谐音也是针对当时莎评中盲目崇拜的风气而发的。他在文中多次以揶揄的口吻讽刺了那些莎剧的盲目赞美者，那些认为天才的莎士比亚不会写出任何拙作的博学之士。从这一点看，他对莎士比亚的否定中也意味着对那些一味奉承的莎评家的否定。因此，正如有学者所指出的那样，尽管托尔斯泰对莎士比亚抱有明显的成见，批评极尽挑剔之能事，但是，“他的意见还是不能忽视的”，因为托尔斯泰毕竟是“举世闻名的大艺术家与大思想家，不重视他的意见至少是不智之举”。[1]

总的来看，萧伯纳和托尔斯泰对莎士比亚的责难实在是一种误解，这种误解的产生还有其时代的原因。19 世纪后期正是资产阶级重建道德秩序的时候，在民主作家中，出现了以道德化和改良主义诊治社会弊病的趋向，这就要求作家更自觉地表现重大社会问题，突出作品的教化作用。因此像莎士比亚这种寓教于乐型的作品受到一些人的轻视也就不足为怪了。另外，19 世纪的现实主义毕竟不同于文艺复兴时期的现实主义，从莎剧被许多人看作是浪漫主义作品就可以理解这一点。所以托尔斯泰在艺术方面对莎士比亚的指责正是犯了同古典主义者一样的毛病，即以某一偏狭的艺术观念来衡量复杂的艺术遗产，以今人的标准来要求古人，这样就导致了违背历史主义的判断，其结论也就不能令人信服。[2]

19 世纪莎评的功绩在于最终确立了莎士比亚在世界文学史上的大师地位，从此人们不再去争论他是伟大还是渺小的问题，而是继续潜心探讨、深入挖掘他所创造的这个伟大的戏剧艺术世界的丰富内涵，为 20 世纪新角度新方法的莎士比亚研究奠定了坚实的基础。19 世纪的浪漫主义和现实主义两大流派，分别从不同的角度揭示了莎士比亚创作的价值与特色，并在两个方面取得了突破性进展。“一是对莎士比亚所代表的伊丽莎白时代美学理想给予了理论上的论证，这项贡献是由黑格尔做出的。他把莎剧作为浪漫型艺术的完美典范加以赞扬。由于他的理论来自对整个艺术史演化过程的辩证概括，因而具有较强的说服力。二是开

① 阿尼克斯特：《莎士比亚的创作》，徐克勤译，山东教育出版社 1985 年版，第 74 页。

② 张泗洋等：《莎士比亚引论》（下），中国戏剧出版社 1989 年版，第 433 页。

始了对莎士比亚创作思想的整体性研究。这项研究对于人们从发展变化的角度来考察莎剧的内在联系及其与时代、作者生平的关系都是极为有益的。”①

第五章 20世纪的莎士比亚评论

20世纪是人类社会突飞猛进的时代，伴随着一系列政治、经济的巨大变革，哲学社会科学领域，如心理学、人类学、社会学、语言学、美学、比较文学等也都获得了引人注目的发展。这无疑为莎士比亚研究更上一层楼提供了新的知识视野和方法储备，从而最终形成了20世纪莎评史上五光十色、争奇斗艳的批评景观，先后涌现出20世纪初浪漫派莎评、比较方法莎评、历史学派莎评、原型派莎评、心理学派莎评、意象—语义派莎评、马克思主义莎评等流派。它就像一个多面形的球体，从每一个折面上辉映出莎士比亚绚丽的审美色彩和艺术光泽。② 总的来说，相比前几个世纪，20世纪莎评最突出的成就是大大丰富、加强并深化了从艺术的内部规律方面对莎士比亚戏剧艺术的探讨。

一 20世纪初浪漫派莎评

20世纪初，英国著名学者、批评家安·塞·布拉德雷（1851—1935）标志着20世纪莎评的光辉起点。他的专著《莎士比亚的悲剧》（1904）是一部集西方浪漫派莎评之大成的杰作。19世纪浪漫派莎评注重分析莎剧中的人物，而布拉德雷则通过

---

① 张泗洋等：《莎士比亚引论》（下），中国戏剧出版社1989年版，第434页。

② 王维昌：《莎士比亚研究》，安徽大学出版社1999年版，第329页。

研究人物性格、行动、命运、冲突等方面，把浪漫派莎评推向顶峰。

在《莎士比亚的悲剧》中，布拉德雷指出，黑格尔的悲剧理论是自亚里士多德的悲剧理论以来最重要的理论，因此他在黑格尔戏剧冲突理论的影响下，阐析和总结了莎士比亚的悲剧作品，使人们对莎剧的本质特征和美学价值有了更为明晰的认识。首先，他认为，莎士比亚悲剧的独特性在于，它不仅表现了两个党派或两个集团之间的外部冲突，而且也表现了人物内心激烈的内部冲突，这种内外冲突的结合能够更生动全面地揭示人物复杂的思想、动机与情感。“麦克白的叛逆的野心是跟麦克德夫和马尔康的忠义和爱国心冲突的：这就是外部的冲突。但是这些力量或原则同样在麦克白本人的灵魂中冲突着：这就是内在的冲突。仅仅有一种冲突是不能构成悲剧的。”“凡是描写主人公以完整的灵魂来对抗敌对力量的这一类悲剧，并不是莎士比亚类型的悲剧”，只要拿他的早期悲剧和后期悲剧来比较一下就会发现，后期悲剧中人物的“内心斗争得到特别的强调”，甚至“完全掩盖了对外部冲突的兴味”。在外部冲突和内心冲突中，相比较而言，布拉德雷更加重视内心冲突。他认为：“在更伟大的戏剧中，把兴趣集中在内心的斗争上面，这着重指出了这种行动根本上是性格的表现。”①

在对莎士比亚悲剧人物的解析中，布拉德雷认为除了《罗密欧和朱丽叶》与《安东尼与克莉奥佩特拉》之外，其余的悲剧都是写一个男主人公的痛苦、灾难和毁灭的故事，而这个男主人公不是帝王或王子，就是将相。悲剧的灾难不是简单发生的，而是

---

①　杨周翰编选：《莎士比亚评论汇编》（下），中国社会科学出版社 1981 年版，第 31—32 页。

主要来自主人公的行动。这些主人公因其性格上的缺点和行为上的过失而招致毁灭。当然，在莎士比亚悲剧的故事或事件中，尽管行为是主要的因素，“悲剧的中心可以说是在于由性格产生的行动，同样真实地也可以说是在于由行动产生的性格”，“莎士比亚的主要兴趣就在这里”，但是，“如果说他的兴趣只是在于性格，或者只是属于心理方面，那就大错特错，因为他是彻底注意戏剧性的东西的”。[①] 在他看来，除了人物的富有特征的行为以及痛苦和环境之外，还有三种外部因素在莎士比亚悲剧主人公的行动上起着作用。第一种是反常的精神状态，例如疯狂、梦游病和幻觉。这些反常状态不是作为具有任何戏剧性的行为的来源而写到戏剧里的，其效果主要是感动人的。第二种是超自然因素。这种因素有助于行动的展开，在不止一个情况下还构成行动的不可分割的部分，它总是安排来同性格紧密联系在一切，“对于已经出现并在发生影响的内心活动给予一种确认，并且提供一种明晰的形式”。第三种是偶然事件或意外事件。这些偶然事件或意外事件进入戏剧的连续关系中，既不是由于一个人物的作用，也不是由于明显的周围环境。例如，“罗密欧一点也没有接到那位修道士送给他的关于药剂的消息，朱丽叶没有从她的长眠中早醒来一分钟，都可以叫做意外事件。爱德伽到达监狱恰好太迟，没来得及挽救考狄利娅的性命，这是意外事件；苔丝狄蒙娜恰恰在最紧要的关头遗失了一块手绢，这是意外事件；海盗船攻击了哈姆莱特的船，因而他能够立刻返回丹麦，这也是意外事件。”“这种意外事件的作用是人类生活中的一个事实，而且是一个突出的事实”，“这些事件既无法估计，也无法控制，这是一种悲剧性的

① 杨周翰编选：《莎士比亚评论汇编》（下），中国社会科学出版社 1981 年版，第 26 页。

事实。戏剧家可以利用意外事件，好让我们感觉到这一点；意外事件也有其他的效果。因此，莎士比亚是承认意想不到的事变的”。不过，莎士比亚使用意外事件是很有节制的。当然，“有一些事情看来像是偶然事故，其实是和性格有关联的，因而就不是名副其实的偶然事故”。但无论如何，布拉德雷认为，这三种因素只居于附属的地位，主要的因素仍然是产生于性格的行为。①

在谈到悲剧人物性格时，布拉德雷指出：“几乎在所有这些主人公身上，我们看到一种显著的片面性，一种对某一特殊方向的癖性，一种在某些环境下对于朝这个方向靠近的力量的抵拒的完全无能为力，一种使整个存在跟一种兴趣、目标、热情或癖性等同起来的致命的倾向。”这种倾向“在莎士比亚就是基本的悲剧特征”。② 这样，在莎士比亚看来，悲剧的主人公不必一定是善良的，虽然一般说来主人公是善良的，他即使犯了错误，也会立刻赢得同情。“但是，他必须拥有许许多多的伟大地方，我们才可以在他的错误和毁灭中清楚地意识到人类天性的各种可能的东西。”因此，第一，莎士比亚的悲剧决不像一些为人误称的悲剧那样，是令人意气消沉的；第二，同悲剧主人公的这种伟大地方相关联的就是我冒昧叫做的悲剧印象的中心，这种感觉就是白白被糟蹋的印象。“无论如何，在莎士比亚看来，悲剧故事所激起的怜悯和恐惧，好像是同忧伤和神秘的深刻感觉联结在一起的，甚至于融合在一起的，而这种忧伤和神秘的深刻感觉就是从这种白白被糟蹋的印象而来的。”所以，布拉德雷认为：“悲剧就

---

① 杨周翰编选：《莎士比亚评论汇编》（下），中国社会科学出版社 1981 年版，第 27—29 页。

② 同上书，第 33 页。

是这种神秘的典型形式，因为悲剧揭示出灵魂受到压抑、发生冲突和遭受摧残，而灵魂的这种伟大在我们心目中就是最高的存在。悲剧逼迫我们领会这种神秘，它并且使我们十分生动地体会到无故被糟蹋了的东西的价值，以致我们不可能在四大皆空这个想法中求得慰藉。”①

对于一向在悲剧中占有重要地位的命运观念，布拉德雷认为，莎士比亚悲剧世界中的许多事实都表明有一个主宰一切的至高无上的力量存在着。这个力量一般被人称为命运，但是布拉德雷把它解释为一种道德秩序。他说：“这种力量并不表明自己对于善恶是漠不关心的，或者对于善恶是赞成的或不赞成的，而是表明自己是对善接近，对恶疏远”，因为“在莎士比亚的悲剧中，那引起痛苦和死亡的激变的主要根源不是善”，“相反地，主要的根源在任何场合下都是恶”。布拉德雷还进一步认为主人公的缺点都可以看成是广义的恶，它们有助于冲突和灾难。既然恶激烈搅乱了世界的秩序，这秩序“就不能够对恶抱有好感，或者对善恶之间的区别表示无可无不可”。② 结果，恶既毁了自己，也毁了它的对立面。因此，布拉德雷说，“悲剧就是激变性的反应的表现”。他进一步说明，道德秩序“在努力战胜和排斥恶的时候，就受到痛苦的折磨，而且弄得来破坏它自己的实质”，“不仅丧失了恶，而且还丧失了无比珍贵的善”。③ 最后，布拉德雷结论道：“这个世界为了达到完美的境地劳苦不休，同时却连同光荣的善一起产生出恶来，而这个恶，它只有靠自我折磨和自我糟蹋才能

① 杨周翰编选：《莎士比亚评论汇编》（下），中国社会科学出版社 1981 年版，第 36—37 页。

② 同上书，第 46—47 页。

③ 同上书，第 50 页。

够加以克服。这个事实或现象就是悲剧。”①

总之，布拉德雷对莎士比亚悲剧实质的探讨所得出的有关主人公、动作、冲突等结论，无疑符合亚里士多德和黑格尔的悲剧理论的主要精神，而且在某些方面还有所发展。不过，布拉德雷把主宰悲剧事实的力量看成是一种至高无上的力量，又把这种力量解释成为道德秩序，这是唯心主义形而上学哲学的解释。另外，布拉德雷探讨莎士比亚的悲剧实质时，主要立足于纯粹的审美观，而缺乏对生活环境、社会条件、时代特点等因素的考虑，因此所得结论自然有片面之处。

二　比较方法批评

20 世纪 20 年代伊始，西方一些批评家从比较文学的角度展开莎士比亚研究。英国著名诗人兼批评家托马斯·艾略特是用该方法探讨莎士比亚的代表人物。在《莎士比亚和塞内加的苦修主义》（1927）一文中，他从作家与文化传统内在联系的角度，采用比较方法研究莎士比亚及其悲剧主人公。他认为，莎士比亚让自己的某些主人公常常在悲剧性的紧张关头，采用“自我表演”的姿态，“他使这种自我表演的手法跟戏剧人物的人性多少取得较大的一致性”。例如他说：“我从来不曾读到过有哪一段文字，能像《奥瑟罗》最后一段伟大的说白那样，可怕地暴露了人类的弱点——人类的普遍的弱点。”② 这种“自我表演”的姿态或手法，是从古罗马悲剧家塞内加的戏剧中得来的。而且，莎士比亚

① 杨周翰编选：《莎士比亚评论汇编》（下），中国社会科学出版社 1981 年版，第 51 页。

② 同上书，第 110 页。

是以塞内加的苦修主义来规范他笔下的人物性格的。艾略特比较了莎士比亚与但丁等人的思想性后指出，构成莎士比亚戏剧的主要思想来源是蒙田的怀疑主义、马基雅维里的玩世不恭与塞内加的宿命论，但是，“莎士比亚既不是一个道地的怀疑主义者，像蒙田那样，也不是一个道地的玩世不恭之人，像马基雅维里那样，或是什么道地的听天由命者，像塞内加那样。我看他是为了戏剧效果才运用所有这些东西”。[①] 因此，艾略特强调，虽然“塞内加的因素是最彻底地被吸收、被改变面貌，因为它已经弥漫在莎士比亚的整个世界中，马基雅维里的因素也许是最间接的，蒙田的因素是最直接的”，但是，所有上述因素都不是莎士比亚本人的，他只是一个精致的“转化工具”，[②] 是为了表达情感才借用、吸收这些思想因素的。“塞内加、马基雅维里和蒙田的著作在当时所发生的一般影响，尤其通过莎士比亚所发生的显著影响，在我看来，那是一种自觉意识的影响（自觉意识是一种新玩意儿），使得莎剧中的主人公具有自觉的意识和自我表演；哈姆莱特只是其中之一罢了。”所以“这标志了人类历史上的一个阶段（哪怕这不是十分可爱的阶段）”。[③] 当然，艾略特不同意刘易士等人把莎士比亚尊为伟大哲学家的看法，认为莎士比亚创作的目的是表现诗的美，而不是什么思想体系。“如果莎士比亚依据比较象样的哲学来写作，他就会写出不象样的诗来；他的本分是表达他那个时代中的最浓烈的感情，不管依据的是当时的什

① 杨周翰编选：《莎士比亚评论汇编》（下），中国社会科学出版社 1981 年版，第 115 页。

② 同上书，第 120 页。

③ 同上书，第 121 页。

么样的想法。”[1] 艾略特的这篇论文对我们颇有启发性，是揭示莎剧思想与莎士比亚本人及时代关系的一篇杰作。

三　历史学派莎评

20 世纪以降，出现了与浪漫派莎评不同的、注重实际的莎评流派，即历史学派。该派的旨要是把莎士比亚放回到特定的历史环境中去加以考察和研究，向世人展示伊丽莎白时代的莎士比亚。因研究角度的不同，该派内部又主要出现以下三种情况。

1. 以戏剧传统、戏剧舞台为角度分析莎士比亚及其作品

以德国的莱文·路德维希·许金（1878—1964）、美国的斯托尔（1874—1959）为代表人物。许金写有《莎剧的人物性格问题》(1922)、《莎士比亚与当时悲剧风格》(1947) 等专著。许金不回避莎剧人物性格的矛盾，也不否认应当注意作家的意图，但是，与布拉德雷脱离具体情况分析人物的性格与矛盾不同，许金认为应该着重考虑客观条件所给予人物形象的影响。例如，刻画人物性格需要考虑剧作所依据的原材料的限制，考虑人物性格所受当时环境的制约。他特别强调要从那个时代的戏剧和舞台传统，尤其是其中的独白技巧这一客观条件去理解莎剧人物的性格特点。他认为，当今的舞台和以前的舞台有所区别，我们看戏时的视觉感觉同伊丽莎白时代的观众迥乎不同。今天演戏，首先假设观众是不在场的，舞台正面只差一堵墙即可把观众与演员全然隔开；而莎士比亚时代的舞台则三面受观众包围，演员可说是立于观众之中，在许多场合是直接向观众致词的。演员和观众的这

---

① 杨周翰编选：《莎士比亚评论汇编》（下），中国社会科学出版社 1981 年版，第 119 页。

种直接联系可用独白来证明，通过独白，演员可以说把观众看成自己的伙伴，作者也可借此把情节与人物想做什么告诉观众。可见，独白技巧在伊丽莎白时代的戏剧舞台上是十分重要的。许金就此指出，在一出戏上演的过程中，即在对话的进程中，人物一直都在向观众提供有关人物自己的最重要的情况，展示自己内心深处的奥秘，“在许多地方，多数人是不会把独白手法看成是作者技巧的拙笨，而是把它看成作者意欲赋予人物以一种内向的倾向，而作者呢，多数人认为他并非有意识地使观众看清人物的内在特点”。莎士比亚就是借独白技巧，让哈姆莱特以“自我表白的方式”，显示其“内向的倾向”，哈姆莱特思考自己的时候所说的话常被认为主要是在描写他主观的心灵的状态的。[①] 观众通过独白，可以对人物性格的主导方面有更清楚的了解。

斯托尔在《莎士比亚的艺术和技巧》（1934）一书中，也不赞成布拉德雷把剧中人物看成是生活中的真人以及离开莎士比亚时代舞台演出的实际分析莎剧。他认为戏剧与生活有别，戏剧中的人物形象也不能等同于现实生活中的活人。戏剧创作并不是精确、忠实地模仿生活，而是像其他一切艺术那样，用某种特殊的方式反映生活；在悲剧和喜剧里，生活必须像过去那样错综复杂，情节必须比生活更好，否则人们看戏就是白看。基于此，斯托尔着重强调戏剧舞台、传统所赋予的戏剧效果，认为喜剧和悲剧一样，需要借助于误解、认错人、欺骗、乔装假扮等方式，使人物形成对比，剧情趋于复杂，从而产生喜剧效果。他详细分析了误解、认错人、欺骗、乔装假扮等戏剧技巧在莎士比亚喜剧中所起的重要作用。因此，斯托尔与浪漫主义、现实主义莎评家们

---

① 杨周翰编选：《莎士比亚评论汇编》（下），中国社会科学出版社 1981 年版，第 69—71 页。

的观点产生了不同，即莎士比亚的戏剧不是生活的镜子，而是生活的幻象。不过，这种幻象由于莎士比亚艺术的高超处理而具有了不可抗拒的魅力。

从舞台演出角度探讨莎士比亚创作的还有英国的格兰威尔——巴克（1877—1946）。巴克认为，莎士比亚的戏剧就是为演出而创作的，坚决反对兰姆和布拉德雷等人所谓的莎剧不能上演的观点。他以《李尔王》为例，全面阐释了以表演形式出现的莎剧的特色。

2. 以思想史、文化史为角度分析莎士比亚及其作品

以英国的蒂里亚德（1889—1962）和丹比（1911—）等为代表人物。蒂里亚德著有《伊丽莎白时代的世界图像》(1943)、《莎士比亚的历史剧》(1944) 等。他通过研究莎士比亚的历史剧，认识到伊丽莎白时代的世界观是以创神论为基础的，因此人们接受了君权神授的说法。他还发现，莎士比亚所揭示的政治领域的混乱与背叛同理想中的世界秩序形成了鲜明的对比。他从思想文化发展的角度指出，这种理想中的世界秩序观念是从中世纪承袭下来的。莎士比亚在历史剧中一再强调的秩序、等级观念，其源盖出于此。丹比在其专著《莎士比亚的自然观：〈李尔王〉研究》(1949) 中指出，《李尔王》是用戏剧形式阐述“自然”的作品。[①] 这种“自然”呈现出两种强烈对照、相互排斥的观念内涵。一种是正统的仁爱的自然，即伊丽莎白时代的哲学家培根与胡克所主张的善的人性与天性，属于旧的、封建阶级的范畴，以该剧中的考狄利娅、肯特、葛罗斯特等人为代表；另一种是雷击电闪的暴力残酷的自然，即霍布斯所主张的恶的人性与天性，属于新的、

---

① 杨周翰编选：《莎士比亚评论汇编》（下），中国社会科学出版社 1981 年版，第 224 页。

资产阶级的范畴，表现出个人主义的倾向，以该剧中的高纳里尔、里根、爱德蒙等人为代表。在丹比看来，两种不同的自然观实际上是伊丽莎白时代社会分裂的表现：一个是“中古的幻想的社会”，它的代表是个“已老耄，而且陷入错误”的老国王；另一个社会则是“新生的资本主义”，“它的主要代表是新人——是政治上的马基雅维里”。显然，在这两个社会中，莎士比亚“赞成李尔，而不赞成高纳里尔和里根；赞成葛罗斯特而不赞成爱德蒙”。但是，“莎士比亚在这两种简单的选择外还有另外的选择”。他“深刻地、本能地认识到艺术应该描写乌托邦，因此他感到中古的梦想中和再洗礼教的平等主义可以用来抵制爱德蒙，实现老国王的真正的‘自然’”。莎士比亚这个新秩序的幻想表现在李尔祈祷词中，体现在被国王摒弃的小女儿考狄利娅身上，“她在三个方面像李尔和爱德蒙：她是一个人，她代表一个原则，代表一种社会”。[①] 可见，丹比认为，莎士比亚虽然站在正统的封建主义的理想一边，却又同情新派的平等与平均等要求。

3. 以政治历史背景为角度分析莎士比亚及其作品

代表人物是英国的哈里森（1894—?）。哈里森注重莎士比亚所属时代、莎士比亚戏剧的社会政治、日常生活、风俗习惯等的背景研究。在《莎士比亚戏剧反映的时事》（1930）一文中，哈里森十分推崇“富有时事含意”[②] 的戏剧作品，它们对于当时的观众、读者都具有十分亲切的意义。莎士比亚的戏剧就具有这样的长处。他认为，莎剧中有许多情节就是当时发生的重大历史事件的直接反映。他列举最有史实意义的《约翰王》说，它反映了

① 杨周翰编选：《莎士比亚评论汇编》（下），中国社会科学出版社 1981 年版，第 254—255 页。

② 同上书，第 123 页。

英国人对1595年西班牙舰队再次入侵和女王伊丽莎白63岁诞辰之际王位继承权问题所表现出来的忧心忡忡的情景。他还指出，《理查二世》、《亨利四世》、《亨利五世》、《特洛伊罗斯与克瑞西达》等剧本反映了爱赛克斯反叛前后的情况和人们的反响。因此，他认为："莎士比亚对他的同时代的人们是发生兴趣的，他不可能对他的时代问题闭口不谈。而且，说真的，只要我们以戏剧编写时代为背景来看这些剧本，就立即看清剧本对当时听众是充满特殊涵义的。"① 哈里森的推测虽然不完全可能，却很有意义，它昭示了在历史剧的创作中，作家所表现的历史事件里必然要渗入他自己时代的精神与气息。

总之，历史学派莎评仍然没有脱离传统莎评的大范畴，只不过在研究态度上更扎实，在研究方法上更客观，更注重历史的反思罢了。

四　原型派莎评

在20世纪文学研究方法中，原型批评以其透过文学现象表层去追寻其中深蕴神话原型、远古记忆而名噪一时。它的特点是把人类学研究的成果应用于文学批评。对这派批评家们在理论上发生重大影响的主要是英国的人类学家弗雷泽和弗洛伊德的学生荣格。他们分别在神话学说和集体无意识理论方面为文学批评家们提供了新的研究方法。原型批评的要旨是发现文学作品中体现各种原始意识如神话、宗教、仪式、祭献等所谓"原型"和"模式"，从而总结出文学艺术演化的规律。这一派莎评家中的代表

---

① 杨周翰编选：《莎士比亚评论汇编》（下），中国社会科学出版社1981年版，第122页。

人物主要有英国的威尔逊·奈特（1897— ？）和加拿大的诺思罗普·弗莱（1912— ）。

奈特在《莎士比亚戏剧演出原理》（1936）一书中辟有专章《莎士比亚与宗教仪式》，着重探讨了原始意识之一的宗教仪式在莎剧中的表现。他认为，伟大的戏剧本身常常就是一种典礼或仪式，“即用一种郑重的方式展示某种深刻的涵义结构”。[①] 而莎士比亚也是非常善于利用程式的，了解这一点，“有助于正确理解莎士比亚如何综合调和有伸缩性的具体细节和永恒的结构，如何综合人的变化不定的洞察力和普遍的意义”。[②] 奈特指出，莎士比亚的戏剧有时演得几乎就像宗教仪式一样，例如《爱的徒劳》、《第十二夜》以歌唱收场，就是一种程式；《仲夏夜之梦》的结尾有舞蹈，有游行，都是一种仪式。他的历史剧写的是英国历史中各种暴烈的抗争，讲的是英武、荣誉以及理想的君主，表现英雄崇拜，因此需要赋予这些戏剧以某种神圣宗教仪式的涵义，其中最常见的是祭献。例如《亨利四世》里用基督教以前的信仰、战争来表达牺牲、祭献观点：“让他们来吧；他们就像装饰整齐的牺牲，滚热的，流着血，让我们趁硝烟弥漫，把他们献给眼里冒火的女战神吧。披甲的马尔斯将要高坐在祭坛上，鲜血直没到耳朵。”[③] 《裘力斯·恺撒》中把刺杀恺撒也看成是献给战神的祭品。这种献祭仪式和牺牲观点，在莎士比亚的悲剧中表现得更为明显，尤其是表现在每部悲剧的结尾。例如，《奥瑟罗》以一场崇高的祭礼结束，床就是祭坛，床边一盏蜡烛像祭神的蜡烛，室

---

① 杨周翰编选：《莎士比亚评论汇编》（下），中国社会科学出版社 1981 年版，第 411 页。

② 同上书，第 412 页。

③ 同上书，第 416 页。

外天空有贞洁的月亮和星星，还出现“祭献”的词句：“你背盟的女人！你用石头砸我的心，是你让我把想要做的事叫做凶杀，我却把它当做祭献。”① 在奈特看来，莎士比亚无疑是深受基督教影响的，他的作品中自始至终都贯穿着基督教精神。“莎士比亚把人类的悲剧主要看作是一场牺牲”,② “悲剧所表现的牺牲就是把牺牲行为的伟大处，把它的有积极意义的冲刺，客体化”,③ 从而以牺牲换取人类整体更完美的存在。所以，在莎士比亚的悲剧里，基督的牺牲行动占有中心地位，他的作品“就是对这种牺牲仪式的诠释，把它解释成为人的各种各样的牺牲行为。两者的深刻关系是十分重要的”。而且，“莎氏在其晚期戏剧中还歌颂了继基督教故事和反映基督教故事的宗教仪式的牺牲之后的胜利和光荣，复活和再生”。④

值得一提的是，奈特在极力强调莎剧宗教仪式的普遍意义的同时，又提醒人们“不应忘记他对人类的强烈而微妙的心理的理解和他对人的同情，莎剧的价值也正在此。普遍意义和具体人的心理，二者是并存的，起着能动的、重要的相互作用。我们接受并承认艺术具有仪式性，使我们看到普遍意义，但这并不一定排除具体的、个别的。相反，我们只有接受了压缩在莎剧中的具体事件和人物的心理，我们才能注意到人类同情心的无限”。⑤

弗莱不仅是原型批评的权威之一，而且对莎剧中的各种原型

① 杨周翰编选：《莎士比亚评论汇编》（下），中国社会科学出版社 1981 年版，第 417 页。

② 同上书，第 418 页。

③ 同上书，第 419 页。

④ 同上书，第 424 页。

⑤ 同上书，第 424 页。

因素，进行了较系统的研究。主要著作有《批评的剖析》(1957)、《自然：莎士比亚的喜剧与传奇剧的发展》(1965) 和《解救的神话：莎士比亚喜剧的反思》(1983) 等。

弗莱认为，原型就是那种典型的反复出现的意象，探求原型实际上就是一种文学上的人类学。他把文学中的喜剧、浪漫故事、悲剧、反讽与讽刺四种类型视为神话原型的基本格式，认为它们分别表现了一年四季春、夏、秋、冬循环、嬗变的象征意义。据此，弗莱认为，莎士比亚经常表现森林和田园世界的浪漫喜剧，“与中古时期的季节性仪式戏剧的传统有姻亲关系”，由于它和春天相联系，“我们可以称之为绿色世界的戏剧”。这种戏剧的情节“与生命和爱情战胜荒漠这一仪式性主题极为相似”。[1] 在他看来，莎士比亚喜剧中所表现的绿色世界，“不仅与仪式中的丰产的世界有联系，而且与我们根据自己的愿望所创造的梦境世界相类似”，它“非常强大稳固，足以成为表现愿望的形式”。因此，莎士比亚的喜剧表明，“文学在使理想世界形象化上所起的原型功能，它并不是对‘现实’的逃避，而是人类生活企图效仿的世界的真正形式”。[2] 对于莎士比亚的悲剧，弗莱的观点与奈特一致，认为它们是对牺牲与祭献仪式的模仿；悲剧英雄的死亡本身往往就是一种伟大的殉道行为等。

原型批评派把莎士比亚放到文学模式演化的漫长背景中加以审视和研究，其优点是让读者看清了莎士比亚在主题与形式上和整个人类艺术传统的关系；但总的来说，由于该派强调的是莎剧构成上的最基本的原型，所以对莎士比亚艺术的独创性的探讨也

---

① 诺思罗普·弗莱：《批评的剖析》，陈慧等译，百花文艺出版社 1998 年版，第 219 页。

② 同上书，第 221 页。

就显得不足。

五　心理学派莎评

心理学派莎评是20世纪初兴起的一个重要批评流派。其基本特征是以弗洛伊德的精神分析学对莎剧人物进行研究，通过分析心理现象来揭示隐匿在人物内心深处的精神动因，因此开创了莎学研究的新局面。从浪漫派文学批评开始，就产生了一种想要探究人类精神活动内在奥秘的渴望。而弗洛伊德的精神分析学则为这一渴望的实现提供了依据。尽管这种学说并非纯科学，只是一种根据临床经验总结的假说，但由于它涉及人类广泛的意识现象，因此对文学批评家们产生了很大的吸引力。弗洛伊德（1856—1939）就是20世纪最早关注莎士比亚的一个伟大的心理学家。1900年，他在《梦的解析》中，首次用“俄狄浦斯情结”分析了莎士比亚笔下悲剧人物哈姆莱特延宕的原因。他不同意前人所持的哈姆莱特生性就是一个偏重智力活动的优柔寡断的性格。剧中哈姆莱特杀波洛涅斯及谋害他的两个朝臣的两次果断行动可以说明这一点。他认为，哈姆莱特迟迟没有杀掉奸王克劳狄斯，是因为克劳狄斯的所作所为恰恰是他自己潜意识中长年压抑着的幼年欲望的实现。哈姆莱特心中这一杀父娶母的隐秘，使他带有了一种沉重的负罪感，因此他可以做任何事情，但却对杀死父亲、篡夺王位并娶了他母亲的人无能为力，“于是对仇人的恨意被良心的自谴所取代，因为良心告诉他，自己其实比这弑父娶母的凶手并好不了多少”。①

---

① 弗洛伊德：《梦的解析》，赖其万等译，中国民间文艺出版社1986年版，第191页。

对弗洛伊德的观点加以补充和完善的是英国学者欧内斯特·琼斯（1897—1958）。琼斯受弗洛伊德《梦的解析》中有关“俄狄浦斯情结”的一个脚注的启发，于1910年写了《用俄狄浦斯情结解释哈姆莱特的秘密》一文；1923年，他对该论文加以扩充，写了《哈姆莱特的心理分析研究》；1949年，他再次扩大研究范围，完成专著《哈姆莱特与俄狄浦斯》。琼斯认为，从表面看，哈姆莱特复仇的目的是社会性和道德性的，但实际上却可以从自然本性中找到行动的必然性。从心理分析来看，哈姆莱特的软弱和痛楚证明他的内心被某种隐秘的禁忌所折磨。这种禁忌就是“俄狄浦斯情结”。哈姆莱特在得知真相前已愁容满面，并非由于丧父，而是因为其母的改嫁。在琼斯看来，先王的死不仅不是哈姆莱特忧郁的原因，相反，是基于他儿时起萌生的夙愿。他自幼爱恋其母而嫉恨其父，并且暗中欲除其父，以便独享其母。可现在他想得到的东西却被他的叔父抢去了。父王的鬼魂要求哈姆莱特复仇，但他自己的罪恶心理阻止他完全谴责他的叔父。因为他叔父和他自己个性中埋藏得最深的东西是连为一体的，因此，他杀死他的叔父，也就等于杀死他自己。只有当他已到最后牺牲时刻，并把自己带到死亡的面前时，他才一无顾虑地实践了他的义务，报了父仇，也最终杀死了他的另一个自己。在这里，琼斯基本上套用了弗洛伊德的假说，但他对弗洛伊德假说的补充是恋母情结可以转化为杀母冲动。精神分析学中一些偏狭观点的荒谬性已为世人所公认，所以琼斯的看法自然也是错误的。他的错误主要在于过分强调了并不具有普遍意义的东西，从根本上抹杀了《哈姆莱特》的社会意义和美学价值。

六　意象—语义派莎评

意象—语义派莎评兴起于20世纪30年代，它是以英国批评家艾略特等为先驱的新批评思潮的产物。该派着眼于莎剧的艺术形式，竭力从详尽的语义入手，来探讨剧中诸如意象、比喻、象征、典故等的作用，进而揭示莎剧的主题思想和美学价值。其代表人物主要是英国的卡洛琳·斯珀津（1869—1942）。

斯珀津在《莎士比亚的意象》（1935）一书中，对莎剧中的各种意象进行了筛选和归纳，试图从中找到某种规律性。她发现："莎士比亚的全部作品，自始至终，部部都有一些起主导作用的意象。""只是早期剧作中，比较浅程式化"，"但在后期剧作，尤其在伟大的悲剧中，这些意象的产生常常由主题的情感所决定"，"它们是微妙的、复杂的、千变万化的，但又十分生动、很有启发性"，"它们是无处不在、无时不有的，甚至于不只在文字表示的图像中而且在个别单词本身也重复出现"。[①] 这些意象在不同类型的莎剧中又具有不同的作用。斯珀津着重分析了莎士比亚悲剧中的主导意象及其所蕴涵的主题。例如，在《罗密欧与朱丽叶》中，主导意象是光，表现为各种形式：太阳、月亮、繁星、火、电、火药爆炸的闪光和美与爱的折光；与此对照的是：夜、黑暗、云、雨、迷雾和烟尘。莎士比亚"把青年的美丽和炽热的爱情看成是黑暗世界里耀眼的太阳光和星光"，从而突出了"青年的美丽和炽热的爱情"这一主题，也唤起了光明"瞬息即逝"的喟叹。[②]《哈

---

① 杨周翰编选：《莎士比亚评论汇编》（下），中国社会科学出版社1981年版，第331页。

② 同上书，第332—333页。

姆莱特》中的主导意象是疾病、身体上的缺陷和用以描写丹麦精神上不健康状态的恶疮与毒瘤。例如哈姆莱特把他母亲的罪过比作“天真的爱情的美丽前额上”长出的毒泡；他还告诉他母亲说，“苍天的脸也为这种罪恶挂上愁容，她的丈夫是一颗霉烂的禾穗，祸及他的健康的兄弟，和他结婚，她的感官不只出了毛病而是中风”；当他碰上克劳狄斯祈祷时，他说：“这服药剂不过苟延你病痛的期限”；克劳狄斯在命令英格兰王除掉哈姆莱特时说的话，就如同一个发热的病人寻找镇定药一样：“他在我的血液里逞凶发狂，像发高烧一样，你必须把我医好”；等等。总之，“在《哈姆莱特》里，痛苦不是主导思想，起主导作用的是腐朽、疾病、腐败、肮脏的结果”。由此，斯珀津认为：“莎士比亚在形象的想象中看到的问题，根本不是一个个人的问题，而是更大、甚至于更神秘的问题。个人‘对这种状况’显然是不负责任的，正如一个病人承担不了不治的癌症的责任一样。但这一状况在它的发展过程中无私地、无情地消灭了他和别人，也不管他们有罪，还是无辜。这就是哈姆莱特的悲剧，也许这也是生活的主要的悲剧性的神秘之处。”①

斯珀津对《李尔王》意象的分析同样精彩。她认为，该剧的主导意象是“身体的痛苦”与“心理的和精神的痛苦”。“身体的痛苦”主要借助于动词和隐喻表现出来，例如被拖走、被扭断、棒打、刺伤、蜇痛、鞭笞、脱臼、剥皮、割肉、开水烫、严刑拷打，甚至在刑架上分尸。而“心理的和精神的痛苦”的表现更是随处可见，例如李尔抱怨大女儿用舌剑“刺中”了他，使他的心

---

① 杨周翰编选：《莎士比亚评论汇编》（下），中国社会科学出版社 1981 年版，第 337—340 页。

“将裂成千万道裂纹”；葛罗斯特痛心到极点时，“竟在十行文字中使用这些动词和名词：天惩、冷淡、疏远、分歧、破裂、因乖戾而垮台、吵吵闹闹地追随着、暴动、内乱、阴谋、虚伪、毁灭性混乱”。[①] 斯珀津指出，莎士比亚对这些意象的描写，不仅“使我们感到‘人类’‘正在退化为野兽’”，而且“还明显地加剧恐怖与肉体痛苦的感觉”，“这一切构成并增加一种掳掠、残暴和肉体创痛的无可比拟的气氛”。[②]

斯珀津的见解独到深刻，别开生面，被新批评派引以为骄傲，并成为莎评史上的经典。

此外，意象—语义派莎评中较为著名的批评家还有克莱门、布鲁克斯、里维斯等。

七 马克思主义莎评

马克思主义莎评是 20 世纪初兴起的一支独立的莎评队伍，它以马克思主义的观点方法为批评的基本依据，对莎士比亚戏剧这份人类文化的宝贵遗产进行了价值评估。苏联在这方面进行的工作最多，出现了诸如阿尼克斯特、莫洛左夫这样著名的批评家。此外，东欧的卢卡契、布莱希特、魏曼以及英美等国的考德威尔、韦斯特等人，也是这方面的著名学者。他们的观点与方法的主要特点是：强调唯物主义观点，强调莎士比亚戏剧的历史进步意义等。其中，阿尼克斯特最具代表性。

阿尼克斯特著有《英国文学史纲》（1956）、《莎士比亚的创

---

① 杨周翰编选：《莎士比亚评论汇编》（下），中国社会科学出版社 1981 年版，第 341—342 页。

② 同上书，第 344 页。

作》(1963)、《莎士比亚》(1964)、《莎士比亚时代的戏剧》(1965)等。阿尼克斯特运用马克思主义的观点，从反映论出发，把莎士比亚置于当时特定的历史、文化和阶级斗争中进行考察，认为莎士比亚的戏剧是对当时社会生活最真实、最精确的描写，不仅看到生活的表层，而且再现社会生活隐秘的深处，强调了莎士比亚创作的时代性、阶级性和人民性；挖掘分析了他的人文主义、乐观主义和推动社会进步的积极意义；充分肯定了他的现实主义艺术成就。① 而且，阿尼克斯特深刻地指出了莎士比亚对于人类所具有的现实性与永恒性的价值特征："我们心目中的莎士比亚跟文艺复兴时代英国人心目中的莎士比亚并不一样。我们心目中的莎士比亚，是许多代人创作思想与评论思想所丰富了的莎士比亚。但这并不意味着彼时彼地的莎士比亚与此时此地的莎士比亚之间没有任何共同之点了。在莎士比亚身上，既有着他亲笔写入自己作品中的一切东西，又有对某个时代的人感到特别重要的东西。""对每个时代来说，真正的莎士比亚乃是这样一个戏剧家，他的作品得切合无比深刻的时代需要。"② 当然，阿尼克斯特的评论也有不足，例如过分强调莎士比亚创作反映人民愿望和乐观主义的一面，而忽视了他脱离人民和悲观的一面；有时在某些问题上重复前人的观点，未能做出新的开拓。

综观自莎士比亚作品问世以来的近四个世纪，不知有多少学者、批评家、作家为其作品的那种令人眩目的丰富与复杂所痴迷、所倾倒。他们无不怀着崇敬之情真诚地渴望解开莎士比亚艺

---

① 阿尼克斯特：《英国文学史纲》，戴镏龄等译，人民文学出版社 1959 年版，第 141—143 页。

② 阿尼克斯特：《莎士比亚的创作》，徐克勤译，山东教育出版社 1985 年版，第 667 页。

术之谜，然而始终不能穷尽它。随着世界的变化、社会的发展，有关莎士比亚的话题也必将一如既往地继续评说下去。

莎士比亚是说不尽的……

附　录

莎士比亚与《圣经》

关于基督教经典《圣经》，19 世纪末英国著名生物学家赫胥黎曾说过："三百年来，英国历史里最好的、最高贵的一切，其生命都和此书交织在一起，这是个伟大的历史事实。"[①]此话一点都不为过。作为其中"这个伟大的历史事实"之一，英国文学史上最伟大的天才戏剧家莎士比亚的思想和创作就和《圣经》不可分割地"交织在一起"。英国学者柏格思曾经指出："莎士比亚汲取《圣经》的井泉如此之深，甚至可以说，没有《圣经》便没有莎士比亚的作品。"[②]英国当代评论家海伦·加德纳也视莎士比亚悲剧为"基督教悲剧"，认为他的作品"所揭示的神秘，都是从基督教的观念和表述中产生出来的，它的一些最有代表性的特点，都是与基督教的宗教感情和基督教的理解相联系的"。[③] 莎士比亚的戏剧与《圣经》的联系，主要体现在两大方面，一是《圣经》的观念和精神（主要指仁慈、宽恕、博爱）对作者创作的巨大影响；二是作者在艺术上对圣经典故的巧妙运用。本文从

---

① 转引自杨周翰《十七世纪英国文学》，北京大学出版社 1985 年版，第 14 页。

② 转引自朱维之《基督教与文学》，上海书店 1992 年版，第 64 页。

③ 海伦·加德纳：《宗教与文学》，沈弘等译，四川人民出版社 1989 年版，第 74 页。

这两个方面作些浅析，意欲使读者能换个角度，来全面、深入认识莎士比亚戏剧的思想艺术成就。

一

作为文艺复兴时期人文主义文学的代表作家，莎士比亚的戏剧既具有当时先进的人文主义文学所共有的那种反对封建桎梏、争取个性解放和社会进步的强烈的时代精神，同时又贯穿着作家鲜明的仁慈、宽恕和博爱的精神。这种精神既来自古希腊罗马文学的传统，更来自基督教经典《圣经》。《圣经》自始至终都鲜明地贯穿着仁爱、宽恕和博爱的基督精神。基督教是爱的宗教。《圣经》中关于仁慈、宽恕和博爱的箴言和训诫比比皆是。它告诉人们，有了爱，一切过错和仇恨都可化解，“恨，能挑起事端，爱，能遮掩一切过错”；“吃素菜，彼此相爱，强如吃肥牛，彼此相恨”。只有有了爱，人才能生活在光明幸福之中，而且爱是把一切完善和谐地联系在一起的纽带。《新约·加拉太书》中云：“要通过爱心彼此服侍，因为全部的法律合成一句话，那就是爱人如己。”这一点在《新约》中表现得尤为突出。当然，《旧约》也讲宽恕和爱，但它只宽恕那些有悔改之意和信仰上帝的人，而不宽恕那些作恶而无悔改之意的人。因此，这些思想对作为一个真正基督徒的莎士比亚来说，无疑会产生深刻而持久的影响。事实上，仁慈、宽恕和博爱一直就是莎士比亚戏剧所竭力表现的主题。也正是这一主题，构成了他的戏剧的鲜明个性。

《威尼斯商人》堪称是一部集中体现仁慈、宽恕和博爱精神的喜剧杰作。全剧以爱情与友谊为主题，贯穿着对于真诚的爱的赞颂。安东尼奥是被着力歌颂的人物，作家称他是“一个心肠最仁慈的人，热心为善，多情尚义”，而且“在他身上存留着比任何意大利人更多的古代罗马的侠义精神”。不过，剧中的安东尼奥是以基督徒的身份出现的，他的思想和行为同样符合基督徒精神。他按照《圣经》的教导办事，借钱给别人只为解人所难，不为取利。他本着一个基督徒的精神，为朋友担负债务。在法庭上，他坚持正义，甘愿照约受罚，而且面对苦难，默默忍受，表现出耶稣基督曾经表现过的那种死而无怨的美德。显然，莎士比亚在这里更多地是以理想基督徒为模型塑造了安东尼奥这一艺术形象。同样，在被海涅赞誉为“希腊精神的后开之花——文艺复兴的代表”的鲍西娅身上，也体现出了一种无私的仁爱精神。她和安东尼奥一样也具有理想基督徒的品质。这突出地表现在她在法庭上，用基督教的仁爱精神来劝说夏洛克行善的那一段关于慈悲与公道的话里：

> 慈悲不是出于勉强，它是象甘霖一样从天上降下尘世；它不但给幸福于受施的人，也同样给幸福于施与人，它有超乎一切的无上威力，比皇冠更足以显出一个帝王的高贵：御林不过象征着世俗的权威，使人民对于君王的尊严凛然生畏，慈悲的力量却高出于权力之上，它深藏在帝王的内心，是一种属于上帝的德性，执法的人倘能把慈悲调剂着公道，人间的权力就和上帝的神力没有差别。所以，犹太人，虽然你所要求的是公道，可是请你想一想，要是直接的按照公道执行起赏罚来，谁也没有死去得救的希望，我们既然祈祷着上帝的慈悲，就应该按照祈祷的指点，自己做一些慈悲的事。

从鲍西娅要求夏洛克“祈祷上帝的慈悲”、“按照祈祷的指点……做一些慈悲的事”不难看出，对她来说，善行出自于仁慈，而仁慈则源于祈祷。这一段话使她颇像一个谆谆善诱地劝人敬仰上帝的神父。等到对夏洛克进行判决时，鲍西娅仍不忘慈悲为怀，要求公爵和安东尼奥对夏洛克从宽发落。当她从威尼斯返回贝尔蒙特、看到自己窗口的灯光时，又禁不住感叹道："那灯光是从家里发出来的。一枝小小的蜡烛，它的光照耀得多么远！一件善事也正像这枝蜡烛一样，在这罪恶的世界上发出广大的光辉。"这段话可以说是全剧的点睛之笔。它集中体现了作家所要歌颂的仁爱和无私奉献精神。而这段话恰恰源自《新约·马太福音》第五章十四至十六节："你们是世上的光。城造在山上，是不能隐藏的。人点灯，不放在斗底下，是放在灯台上，就照亮一家人。你们的光也应当这样照在人前，叫他们看见你们的好行为。"

在其他喜剧如《无事生非》、《皆大欢喜》、《第十二夜》中，虽然也以爱情为主题，但由于莎士比亚从基督教思想中吸取了博爱精神，这就使他具有了在更高的思想境界上超越同时代作家之处：即他虽强调个性解放、争取爱情自由、享受尘世幸福，但更强调利他主义和无私奉献精神。例如在《第十二夜》中，爱使女主人公薇奥拉变得无私忘我，为了自己所爱的人幸福，她竭尽全力，甚至不惜牺牲自己的情感与幸福，堪称是作家理想女性中思想境界最高的一个艺术形象。

如果说，莎士比亚的喜剧表现的是爱可以征服一切，有了爱人人都能"终成眷属"、"皆大欢喜"的话，那么，他的历史剧则明确告诉我们，丧失掉仁慈、宽恕和博爱，国家就会分裂，人民就要受难，就会酿成君臣反目、兄弟相残、父女为仇的灾祸。立足于此，作家对那些昏庸无道、残暴不仁的国王进行了严厉的谴责，对封建主的叛乱和篡位夺权的阴谋给予了无情的鞭挞。理查三世就是作家揭露的一个暴君典型。他之所以残害无辜，仇恨一切美好事物，不仁不义，是由变态的心理导致的一种爱心的缺乏。他为一己之利，除掉了他的三哥和忠诚于国王的大臣，杀掉了安娜的丈夫及其父亲。他说："老头们称作神圣的爱，也许人人有，人人相同，可我却没有爱，我一向独来独往。"作家最终让他死无葬身之地。而对亨利王这样知错改过、以仁治国、以德待人、以爱救世、知贤善养、赏罚分明、深入民众、体恤下情的君王，他则推崇备至，褒奖有加。

莎士比亚在他的悲剧创作中，同样没有放弃对仁爱、宽恕精神的执著追求。海伦·加德纳指出，除了莎士比亚，"没有任何一个作家对宽恕这一主题有如此充满想象力的理解，并如此令人难忘地表现了这一主题"。[①] 在早期悲剧《罗密欧与朱丽叶》中，那位帮助一对青年情侣结合的劳伦斯神父就是仁爱的象征。剧作结尾时，正是由于他的劝说，才使两个世代相仇的家族言归于好，从而体现了宽恕与和解的基督精神。这种宽恕与和解精神与古希腊悲剧中冤冤相报的复仇形成了鲜明的对比。到了 1600 年以后，由于作家对社会罪恶认识的日益深刻，也由于作家对那些从个性解放发展为以自我为中心的极端利己主义，以及由此造成的社会道德风习的蜕变的强烈悲愤和不满，使他对基督教思想中仁慈、宽恕、博爱精神有了更自觉、更强烈的认同感和归属感。于是，我们在他的一系列悲剧中，一方面触目惊心地目睹了为了权势和金钱，为了一己私欲，弟弟谋害兄长，臣子暗杀君王，逆子恶女任意虐待、残害父亲等恶习行，而且这种放纵私欲、无限制的疯狂的个人追求，必然导致危害国家利益，破坏他人幸福，也最终导致自身个性的毁灭；另一方面又看到，作家满怀期望地肯定和歌颂了体现仁爱、宽恕精神的行为。例如，在《哈姆莱

---

① 海伦·加德纳：《宗教与文学》，沈弘等译，四川人民出版社 1989 年版，第 73 页。

特》中，雷欧提斯轻信奸王克劳狄斯的谗言和挑拨，誓杀王子，为父亲和妹妹报仇。但是当他看到由于邪恶而引起的惨剧——王后误饮毒酒而亡，自己和王子都中了致命的剑伤时，他才良心发现，承认自己“正像一只自投罗网的山鹬，我用诡计害人，反而害了自己，这也是我的应得的报应。”他当场揭发了奸王的罪恶。当王子刺死奸王时，他说：“他死得应该。这毒药是他亲手调下的。”尊贵的哈姆莱特回答他：“愿上天赦免你的错误！我也跟着你来了。”[①] 死前，两人的矛盾消除了，彼此达成了谅解。

在《李尔王》中，考狄利娅是一个闪耀着人文主义思想光辉的女性形象，同时，在她身上又体现了基督的仁爱精神。“父爱测验”时，尽管她心中也深爱着父亲，但她不愿违心地像两个姐姐那样夸张其辞、阿谀逢迎父亲，决不会为了权力和财富而违背诚实、尊严和实事求是的原则，坚信一个人拥有精神财富远胜过拥有物质财富。因此，当她失去财富和嫁奁，并被逐出家门的时候，却能够坦然面对不幸，毫无怨言，依然一如既往地爱着父亲。前来求婚的法兰西王得知原委后，感动地盛赞她说：“最美丽的考狄利娅！你因为贫穷，所以是最富有的；你因为被遗弃，所以是最可宝贵的；你因为遭人轻视，所以最蒙我的怜爱。”这一段话正是莎士比亚对基督教思想的彰显，显然受《新约·哥林多后书》第 8 章第 9 节的启发和影响：“你们知道我们主耶稣基督的恩典。他们本来富足，却为你们成了贫穷，教你们因他的贫穷，可以成为富足。”李尔王的侍臣后来在劝慰发疯的老王时也说：“你那两个不孝的女儿，已经使天道人伦受到咒诅，可是你还有一个女儿却已经把天道人伦从这样的咒诅中间拯救出来了。”莎士比亚在这里又

---

① 海伦·加德纳：《宗教与文学》，沈弘等译，四川人民出版社 1989 年版，第 142 页。

一次用耶稣基督拯救人世的神学喻示来刻画考狄利娅这一形象的崇高。爱得伽也是剧中一个善良、宽厚的艺术形象。他待人忠厚，从不会算计别人，也不疑心别人算计他。他的弟弟爱德蒙为独揽财产继承权，在父亲面前挑拨离间，恶毒陷害他，使他不得不扮作疯丐流浪荒野。父亲落难失明后，他不计前嫌，照料父亲，把父亲从绝望中挽救过来。最后他在比武中又战胜并宽恕爱德蒙。在剧中，他的一连串宽厚的举动成为人文主义处理人伦关系的典范。还有剧中那个刚正不阿的忠臣肯特。他秉性刚直，不惧李尔的专制君权，敢于冒死相谏，劝李尔收回分土授国的成命。即使遭到放逐，他也不改初衷，乔装打扮，前去服侍把他视为逆臣的李尔。在他身上体现了无私、忘我的忠诚。李尔宁愿精神分裂，肯特宁愿沦为乞丐，爱得伽宁愿变成疯子，考狄利娅宁愿被绞死而都不愿自杀，其根本原因在于他们要留在这个世界上以爱抗恶。“整部《李尔王》的悲剧世界（或曰苦难世界）都在期待爱的力量。”[①] 正如英国著名莎评专家奈茨所评论的那样：“这种爱就像一切最值得赢得的贵重的东西一样，要你竭尽全力才能赢得。你得承认你确有这种爱的需要；你得真正虔诚、谦卑；你得忍痛除掉一切和至善不协调的东西；一句话，你得准备忍受一切。”[②]《李尔王》“所揭示的爱就有这个含义；人生要没有爱便成为相互竞争的利己主义，成为毫无意义的混乱；爱是理智清醒的条件，爱是人格成长的中心动力，它不受唯我主义与逃脱责任的妨碍，它是真正的自我肯定的人生与活力的唯一基础”。[③] 总之，这些人物在思

---

① 刘小枫：《拯救与逍遥》，上海三联书店 2001 年版，第 168 页。

② 转引自杨周翰编选《莎士比亚评论汇编》（下），中国社会科学出版社 1981 年版，第 297 页。

③ 同上书，第 313 页。

想原则、行为处事上与高纳里尔、爱德蒙等人恰成鲜明对比。尽管他们受尽磨难，甚至牺牲，但他们所代表的仁爱原则却终究战胜极端利己主义，取得道义上的胜利，从而也体现出作家在利己主义泛滥肆虐的情况下，对人所抱有的坚定信念，以及重建人文主义理想的人际关系模式的愿望和企图。因此，我们说，这些人物犹如辉映着一丝阳光的芳草鲜花，给尔虞我诈的资本主义人际关系的荒漠，带来了些微清新沁人的气息。

进入后期创作的莎士比亚，其仁爱、宽恕、和解的基督教思想也更加得以彰显，流露出对基督教思想浓厚的依恋之情，并且成为这一时期创作的重要思想特征。《辛白林》中那个曾给男女主人公带来巨大灾难的阿埃基摩跪倒在地，请求一死，波塞摩斯却宽宏大量地说："我在你身上所有的权力，就是赦免你；宽恕你是我对你唯一的报复。活着吧，愿你再不要用同样的手段对待别人。"《暴风雨》是莎士比亚思想探索的最后一部著作，被认为是他的"诗的遗嘱"。作品主人公米兰公爵普洛斯彼罗被弟弟安东尼奥勾结那不勒斯王阿隆佐赶下王位，驱逐出境。他带着独生女米兰达流落到一座荒岛。多年后，安东尼奥等人乘船出海，遇上暴风雨，被普洛斯彼罗用魔法摄至岛上，但他没有以恶报恶，而是宽恕了弟弟，并且促成了女儿与仇人阿隆佐的儿子腓迪南的爱情和婚姻。安东尼奥也受良心谴责，将王位归还给哥哥。值得注意的是，莎士比亚的后期创作无一例外都是用婚姻的缔结来表示最终的和解。更有深意的是《暴风雨》和《冬天的故事》。前者，那不勒斯国王曾伤害过普洛斯彼罗，可他的儿子腓迪南却对普洛斯彼罗的女儿米兰达一见钟情并喜结良缘；后者，两个国王曾结下深仇，可他们的下一辈，弗罗利泽和潘狄塔却结下爱情。与莎士比亚的早期喜剧一样，婚姻有助于渲染喜剧的欢乐气氛，但在这里它又有着特定的象征意义。婚姻是爱的结合，对于那些犯过错误的父辈来说，儿辈的婚姻可以作为他们赎罪的手段，用下一辈人的爱的结合来抵偿他们那一辈人的仇恨。对于年青人来说，婚姻象征着过去的一切恩怨将化为乌有，互敬互爱的人类关系将重新恢复，灿烂温暖的阳光将普照愉快的新生活。这是戏剧中的现实，又是作家理想的未来。

博爱与宽恕是基督教思想中的救赎理论的核心内容。基督教思想的精神实质是对黑暗现实的否定，并把这种现实的黑暗归根于人性的堕落，因而它把改造这种现实的变革之路道德化，以救人来救世，以救人的心灵来救人，社会变革内化为个人人格的自我完善和个人人生价值的自我实现。在这一点上，莎士比亚深受基督教的影响，并把基督对人类的爱看作是爱的最高形式。纵观莎士比亚的戏剧创作，我们不难看出，其思想核心是仁慈、宽恕和博爱，他坚信，发扬这种精神，就能消除人性恶，摆脱偏见与纷争，唤起人心的向善，从而迎来一个人类普遍和谐共处的繁荣幸福的理想世界。由于他对这一伦理道德的执著追求，更具有理想主义的色彩，更符合人类普遍的善良祈愿，因此，他赢得了几个世纪以来全世界人民的共同尊敬和爱戴，他的作品也获得了不朽的价值和恒久的魅力。

从对莎士比亚创作思想的基督教渊源的探讨中，我们也清醒地发现，莎士比亚和当时其他人文主义者一样，具有鲜明的“人文主义—基督教”双重文化价值意识，正是这种双重文化价值意识，发展成为后来西方文学的基本价值指向和西方文化模式。看清了这一事实，也就能纠正我们以往所持的人文主义与基督教之间只有冲突和对立而无认同与融合的观点的认识偏颇，从而对我们正确评价文艺复兴运动、正确认识近代以来的欧洲文化传统和文学传统大有裨益。

二

纵观莎士比亚的戏剧创作，几乎每部戏剧的故事情节中都交织着对圣经典故的运用。这些运用自然贴切，浑然一体，令人称奇叫绝，叹为观止。如果将其归类考察，约略可分为以下主要几种情况。

1. 运用圣经典故揭示、突出人物性格的某一特征

在莎士比亚的剧作中，对于人物性格的刻画，常常由于恰到好处地运用圣经典故，而使人物性格更加形神兼备，情趣盎然，给人留下余味无穷的艺术魅力。这一特色在《威尼斯商人》中表现得最为明显。剧中的安东尼奥十分憎恨夏洛克，并指责他不该放高利贷。而夏洛克更因安东尼奥不收利息借钱给困难的人，以至于压低了自己的高利贷利息而视其为眼中钉，肉中刺。在第一幕第三场中，安东尼奥因朋友急等钱用，决定破例向夏洛克借款三千，并言利息照他要的计算。

夏洛克　当雅各替他的舅父拉班牧羊的时候——这个雅各是我们圣祖亚伯兰的后裔。他的聪明的母亲设计使他做第二代的族长，是的，他是第二代——

安东尼奥　为什么说起他呢？他也是取利息的吗？

夏洛克　不，不是取利息，不是像你们所说的那样直接取利息。听好雅各用些什么手段：拉班跟他约定，生下来的小羊凡是有条纹斑点的，都归雅各所有，作为他牧羊的酬劳；到晚秋的时候，

> 那些母羊因为淫情发动，跟公羊交合，这个狡狯的牧人就乘着这些毛畜正在进行传种工作的当儿，削好了几根木棒，插在淫浪的母羊的面前，它们这样怀下了孕，一到生产的时候，产下的小羊都是有斑纹的，所有都归雅各所有。这是致富的妙法，上帝也祝福他；只要不是偷窃，会打算盘总是好事。

在这里，通过夏洛克狡猾地借用《旧约·创世纪》的典故来为自己进行诡辩，神情活现地表现了他为金钱不择手段的极度的贪欲，从而曝光了他要金钱“像母羊生小羊一样地快快生利息”的深层心态。

在第三幕第一场里，夏洛克问朋友杜伯尔是否已找到他女儿杰西卡的行踪，因为女儿不仅与一个基督徒私奔，还带走了他值两千块钱的钻石和其他贵重珠宝。当杜伯尔告诉他“我所到的地方，往往听见人家说起她，可是总找不到她”的时候，他便暴跳如雷，愤怒地嚷道：“哎呀，糟糕！糟糕！糟糕！我在法兰克福出二千块钱买来的那颗金刚钻也丢啦！咒诅到现在才降落到咱们民族头上；我到现在才觉得它的厉害。我希望我的女儿死在我的脚下，那些珠宝都挂在她的耳朵上；我希望她就在我的脚下入土安葬，那些银钱都放在她的棺材里！”据《旧约·玛拉基书》第三章九节载：上帝因以色列人夺取他的供物，便指责他们负主，声言“咒诅就临到你们身上”。夏洛克在失去金刚钻后突然惊呼上帝咒诅的厉害，似乎有些语出蹊跷，突如其来，犹如悬泉陡落，瀑布高挂，使人不得不被吸引着探寻它那无穷的底蕴，不禁为莎士比亚刻画人物性格特征的匠心独运和简洁精美的笔法所折服。作者如此安排，正是为了强调“那颗金刚钻”在夏洛克这个吝啬鬼心中神圣不可侵犯的“供物”地位。也正是从这一细节上，充分地表现出夏洛克不仅对外人而且对其女儿也极为刻薄，毫无人性。

在《亨利五世》中也不乏其例。如第三幕第三场，亨利王向敌方城上的总督发出最后通牒，令其快降，否则“你们那些赤裸裸的婴孩，被高高地挑在枪尖子上，底下，发疯的母亲们在没命嘶号，那惨叫声直冲云霄，好比当年希律王大屠杀时的犹太妇女一样。你们怎么回答？你们愿意投降、避免这场惨剧呢，还是执迷不悟、自取杀身之祸？”《新约·马太福音》第二章载：耶稣因“圣灵感孕”而降世后，当时统治犹太的大希律王闻知他将成为犹太人之王，十分不安，就召见东方博士，令其找到耶稣。但是，知情后的东方博士并未告诉希律王耶稣的住址。其后天使托梦约瑟，携妻子和耶稣逃至埃及。那大希律王见东方博士一直未归，知道自己上当，受了愚弄，便老羞成怒，派人四处搜查耶稣的下落，未遂，就杀掉了附近村庄的所有两周岁以下的男孩。后来，“希律王式的杀戮”成为成语，指极其残忍的意欲斩草除根的屠杀。莎士比亚在此借用该典意在写出亨利五世的另一面，即在战场上意志如钢、冷峻似铁、残酷无情的性格特征，展示了作者多侧面、多角度描写人物性格的一贯创作特色。

2. 运用圣经典故表现剧中人物在特定环境氛围下的情绪和心理状态

这一手法常取得极佳的戏剧效果。在《哈姆莱特》第三幕第三场，克劳狄斯有这么一段独白：“啊！我的罪恶的戾气已经上达于天；我的灵魂上负着一个元始以来最初的咒诅，杀害兄弟的暴行！我不能祈祷，虽然我的愿望像决心一样强烈；我的更坚强的罪恶击败了我的坚强的意愿。像一个人同时要做两件事情，我因为不知道应该先从什么地方下手而徘徊歧途，结果反弄得一事无成。要是这一只可咒诅的手上染满了一层比它本身还厚的兄弟的血，难道天下所有甘霖，都不能把它洗涤得雪一样洁白吗？……”《旧约·创世纪》第四章载，亚当夏娃的长子该隐和次子亚伯一并给上帝敬献供物，上帝悦纳了亚伯的供物而未看中该隐的。该隐便心生嫉妒而残杀害其弟。上帝因此咒诅该隐：“你兄弟的血有声音从地里向我哀告，地开了口，从你手里接受你兄弟的血，现在你必从这里受咒诅。你种地，地不再给你效力，你必流离飘荡在地上。”借此典将克劳狄斯杀死自己的兄长后的那种难以摆脱、驱遣的沉重负罪感和极度的良心折磨的惊惧不得安宁的内心世界，淋漓尽致地和盘托出。又如，第五幕第一场“墓地”里，两小丑在谈论世间的不平后谈到了亚当以“掘地”为生，揭示了掘墓者不以掘坟为卑而以世家最悠久者自况的得意情态；同时也给荒凉的墓地谈话增添了一份情趣，从而具体折射出莎士比亚融插科打诨的喜剧因素于悲剧之中的创作特色。

《麦克白》第五幕第五场，麦克白在听到妻子死去的消息时，有一段著名的“喧哗和骚动”的独白，认为“人生不过是一个行走的影子”，“一个愚人所讲的故事，充满着喧哗和骚动，却找不到一点意义”。这段独白中援引了《旧约·诗篇》第一百四十篇四节的“我们的日子如同影子一样转瞬即逝”、第九十篇九节的“我们度过的岁月如同一个讲述完了的故事”和《传道书》第十二章八节的“虚空，虚空，万事都是虚空”，对于透视麦克白的思想深层面的裂变具有重要的美学价值。莎士比亚非常巧妙地化用经文自然地融进麦克白的独白中，异常深刻地揭示出麦克白在生命行将结束之时四面楚歌、孤独无助和悲凄绝望，震撼人心地表现出这位双手沾满血迹的野心家在众叛亲离、穷途末路中的悔悟，以及痛感悔悟已晚、无可奈何后对于人生信念的彻底崩溃和精神意志的大毁灭！

在《理查二世》中，这样的例子更是俯拾即是。譬如，第三幕第二场，被理查二世放逐的波林勃洛克率兵三千反叛国王，直捣英格兰。一些贵族也纷纷加入叛军。在这危急时刻，理查王又闻听其近侍各特、布莱、格林等也与叛军讲和的坏消息。于是怒火中烧，愤然疾呼："……三个犹大，每一个都比犹大恶三倍！他们会讲和吗？为了这一件过失，愿可怕的地狱向他们有罪的灵魂宣战。"在第四幕第一场，当理查二世被迫向波林勃洛克交让王位时，说："……我很记得这些人的面貌，他们不都是我的臣子吗？他们不是曾经向我高呼'万福'吗？犹大也是这样的对待基督；可是在基督的十二门徒之中，只有一个人不忠于他；我在一万二千个臣子中间，却找不到一个忠心的人。"在上述两处，莎士比亚一再借用《圣经》中"犹大卖主"之典，表现理查王那被臣子出卖、王权将失的怒不可遏的心情和不胜悲哀的孤境。

3. 运用圣经典故以起到咒骂或讽刺的作用

《旧约·出埃及记》第十二章载，因埃及新王虐待以色列人，上帝便降罚埃及，凡埃及一切头胎生的人或牲畜等皆遭瘟死。在《皆大欢喜》第二幕第五场里，杰奎斯就曾用此典故来暗咒。

用圣经典故暗讽人物的典型例子是在《哈姆莱特》这部著名悲剧里。第二幕第二场，大臣波洛涅斯报告哈姆莱特"那班戏子们"已经来到，并称赞他们是"全世界最好的伶人……无论在演出规律的或是自由的剧本方面，他们都是惟一的演员"。紧接着就是这样一段对话：

哈姆莱特　以色列的士师耶弗他啊，你有一件怎样的宝贝！

波洛涅斯 他有什么宝贝，殿下？

哈姆莱特 嗨，

他有一个独生娇女，

爱她胜过掌上明珠。

波洛涅斯 （旁白）还在提我的女儿。

哈姆莱特 我念得对不对，耶弗他老头儿？

波洛涅斯 要是您叫我耶弗他，殿下，那么我有一个爱如掌珠的娇女。

哈姆莱特 不，下面不是这样的。

波洛涅斯 那么应当是怎样的呢，殿下？

哈姆莱特 嗨，

上天不佑，劫数临头。

下面你知道还有，

偏偏凑巧，谁也难保——

……

耶弗他是《旧约·士师记》中大能的勇士，为基列和一妓女所生。基列的妻子所生的几个儿子长大后，遂以妓女之子不能承受父业为由将他赶走。后来，亚扪人侵略以色列时，长老们又将他请回，委以元帅之职，率民与亚扪人作战。耶弗他向耶和华恳求并许愿："你若将亚扪人交在我手中，我从亚扪人那里平平安安回来的时候，无论什么人，先从我家门出来迎接我，就必归你，我也必将为他献上燔祭。"果然，他凯旋归来时，其娇爱的独生女兴高采烈地持鼓跳舞首先前来迎接。无奈，耶弗他只得诚守诺言，愁苦之中，乃以其女献祭。哈姆莱特的这段话语，既是"疯"话，也是对奥菲利娅一片深情的隐秘曲折的表达；同时，还暗中表达了哈姆莱特对波洛涅斯的厌恶之情。

4. 运用圣经典故借以表达作者对剧中某一人物的态度，或敬慕、称颂，或憎恶、鞭挞

亨利五世是莎士比亚心目中理想的贤明君主形象。下面不妨看看作者是如何运用圣经典故自然流露出对他的称颂倾向的。在《亨利四世》下篇末尾处，福斯塔夫倚仗他和哈尔王子（即位后称亨利五世）过去的特殊关系，欲求新国王能一笔勾销处盗贼以绞刑的法令。他一见到亨利五世，还以为他是当年自己的酒友，出语十分放肆无礼，当众称国王为“我的好孩子”、“我的心肝”。岂料国王清晰地、冷冷地对他说道：“我不认识你，老头儿，跪下来向上天祈祷吧；苍苍的白发罩在一个弄人小丑的头上，是多么不称它的庄严！我长久梦见这样一个人，这样肥肠脑满，这样年老而邪恶；可是现在觉醒过来，我就憎恶我自己所做的梦。从此以后，不要尽让你的身体肥胖，多多勤修你自己的德行吧……”《旧约·诗篇》第七十三章二十节说：“人睡醒了，怎样看梦，主啊，你醒了，也必照样轻看他们的影像。”作者援此经文，一方面说明目前的亨利五世再也不是过去那个生活放荡、终日吃喝玩乐、无所不为的哈尔王子了，他已幡然悔悟，洗心革面，成为一个励精图治的贤明君王；另一方面也旗帜鲜明、一针见血地鞭挞了福斯塔夫的邪恶的行径，表现了新国王对其旧日伴友毫不包庇留情的严正态度。在《亨利五世》第二幕第二场，又有这样一段对话：

剑桥　从来没有一个君王像陛下这样受到臣民的爱戴，为臣民所敬畏。在您的仁政下，还有谁口出怨言，满腹牢骚的——照我看，绝无仅有。

葛雷　说得对，当初先王有过许多仇人，他们都早忘了

旧恨，心悦诚服，本着职责和热忱，来为您效忠。

亨利王 那我们有着千万个值得感谢的理由了；我们就是忘了怎样使用自己的手，也决不会忘却了论功行赏，报答那些替国家出力的人。

亨利王所言“忘了怎样使用自己的手”，典出《旧约·诗篇》第一百三十七篇：“耶路撒冷啊，我若忘记你，情愿我的右手忘记技巧。”这里用意甚明，如同人不可能会忘记如何使用自己的手那样，亨利王也决不会忘记那些为国家浴血奋战、功勋卓著的人，着意强调了他的德行和仁政。

这与利用经文对笑里藏刀、骄横残暴、险诈恶毒、嗜杀成性的理查三世的抨击、鞭挞恰成鲜明的对照。

值得一提的是，莎士比亚对亨利四世的态度较为复杂，远非称颂或批评二字所能概括。亨利四世能制止内乱，统率全国，建立中央集权，对国家和人民有利。作者对此持肯定态度。但他毕竟是用虚伪的谦恭下士的手段，特别是通过流血的方式取得王位的，对此，作者颇有微词，流露出反对篡权夺位的思想。《理查二世》中作者就曾两次引用圣经典故表达这种看法。

莎士比亚对圣经典故的运用极具美学价值，值得我们认真学习借鉴。

首先，在莎剧构成的广袤无垠、星汉灿烂的天幕上，清晰地留下了《圣经》的光环。据统计，他每一部戏剧运用《圣经》的平均数为 14 次。其驾轻就熟地运用圣经语言这一事实，充分说明了莎士比亚有着超凡的文学敏感性和卓越的表达技巧。从剧本的客观效果看，莎士比亚大量运用圣经典故本身，并不是为了炫耀他对《圣经》的耳熟能详，而是为了使其艺术语言更加生动形象，灵活有力和多姿多彩，为了对塑造人物性格、烘托特定环境氛围成功地起到辅助和强化作用；同时也更加含蓄地使自己的爱憎褒贬倾向在字里行间得以自然而然地流露，而不是用简单的“传声筒”直接喊出来。这正是马克思、恩格斯最为称道的“莎士比亚化”的精髓和具体表现之一。

其次，莎士比亚对圣经典故的运用，给作品带来了含蓄蕴藉、意味隽永的美感效应。莱辛曾说，艺术家的作品之所以创造出来，并不是让人一看了之，还要让人玩索，而且长期地反复玩索。如何才能达此境界呢？接受美学的代表人物沃尔夫岗·伊塞尔认为，文学作品中的每个句子之间都有一定的意向性，使读者或多或少地能估计到下一句可能会出现什么，但是杰出的作家能时常让下一个句子并不与读者的期待完全一致，它在一定程度上修正、甚至完全改变了读者的期待，迫使读者回味已经读过的东西。简言之，只有在文学作品的结构中留下“未定点”即空白，让读者用想象去填补，用思考来获得，才能使作品给人以享受。莎士比亚的作品成功地达到了这一审美境界。他的作品往往不使读者一览无余，而是耐人咀嚼，引人回味。通过读者的阅读、欣赏，启发调动读者的想象力和思考力，将读者吸引到参与作品所展示的广阔、深邃、优美的境界中去，借助读者的巨大艺术创造能力，来使作品艺术形象和典型意义获得更大程度的开掘、丰富和延伸，从而形成了“说不尽的莎士比亚”的特异丰采和无穷魅力。巧妙地运用圣经典故，无疑是莎剧获得这种风采和魅力的一个重要原因。

主要参考文献

阿尼克斯特著：《英国文学史纲》，戴镏龄等译，人民文学出版社 1959 年版。

阿尼克斯特著：《莎士比亚的创作》，徐克勤译，山东教育出版社 1985 年版。

阿尼克斯特著：《莎士比亚传》，安国梁译，中国戏剧出版社 1984 年版。

丹纳著：《艺术哲学》，傅雷译，人民文学出版社 1963 年版。

歌德等著：《莎剧解读》，张可等译，上海教育出版社 1998 年版。

弗洛伊德著：《梦的解析》，赖其万等译，中国民间文艺出版社 1986 年版。

海涅著：《莎士比亚笔下的女角》，上海译文出版社 1981 年版。

海伦·加德纳著：《宗教与文学》，沈弘等译，四川人民出版社 1989 年版。

黑格尔著：《美学》第 1 卷，朱光潜译，商务印书馆 1979 年版。

黄兆杰编译：《莎士比亚戏剧精选一百段》，中国对外翻译出版公司、商务印书馆（香港）有限公司 1989 年版。

亢西民等主编：《莎士比亚戏剧赏析辞典》，山西教育出版社 1991 年版。

《马克思恩格斯选集》第 4 卷，人民出版社 1972 年版。

《马克思恩格斯全集》第42卷，人民出版社1972年版。
诺思罗普·弗莱著：《批评的剖析》，陈慧等译，百花文艺出版社1998年版。
索天章著：《莎士比亚——他的作品及其时代》，复旦大学出版社1986年版。
孙家秀著：《论莎士比亚四大悲剧》，中国戏剧出版社1988年版。
屠岸译：《十四行诗集》，上海译文出版社1981年版。
王维昌著：《莎士比亚研究》，安徽大学出版社1999年版。
杨周翰编选：《莎士比亚评论汇编》（上），中国社会科学出版社1979年版。
杨周翰编选：《莎士比亚评论汇编》（下），中国社会科学出版社1981年版。
杨周翰著：《十七世纪英国文学》，北京大学出版社1985年版。
杨熙龄译：《莎士比亚十四行诗集》，内蒙古人民出版社1980年版。
张泗洋等著：《莎士比亚引论》，中国戏剧出版社1989年版。
朱维之著：《基督教与文学》，上海书店1992年版。
朱生豪译、田耕整编：《莎士比亚抒情诗100首》，山东文艺出版社1992年版。
朱生豪等译：《莎士比亚全集》，人民文学出版社1984年版。

后　记

本书主要由三部分组成：第一部分是莎士比亚十四行诗选析；第二部分是莎士比亚戏剧精彩独白选析；第三部分是西方莎士比亚批评史略。

笔者所以这样结构本书，主要有这么几个考虑。首先，在我国对莎士比亚的介绍和研究中，戏剧往往是学者们关注的中心和焦点，这方面的研究成果可谓汗牛充栋，引人瞩目；不过，比较而言，对莎士比亚十四行诗的评析与探讨则相对薄弱。虽然一些学者对莎士比亚个别重要的十四行诗作过精彩的分析和评论，但相对于莎士比亚的 154 首十四行诗来说，范围明显过窄，甚至迄今还没有一部莎士比亚十四行诗评析方面的著作问世。莎士比亚十四行诗的中心主题是爱情和友谊，抒发诗人对爱情、友谊、青春和美的理解和看法；不少诗中还表达了诗人对文艺创作的审美理想的执著追求，这是理解诗人艺术观的重要文献。显然，扩大选评十四行诗的范围，有助于莎士比亚诗歌的普及，有助于人们从诗的角度更全面更感性地认识莎士比亚的伟大与深刻。其次，从戏剧人物独白的角度来认识、分析莎士比亚也极有意义。莎士比亚戏剧中有许多令历代读者耳熟能详、传诵不衰的精彩独白。这些独白往往是剧中人物在特定的情景下，对自己源于生命的真诚情愫的诗意倾诉或对社会人生真谛的顿悟的哲理表达。它们不仅有助于我们深入了解人物的思想与性格，而且有助于我们理性认知整个作品的意义和价值，从而领略莎士比亚运用独白塑造人物、表达思想的高超技艺。第三，西方莎士比亚批评史最能显示“说不尽的莎士比亚”的内涵。莎士比亚是人类文化史上的一个伟大奇迹，他的戏剧作品是一座巨大而神奇的艺术宝库，是欧洲戏剧发展史上第二个高峰的伟大代表。他的作品自问世迄今，得到了历代学者、评论家、作家等广泛而深入的研究和评价，其中有赞赏，有指责，甚至夹杂着恶意的诋毁。从根本上说，这些评论浓缩了不同时代人们的审美观念、欣赏趣味和价值理想。回顾这段漫长而有意味的批评史和接受史，不仅有助于我们全面、完整地理解莎士比亚艺术的本质和特色，而且有助于我们掌握文艺批评的规律，提高我们的鉴赏水平和理论水平，同时也让我们更清楚更理性地感知“经典”诞生的风雨历程。

本书最后所附《莎士比亚与〈圣经〉》，从比较文学影响研究的角度，对莎士比亚的戏剧创作与宗教的关系作了粗浅的探讨。

总之，笔者意欲从上述几个层面来评析、阐释莎士比亚，就是为了展示“说不尽的莎士比亚”。

在本书中，我们对所选的每首十四行诗和每个独白片段都加了题目，以便一目了然；为了便于读者的阅读和理解，我们在分析戏剧独白时对相关剧情及其出现的背景均作了简介。同时需要说明的是，我们编选篇目时主要参考的版本有屠岸译《十四行诗集》，杨熙龄译《莎士比亚十四行诗集》，黄兆杰编译《莎士比亚戏剧精选一百段》，田耘整编的《莎士比亚抒情诗 100 首》，以及朱生豪等译《莎士比亚全集》。

笔者在写作过程中，吸收融入了国内专家学者的一些相关学术成果，恕不在此一一列出，谨向他们表示衷心感谢。本教研室的孙彩霞同志参与了本书部分篇目的写作；王刚、于兆军、史广超、谢国宏等学生也积极参与了个别诗歌的评析，他们所写在篇末均有注明，在此也向他们致谢。责任编辑罗莉女士为本书的出版付出了大量心血，她在工作中所表现出的细致与敬业精神令人钦佩。本书的出版，还得到河南大学研究生教育发展基金、河南大学文学院学术著作出版基金资助，特别是文学院领导这些年来给了我多方面的关心与支持，在此向他们致以深深的谢意。

限于作者水平，书中不足之处在所难免，诚祈专家学者及读者批评指正。

李伟昉

2004年10月18日